区位市场设计学：
再设计中国工业用地市场

沈体雁 崔娜娜 王彦博 著

科学出版社
北京

内 容 简 介

本书引入2012年诺贝尔经济学奖获得者Shapley和Roth的稳定匹配理论和市场设计方法,将企业的"区位选择"问题视为"企业"与"地理区位"之间的双边市场匹配问题,尝试建立基于双边匹配理论的"区位市场设计学",并以中国工业用地市场为例,研究设计其双边匹配机制与政策,开发研制其双边匹配算法与平台,以期为中国国土空间治理、土地等自然资源配置、现代产业集群治理与区域协调发展提供创新理论,为从根本上解决重复建设、产能过剩和工业用地的粗放低效和国土空间治理的条块分割等问题提出有效途径。全书共分为七章,理论与实践结合。

本书适合应用经济学、公共管理学、城乡规划学、地理学的相关教研人员、硕博及本科学生等参考阅读。

图书在版编目(CIP)数据

区位市场设计学:再设计中国工业用地市场/沈体雁,崔娜娜,王彦博著. —北京:科学出版社,2022.9
ISBN 978-7-03-071570-8

Ⅰ. ①区⋯ Ⅱ. ①沈⋯ ②崔⋯ ③王⋯ Ⅲ. ①工业用地-市场管理-研究-中国 Ⅳ. ①F429.9

中国版本图书馆CIP数据核字(2022)第029620号

责任编辑:魏如萍/责任校对:王晓茜
责任印制:张 伟/封面设计:有道设计

科学出版社 出版
北京东黄城根北街16号
邮政编码:100717
http://www.sciencep.com

北京盛通商印快线网络科技有限公司 印刷
科学出版社发行 各地新华书店经销
*
2022年9月第 一 版 开本:720×1000 1/16
2023年2月第二次印刷 印张:12 1/2
字数:252 000
定价:138.00元
(如有印装质量问题,我社负责调换)

前　言

　　企业区位选择模型是区位理论的核心。经典企业区位选择模型将"区位"视为经济活动的空间载体，将区位选择视为单个厂商或者某种市场结构下多个市场参与者的土地利用决策，本质上是一定空间载体上企业之间的单边市场匹配问题。本书尝试将"区位"视为一定空间载体上具有某种偏好的利益主体或市场主体，将企业"区位选择"视为"企业"与"地理区位"之间的双边市场匹配问题，引入 2012 年诺贝尔经济学奖获得者 Shapley 和 Roth 的稳定匹配理论和市场设计方法，尝试建立基于双边匹配理论的"区位市场设计理论"或"企业区位配置理论"，探索顾及"区位"和"地理空间"要素的市场机制设计方法，并以中国工业企业选址和工业用地市场设计为例，开发研制符合中国国情的工业用地申请、获取、匹配及交易计算机原型系统，提出包括中央和地方两级的、覆盖全国的工业用地交易机制与管理体制，试图为加强地方产业集群管理，促进地区之间产业协调，从根本上解决重复建设、产能过剩和工业用地粗放低效等问题提出有效的解决办法。

　　本书首先在系统地介绍研究设计的基础之上，构建了"区位市场设计学"的一般理论与方法。通过系统梳理经典区位理论的发展及其理论破缺，回顾总结了市场设计学理论与实践进展，比较完整地建立了一个包括科学问题、理论假设、核心命题、匹配算法与研究方法等在内的基于双边匹配理论的区位市场设计理论框架，尝试对经典区位理论范式进行创新，为全书奠定理论基础和逻辑前提。其次，本书论述了基于区位市场设计学创新工业用地市场理论、建立工业用地市场设计新范式的必要性与可行性。本书介绍了中国土地分类系统、土地使用制度演进历程以及中国土地市场的多层结构体系，从供给制度、利用效率、出让价格、空间格局等方面对中国工业用地有关的理论与实证研究进行了梳理，对中国工业用地出让的招拍挂机制进行了重点分析，从而论证了实现工业用地研究范式转型、开展工业用地市场设计研究的重要性、必要性与可行性。再次，本书基于 2007 年至 2016 年中国工业用地出让数据，采用地理信息系统、空间统计和空间网络等方法，深入分析了中国工业用地出让的供需结构、空间结构、网络结构以及垄断-竞争结构等市场特征，指出"工业用地供需的政企双边匹配特征""出让空间的不均衡特征""交易网络的核心-边缘特征"以及"交易结构的局部垄断-全局竞争特征"乃是中国工业用地市场的四大事实。由此，本书设计了基于双边匹配和集中清算的中国工业用地市场新机制及其匹配算法——WYS 算法，研发了双边匹配软件平台系统。最后，为了验证双边匹配出让机制在"地区间引资竞争"情景下的有效性，本书通过对省际和城际工业用地出让网络进行量化分析，建立了多地区工业用地出让市场模拟模型，并采用系统模拟方法，对比双边匹配出让机制和传统出让机制之优劣，讨论了双边匹配机制下部分政策变量对出让结果的影响。

本书研究结论表明：①区位市场设计学将企业"区位选择"视为"企业"与"地理区位"之间的双边市场匹配问题，将 Shapley 和 Roth 的稳定匹配理论和市场设计方法引入区位理论，从而将"基于单边选择"的经典区位理论拓展到"基于双边博弈"的新区位理论范式，为解决中国工业用地市场设计这一类区位相关资源配置问题提供了新的理论与方法，为创新和发展具有悠久历史传统和无限发展潜力的区位理论家族指出了新的方向。②中国工业用地市场具有比较鲜明的"工业用地供需的政企双边匹配特征""出让空间的不均衡特征""交易网络的核心-边缘特征"以及"交易结构的局部垄断-全局竞争特征"等特征事实，尽管改革开放以来传统的工业用地出让方式在中国特定的政治经济发展模式下一定程度上促进了中国经济的高速发展，但是也造成了城市蔓延式扩张、工业用地利用质量低下和浪费严重、地区低水平重复竞争和产业结构雷同、工业园区无序发展等诸多问题，严重掣肘了中国经济向以创新驱动和产业集群式布局为特征的高质量发展方式迈进的步伐，因此，基于新区位理论范式，再设计中国工业用地市场乃是中国国家治理体系与能力现代化，特别是自然资源治理和城市治理现代化的重要任务，具有紧迫性、必要性与可行性。③基于双边匹配和集中清算的中国工业用地市场机制、匹配算法、软件平台和模拟试验等一套完整的区位市场设计学方法或者空间经济工程学方法，对于再设计中国工业用地市场具有重要理论与实践价值，为解决普遍存在的区位相关的资源配置问题提供了行之有效的政策途径，为新时代更好地发挥有为政府与有效市场"两只手"的协同作用提供了可计算的、精准化的决策依据。总体而言，相较于传统出让机制，基于双边匹配和集中清算的工业用地出让机制具有更高的有效性、灵活性、可计算性和精准性，为解决地区低水平重复竞争问题、提高全社会资源配置效率、促进创新和产业集群发育演化、推动经济高质量发展提供了新的政策工具。

本书是以我主持完成的国家自然科学基金项目"基于双边匹配理论的企业区位配置模型与区位市场设计"（71473008）的系列成果为基础进行总结提升和延伸拓展而成的，全书共分为七章。第 1 章导论，阐述了本书的研究背景、研究意义、研究设计、主要研究内容以及研究成果、结论与尚需进一步研究的问题。第 2 章构建了区位市场设计学的一般理论与方法。第 3 章从土地使用制度的演进、工业用地的理论与实证研究进展、招拍挂市场机制及其困境等方面，指出为什么需要再设计中国工业用地市场。第 4 章采用网络分析和空间分析等方法系统分析了中国工业用地市场的特征。第 5 章介绍了课题研究团队所开发设计的中国工业用地市场双边匹配算法与软件平台。第 6 章基于中国工业用地市场双边匹配算法开展多地区引资竞争模拟研究。第 7 章为主要研究结论和政策建议。

全书是在国家自然科学基金委员会和北京大学等单位的支持下我的研究团队努力工作的结果和集体智慧的结晶。全书分工如下：沈体雁、崔娜娜和王彦博担任主要执笔人，其中，沈体雁负责研究设计、核心思想、理论框架、项目组织以及第 1 章、第 2 章和第 7 章的撰写工作；崔娜娜负责第 3 章和第 4 章部分内容的撰写以及全书的编辑、修改与校对工作；王彦博负责第 4 章部分内容和第 5 章、第 6 章的撰写。研究团队的齐子翔、王彦博、于瀚辰、范郢等同事负责双边匹配算法和软件的开发工作，周麟、张超等同事负责完成了部分文稿的撰写和图件的制作，韩旭负责课题的组织协调以及与出版社的联系工作。

在此，我对研究团队所有成员的辛苦工作表示衷心感谢！特别是感谢北京交通大学建筑与艺术学院副教授崔娜娜博士，北京市发展和改革委员会干部王彦博博士，北京物资学院经济学院副教授齐子翔博士，香港科技大学（广州）城市治理与设计学域助理教授、哈佛大学博士后于瀚辰博士，中国石油集团规划财务部干部范郢博士、中国社会科学院工业经济研究所助理研究员周麟博士、河北工业大学经济管理学院副教授张超博士等同事的贡献！感谢国家自然科学基金项目的支持和评审专家的宝贵意见！感谢北京大学政府管理学院和首都发展研究院各位老师和同事的帮助！感谢科学出版社的大力支持，特别是魏如萍老师专业而高效的工作！

由于能力与时间所限，本书难免存在不足之处，恳请各位学界同仁不吝赐教，提出宝贵的意见和建议，为促进建设全国统一的工业用地市场体系、推动我国自然资源治理体系与能力现代化、实现中国工业高质量发展贡献力量。

沈体雁

北京大学政府管理学院教授、博士生导师

北京大学城市治理研究院执行院长

2022 年 5 月 20 日

目　录

第1章　导论···1
  1.1　研究背景···2
  1.2　研究意义···10
  1.3　研究设计···12
  1.4　主要研究内容···16
  1.5　研究成果、结论与问题···18

第2章　区位市场设计学的一般理论与方法···································22
  2.1　市场设计学研究综述···22
  2.2　重构区位选择理论——区位市场设计理论框架·····························35
  2.3　区位市场设计学对区位理论的贡献·······································44
  2.4　区位市场设计学的应用领域···47

第3章　为什么要再设计中国工业用地市场？·································55
  3.1　土地分类及土地使用制度的演进···55
  3.2　工业用地理论研究进展···65
  3.3　工业用地实证研究进展···69
  3.4　招拍挂市场机制及其困境···72
  3.5　建设有中国特色的工业用地市场理论·····································83

第4章　中国工业用地市场的特征事实：协调失灵的市场·····················87
  4.1　工业用地配置的"政企博弈"··87
  4.2　工业用地出让空间的不均衡特征···96
  4.3　工业用地市场交易网络的"核心-边缘"特征······························101
  4.4　工业用地市场交易结构的"局部垄断、全局竞争"特征····················112

第5章　工业用地市场双边匹配算法与平台设计·····························117
  5.1　工业用地市场模型：开发区与工业企业的双边匹配······················117
  5.2　WYS匹配算法设计···118
  5.3　出让流程与软件平台设计···129

第6章 多地区引资竞争模拟 ... 136
6.1 多地区引资竞争模拟模型构建 ... 136
6.2 模拟一：引资竞争环境下匹配机制和价格机制的对比 ... 146
6.3 模拟二：落后地区的发展策略 ... 155
6.4 本章小结 ... 166

第7章 结论与建议 ... 167
7.1 主要结论 ... 167
7.2 政策建议 ... 169

参考文献 ... 173
附录 A ... 185
附录 B：Shapley 和 Roth 教授简介 ... 190

第1章 导 论

　　企业区位选择模型是区位理论的核心（Beckmann，1999）。然而，无论是完全竞争和报酬不变假设条件下的传统区位理论还是不完全竞争和报酬递增假设条件下的新经济地理学理论，无论是经济活动的空间选择理论还是一定空间范围内经济活动的组合理论，无论是重在解释某种区位选择或区位结构的决定机制的解释性理论还是重在寻求特定空间范围和空间摩擦条件下的最优区位的优化理论，现有的企业区位选择模型都较少研究企业之间以及企业与具有某种利益结构的"区位"或"地方"之间的策略行为（斯塔尔，2003），企业之间以及企业与"区位"之间的交易规则更是极少涉及。也就是说，现有的企业区位选择模型将"区位"或"地方"仅视为经济活动的某种空间载体，将"区位选择"视为单个厂商或者某种市场结构下的多个市场参与者的土地利用决策，本质上是一定空间载体上企业之间的单边市场匹配问题。

　　可是，在现实经济生活图景中，企业区位选择过程是一个异常复杂的过程，企业与企业之间，特别是位于价值链上下游的关联企业之间，以及企业与作为本地利益相关者总和利益的某种体现而且往往由地方政府作为该总和利益代言人的所谓"区位"或"地方"之间，存在着普遍的策略性行为。在这里，相对于生产性投资"企业"而言，"区位"或"地方"不再是简单的空间载体，而是需要与之博弈的重要市场参与者。更为重要的是，由于空间范围和空间距离的限制，"企业"与其投资目的地、"地方"与其目标招商企业之间往往存在着严重的信息不对称，空间摩擦和空间外部性导致"区位市场"或"空间市场"很大程度上是一个分散性市场，集合性的价格机制很难发挥作用。这种现象在当前中国工业企业选址和地方政府招商引资过程中，也就是所谓"工业用地市场"中表现尤为突出。由于我国地区差异大、市场体系不完备、市场一体化程度不高、各个地方产业基础和目标产业各不相同等，生产性投资企业很难掌握包括各类开发区在内的"地方"的工业用地供给与招商引资需求信息，"地方"也很难掌握各类企业的投资与用地需求，所谓"工业用地市场"实际上是一个买卖双方存在密集博弈行为的、高度分散性的不完备"市场"。可见，在这种情形下，区位研究的任务不仅是要解决在特定的市场机制和交易规则下寻求企业的最优区位选择或空间的最优企业组合的问题，而且要解决企业和企业之间以及企业和"区位"之间能否形成稳定配对、能否达成交易、如何使稳定配对的结果不受个别市场参与者策略行为的干扰、如何通过市场机制与交易规则的设计促进企业与区位的稳定配对以及各具特色的地方产业集群的形成等关键问题。2012年诺贝尔经济学奖获得者Shapley和Roth的稳定匹配和市场设计理论为从企业与"区位"之间匹配与交易机制的角度拓展区位理论与实践研究开辟了新的方向。

本书将"区位"视为一定空间载体上具有某种偏好的利益主体或市场主体，将企业区位选择视为"企业"与"区位"之间的双边市场匹配问题，引入Shapley和Roth的稳定匹配理论和市场设计方法，尝试建立基于双边匹配理论和集中清算机制的企业区位配置模型，探索"区位"和"地理空间"要素的市场机制设计方法，以我国工业企业选址和工业用地市场设计为例，开发研制中国工业用地申请、获取、匹配与交易计算机原型系统，尝试提出包括国家、省和地方三级的、覆盖全国的工业用地交易机制与管理体制，试图为加强地方产业集群管理、促进地区之间产业协调以及从根本上解决重复建设、产能过剩和工业用地粗放低效等问题提出新的途径。

1.1 研 究 背 景

1.1.1 企业区位选择理论及其破缺："区位"只是一个被动的空间载体吗？

从企业区位选择理论发展沿革来看，古典区位理论、近代区位理论、现代区位理论以及新经济地理学区位理论等现有企业区位选择模型都较少研究企业之间以及企业与具有某种利益结构的"区位"或"地方"之间的策略行为，企业之间以及企业与"区位"之间的交易规则更是极少涉及，"区位"仅仅被当作某种空间单元而被纳入理论分析（表1-1）。然而，"区位"真的只是一个被动的空间载体吗？

表1-1 区位理论的主要流派

	古典区位理论	近代区位理论	现代区位理论	区位-配置理论	新经济地理学区位理论	新新经济地理学区位理论
起源时间	19世纪20年代	20世纪30年代	20世纪50年代	20世纪60年代	20世纪90年代	21世纪初期

续表

	古典区位理论	近代区位理论	现代区位理论	区位-配置理论	新经济地理学区位理论	新新经济地理学区位理论
代表理论	农业区位论、工业区位论	中心地理论、市场区位论	运输区位论、成本-市场学派、行为学派、社会学派等	区位-配置模型	贸易与经济活动区位	企业异质性理论与市场分类选择效应
代表人物	Thünen, Weber	Hotelling, Christaller, Lösch	Isard	Hakimi	Krugman	Melitz, Baldwin
考虑因素	成本最小化	利润最大化、市场最优	区位优势	成本最小化、利润最大化、客户需求导向	规模收益递增、垄断竞争与随机性	企业异质性、垄断竞争与非随机性
研究方法	单一因素/静态分析/局部均衡	多重因素/一般均衡	非经济因素/动态均衡	线性/非线性数学模型	非线性静态数学模型	非线性动态数学模型
选择主体	单一企业	多个企业	多个企业	一个或多个企业	多个企业	多个企业
选择方向	单边	单边	单边	单边	单边	单边
区位角色	空间载体	空间载体、市场潜能	空间载体	空间载体	空间载体	空间载体
区位市场	地租市场	城市服务的市场区、工业企业销售的市场区	运费市场、利润市场、满意度市场、政府政策市场等	商业区位、公共服务设施区位	工业区位、办公区位、零售区位市场	工业区位、办公区位、零售区位市场

资料来源：齐子翔，于瀚辰. 2015. 区位选择、双边匹配与化解产能过剩的机制设计. 改革, 9: 101-111.在此基础上进行了修改

（1）古典区位理论。古典区位理论诞生于19世纪初期的自由资本主义时代，关注的重点是单个经济组织在一定地域空间中如何通过选择优势区位来降低成本和增加利润，以杜能（Thünen）的农业区位论、韦伯（Weber）的工业区位论为代表。其中，韦伯的工业区位论首次讨论了工业企业（工厂）的选址问题，通过分析运费、劳动成本和集聚、分散所带来的成本变化三个方面的成本因素，提出了以工厂为圆心的等运费曲线及等差费用曲线，企业的最佳区位就是综合成本最低点。然而，韦伯主要基于完全竞争和局部均衡假设研究单一工厂选址问题，忽略了许多重要的经济因素和非经济因素，其理论中"区位"只不过是与成本密切相关的因子而已。

（2）近代区位理论。随着市场因素在企业区位选择中越来越占据主导地位，区位理论从关注成本转向追求利润，包括交通、消费和行政等更多因素被纳入区位理论之中。以霍特林（Hotelling）的空间竞争理论以及克里斯塔勒（Christaller）和廖什（Lösch）的中心地理论为标志，近代区位理论尝试建立一般均衡的空间分

析框架，企业均衡区位的形成不仅要考虑原材料和运输等方面的成本因素，更需要考虑企业与企业、企业与消费者之间的相互作用。例如，廖什从需求和收入因子出发，认为最优区位即是纯利润最大的区位（Lösch，1940）。但是，这里"区位"或"空间"仍然只是一个被选择的载体，最多只是作为某种市场潜能的体现，而不是对"企业"具有某种选择和分类作用的市场参与者。

（3）现代区位理论。所谓现代区位理论是为适应现代经济社会发展和企业区位选择的复杂性而出现的各种区位理论的集合。除了成本和利润因素之外，现代区位理论考虑了企业内外多个生产地选择问题，考虑了企业的研究开发、设计、零部件加工、部件组装、物流等多个价值环节的区位问题，考虑了企业的非金钱收益与满足问题，乃至考虑了产品生命周期、决策机制、产业组织、市场占有率、人才、品牌、风险规避、信息与贸易摩擦等众多问题。其中，对本书研究有借鉴和参考价值的包括：第一，不同市场类型下的区位理论，考虑了短期、长期、集中、分散、特殊的市场类型。第二，行为区位理论，认为企业是有限理性的满意人，基于有限信息和不确定信息进行区位决策，因此区位决策是一个包含了信息收集、处理等环节的动态过程，区位决策者的信息占有量和信息利用能力的差异，以及文化-心理距离和信息距离的大小极大地影响了企业的区位选择。第三，战略区位理论，即企业区位选择不仅是企业自身选择，还要考虑企业与包括政府、竞争者、劳工组织、环保团体等利益相关者（stakeholder）的讨价还价和博弈过程。第四，区位政策理论，强调政府通过改善区位条件、增加区位补助金和设置区位限制条件等公共政策手段可以引导或改变企业区位选择过程，调整企业盈利空间边界。可见，现代区位理论放松了传统区位思想的完全信息和理性人假设，强调区位决策是基于有限信息的决策过程，决策者信息收集和处理能力差异，甚至决策者个人偏好、出生地以及区位决策的模仿等非经济因素发挥着重要作用。但是，现代区位理论仍然没有明确地提出将"区位"作为某种市场参与者，将"企业"与"区位"之间的双向选择及其实现稳定匹配的可能性作为区位选择的重要问题进行研究。

（4）区位-配置理论。作为区位理论的一个重要组成部分，区位-配置问题（location-allocation problems，即LA问题）及其理论是从宏观上解决一个或多个企业（或设施）与多个区位的整体最优配置的理论与方法（Hakimi，1965）。该问题可定义为：依据消费点的地理分布以及企业与消费点之间的货物分配关系，计算某一地理范围内企业的数量和位置。LA问题实质上是一个依据优化路径的原则确定在什么地方配置企业或设施的过程。例如，在一个城镇中设立一个急救中心就是一个典型的LA问题，其目标是使得全镇的居民到医疗中心的路径（时间）总体上最短。根据目标函数的不同，LA问题可以分为企业成本最小化模型、客户需求导向模型、企业利润最大化模型、其他模型等四种模型。区位-配置理论较好地研究了特定目标函数下企业与"区位"之间的配对问题,对"企业""区位"双边匹配模型的空间化具有重要参考价值。但是,它仍然没有将"区位"或者"客户"作为一个具有某种偏好的市场参与者进行匹配,因此只是单边匹配而不是双边匹配问题。

(5) 新经济地理学区位理论。克鲁格曼 (Krugman) 等新经济地理学家打破了各种经典区位理论关于完全竞争和报酬不变的假设,提出了不完全竞争、报酬递增和多样化需求等假设下的一般均衡框架,从劳动力流动、联系效应和异质性企业等角度研究企业集聚的内在机理,认为收益递增、垄断竞争以及贸易成本对企业区位选择具有重要影响,企业偶然的区位迁移将被某种正反馈机制锁定和加强,内生地形成所谓中心-外围结构,而企业的集聚程度会随着贸易成本的上升先提高后下降,出现多重均衡的情形 (Krugman, 1991)。新经济地理学理论无疑在企业区位选择微观机制的内生化、动态化和明确化做出了巨大贡献,但是仍然不能回答企业之间以及企业与"核心""边缘"地区之间的策略行为对区位选择结果的影响等问题,将新经济地理学模型与博弈论相结合无疑是区位理论发展的重要方向。

(6) 新新经济地理学区位理论。Melitz (2003) 将企业异质性引入克鲁格曼的"核心-边缘"模型,建立了异质性企业垄断竞争模型,开创了新新贸易理论。Baldwin 和 Okubo (2006) 将 Melitz 的企业异质垄断竞争模型与新经济地理模型相结合,标志着新新经济地理学的诞生。新新经济地理学通过分析异质企业的区位选择与空间集聚关系,发现存在两种效应:一种是企业分类选择效应,一种是企业区位选择效应。效率最高的企业首先选择从小区域向大区域重新选址,逐渐将企业定于市场规模较大的地区。与克鲁格曼的"核心-边缘"模型的随机性产业聚集不同,该研究认为这是一种非随机的空间选择,能够促进中心区的生产率的提高,迫使边缘区生产率的降低,这就是企业区位选择效应。国家为了平衡地区经济发展而采取财政补贴的政策,非合理或者不够力度的补贴会对本地市场效应产生强化作用,促使高生产率的企业向中心区集聚,而低生产率企业受成本的影响,为了获得政府的补贴而迁往边远地区,从而形成更为稳定的"核心-边缘"空间结构,这个结果就是企业分类选择效应。

综上所述,在上述各种区位理论之中,"区位"及其相关联的原材料商、市场、政府、其他利益相关者、运输成本、收入等因子均是被其占有者——"企业"单向地收集信息并进行选择的。在这一过程中忽视了一个重要的问题:"区位"及其所承载的原材料商、市场、政府、其他利益相关者并不仅仅被动地被选择,同时也是区位空间所有者或代理人主动寻求符合其利益诉求的土地开发者(企业)的过程。区位空间的代理人(通常为政府)与区位空间的占有者(通常为企业)作为具有不同利益目标的代理人主体,其选择偏好因素应当同时被纳入区位选择模型中,而这正是现有区位选择理论的破缺之处。

1.1.2　空间资源配置的困境:为什么招商引资和产业集群培育如此之难?

现有区位理论的破缺极大地限制了区位理论在解决中国实际区位问题中的作用,当前中国工业企业投资和地方政府招商引资过程中所出现的种种问题从某种程度上反映了区位理论对于实际问题的无能为力。目前,关于政府招商引资及其与地方产业发展关系的研究主要包括以下几个方面。

第一,部分学者讨论了地方政府招商引资的现状、问题与建议。李伟(2010)认为与企业招商、中介招商、开发商招商相比,政府在招商引资主体结构中发挥领导作用,且具有明显的行政特征。谢晓波和黄炯(2005)对长三角地方政府招商引资过度竞争性问题进行了研究,究其原因主要是地区间利益冲突,协调机制的缺乏以及政府考核机制等,主要表现在地价过低、基础设施重复建设等方面。钟培武(2008)依据发达国家经验,认为完善的软硬件设施、良好的商业环境和政府公共服务以及有针对性地选择开展招商工作才是必备条件。

第二,部分学者着重强调政府应提高招商引资项目评估能力,提出了目标企业和项目的评价指标体系。1983 年,美国学者提出了一套基于 16 种风险投资决策因素的项目评估方法与模型,从市场吸引力、产品差异度、管理能力和对环境威胁的抵制能力这四大方面出发构建指标体系(周新生,2006)。Stern Stewart 管理咨询公司在 20 世纪 80 年代提出用经济增加值(economic value added,EVA)指标来衡量企业的价值创造能力,而 Tybjee 和 Bunro(1984)基于定性评价准则,运用问卷调查和因素分析法得到美国的风险投资项目评价模型。在国内,张炳等(2004)以绿色环保产业园为例,将入园项目评估指标分为绿色投资环境与绿色招商要求两方面,后者主要从污染物排放水平、单位产值能耗、单位产值水耗等方面来进行考虑;王迎秋和李海涛(2007)基于天津滨海新区招商引资的特定需求,选定投资效益、资源集约利用和环境保护三个维度构建评估体系;张兆同(2010)构建企业区位选择影响因素指标体系,并对苏南地区制造业企业进行调查,认为行政基础设施、公共基础设施、生产因素以及产业集聚因素对企业区位选取影响较大;李运(2011)采取问卷调查方式,构建招商引资项目评估的指标体系,包括 4 个一级指标体系与 16 个二级指标体系,并提出基于证据理论的群决策招商项目评估模型、基于云理论的招商项目评估模型与基于模糊多准则(VlseKriterijumska Optimizacija I Kompromisno Resenje,VIKOR)算法的招商项目评估模型；周朝锋（2012）则从产业与客户两个层面建立区域招商目标客户选择评估体系，并依托天津临港产业区，提出临港产业区的招商客户目标选择策略；刘素荣和霍江林（2010）基于可拓学建立了开发区项目准入模型，以优化决策体系；殷佳仕（2011）首次提出产业链招商的概念，并结合湖州经济技术开发区的招商实例做了产业链招商的定性分析；谢彦博（2012）从风险评估角度出发，认为项目入园必须具备符合国家产业政策、符合园区发展规划、符合市场发展导向、符合环保规定、集约用地等五个基本条件。常见的招商项目评估方法如表1-2所示，这些方法对本书进一步确定"地方"选择企业的偏好指标和评价模型具有重要参考价值。

表1-2 招商项目评估方法

评估方法	特征	应用对象或案例
成本效益法	以前期投资为基础，以经济指标为主（投资回报率、净现值等）	投资产出评估、立项选择预测
层次分析法	两两比较，打分，基于判断矩阵的权重确定	广泛应用于决策中
灰色理论决策法	应用于信息不完全的不确定系统中	应用于灰色系统
优劣解距离法	多准则决策方法，通过计算与正理想解和负理想解的距离得到决策方案	多属性决策
主成分分析	简化繁杂指标体系，降低求解难度	多变量系统
因子分析法	指标结构层次相对简单、明确，降维思想、提取公因子	多因素综合评价
模糊综合评价法	基于模糊数学，通过计算隶属度将定性评价转化为定量评价	适用于模糊的、难以量化的问题，适合各种非确定性问题的解决
多维偏好分析线性规划法	对比不同决策人的方案，通过计算一致度与不一致度得出指标权重	多目标决策

第三，部分学者从政府的产业集群管理能力的角度研究招商引资。潘雄锋（2005）、田卫东（2010）建议政府宜以催化剂的模式参与产业集群的建设，应将有效资源用于优势产业，提出明确的产业集群整体布局、规模标准、生态建设标准等发展战略，并加强集群内企业之间以及企业与研究机构之间的合作。王传宝（2009）重点研究了以产业集群升级为导向的公共政策，认为政府不仅应当加强产业集群规划，还需注重外向关联，实现产业集群在全球价值链上的升级，同时围绕产业集群升级需要，建立集群公共服务体系。德维洛克等（2008）利用英国案例研究发现，产业集聚所产生的关联效应成为区位选择的主要驱动力，政府提供的地区优惠政策不再是吸引投资者的主要因素，但是随着一个地区某一产业内企业数的增加，投资者对优惠政策的积极性会随之增加。

总体上，政府主导招商引资的发展模式、政府提高招商引资项目评估能力以及政府加强地方产业集群管理水平等,都是解决当前中国工业和城市经济领域各种问题的重要途径,但是,本书认为,工业企业与"区位"之间的严重不匹配和交易失效乃是当前中国工业和城市经济领域出现问题的根本原因之一。一方面,工业企业在选择投资区位时缺乏足够的信息和有效的引导,造成有效投资不足、投资效益低下以及投资在空间和产业结构上的偏差,导致严重的产能过剩(沈体雁和郭洁,2013);另一方面,地方在招商引资方面缺乏充分的企业和产业信息,加上地方之间缺乏有效的产业协调,造成地方政府陷入招商引资困境。因此,引入 Shapley 和 Roth 的稳定匹配理论与市场设计方法,寻求建立基于双边匹配的企业-区位配置模型,设计建立中国工业用地匹配与交易市场,将是解决招商困境的创新性途径之一(齐子翔和于瀚辰,2015)。

1.1.3 双边匹配理论及其应用:为什么市场可以而且需要设计?

市场的重要功能是促成市场参与者之间的交易。但是,在一些特定的条件下,由于市场参与者之间没有办法形成稳定配对,市场交易最终无法实现或者交易效率低下。通过人为地设计某种交易规则和市场机制,比如建立集中的中央撮合平台,可以将参与市场的一方与另一方匹配起来,如劳资双方的雇佣关系、学校招生的录取关系、适龄男女的婚姻关系等,从而最终促成交易的完成。

对这项市场功能进行系统化研究的是双边匹配理论,该理论开端于 1962 年 Gale 和 Shapley 的著名论文《高校招生与婚姻稳定性》。该文对稳定匹配的存在性、最优稳定匹配、延迟-接受算法和匹配问题的线性规划等做了开创性研究,为双边匹配和市场机制理论发展奠定了基础。哈佛大学经济学和企业管理学教授 Roth 将双边界定为事先被指定好的两个互不相交的集合,而双边匹配是指在这些市场中双边代理人的匹配。Roth 将双边匹配理论应用于实际的市场设计实践之中,开辟了"经济工程学"的新领域,为包括区位理论和空间经济学在内的经济学从理论走向实际、从解释走向规划、从规律发现走向机制设计迈出了坚实的一步。Shapley 和 Roth 凭借在"稳定匹配理论和市场设计实践"上所做的贡献获得了 2012 年诺贝尔经济学奖。

双边匹配理论模型可以分为两类:①无货币因素的双边匹配理论,即最经典的婚姻市场问题,仅仅偏好排序清单至关重要,价格并没有发挥分配职能。从匹配双方来看,许多经济学家扩展了 Gale 和 Shapley 的工作,延伸了他们的理论框架,从一对一匹配到多对一匹配再到多对多匹配。研究的核心是匹配种类和策略行为，研究的焦点问题是稳定匹配集合与核之间的关系。②带货币因素的双边匹配理论，即派遣类市场，货币在所有参与者之间是可以转让的，并且匹配是通过市场价格决定的，它的研究内容与无货币因素的基本相同，得出的结论也大致一样，只是采用了不同的研究方法和数学工具。带货币因素的双边匹配理论很少付诸实践，本书主要采用无货币因素的双边匹配理论解决"企业"-"区位"的双边匹配问题。

从开展区位市场设计的角度，双边匹配理论具有两个重要特点。第一，博弈论背景。博弈论解释的问题是：如果每个人的最优决策都依赖于他对其他人行为的（均衡的和非均衡的）猜测，那么如何保证所有人的猜测同时达到某种"集体"均衡呢？包括区位市场在内的许多市场的混乱都是由这种"猜测"导致，这种"猜测"使得参与各方不能真实地表述自己的偏好。匹配理论既然确立了稳定匹配的地位，必然要消除各种不稳定性或"猜测"。双边匹配理论属于合作博弈的范畴，博弈的结果是双方福利的改善，或者一方福利的增进以不减少对方的福利为基础，而合作剩余的分配既是合作博弈的结果，也是合作博弈得以实现的前提。双边匹配的合作博弈性质对于研究解决区位相关问题中广泛的协调失败和外部性问题具有重要借鉴意义。第二，将理论研究和实际运作有机结合。1984 年 Roth 发现，G-S（Gale-Shapley）算法事实上在美国从 1951 年开始在医学院实习生向医院的派遣中就已经付诸实践，通过 70 多年理论与实践的反复试错过程，"市场自发演进，但也需要设计"的思想正在越来越深远地影响经济理论与实践。近年来，双边匹配理论已经从劳动力市场，应用到婚姻市场、器官移植及学校录取等众多领域。

1.1.4　中国工业用地市场：一个典型的基于双边匹配的区位市场设计问题

中国工业用地市场具有分散性、垄断性、策略性行为等特征，是一个典型的双边匹配市场。20 世纪 90 年代以来，部分地方政府为了招商引资大量廉价出让工业用地，尽管加快了工业化和城镇化进程，但也造成低水平重复建设、土地资源浪费等不良后果。为改善这一局面，国土部门推出了"市场化出让、最低限价、规定建设指标"三位一体的政策体系。为推进工业用地的市场化，2006 年以来国土部门规定工业用地出让逐步向市场化方向转变，即以招标、拍卖、挂牌方式出让国有土地使用权。但是工业用地市场存在明显的市场失灵，表现出了如下特点：①分散决策。工业企业和地方政府各自从市场中搜寻潜在匹配对象，经过反复考察协商后确定自己的匹配对象。②市场总体规模巨大。大量工业企业的生产建设并不依赖于特定区位,其在全国范围内有广阔的选址空间。③局部垄断,全局竞争。虽然各个地方政府垄断本地供给,在全国超大地域范围内形成了众多局部卖方市场,但工业企业的高流动性使得从全国范围内看,工业用地市场是一个买方市场。④信息不对称。暗箱操作、寻租频发。⑤竞争过度。地方政府招商引资诉求强烈,对于龙头企业、优质项目招商形成白热化的引资竞争。⑥搜寻成本过高。无论是地方政府招商引资,还是工业企业选择区位,往往缺乏系统性的信息获取渠道,多是通过个人关系或者"广撒网"式的盲目出击来搜寻潜在匹配对象,造成匹配效率低下。

与此同时,分析那些通过建立中央匹配中心而解决市场失灵问题的案例,可以发现其具有如下共同点:①分散化决策,缺乏统一的信息披露和交流平台,参与主体各自按照自己获得的有限信息进行决策;②市场较大,通常是全国范围内,在分散化决策的前提下,较大的市场尺度阻碍了买卖双方的交流,引起信息不对称,增加参与者的搜寻成本,进而导致市场失灵;③存在激烈竞争,竞争激烈导致市场参与者在信息极为不充分的情况下不得不迅速做出决策,否则就有失去交易机会的风险;④价格难以发挥作用,这既包括出于道德、公平性考虑而刻意回避价格机制的情况,如肾脏匹配、择校等领域,亦包括虽然允许价格机制存在但价格机制不够健壮以至于市场失灵的情况。

工业用地市场的上述特点恰好切合双边匹配机制的适用场景,正如 Pais 等(2012)通过组织被试者进行行为实验发现,在缺乏统一匹配中心的匹配市场中,分散化决策的参与者同样倾向于寻找稳定的匹配结果,而参与者对信息掌握的缺失,以及较高的搜寻成本(search costs)都会减少组成稳定匹配的比例,通过建立匹配中心来产生稳定的结果对于存在失灵的市场意义重大。因此,必须重新审视工业用地市场的双边本质,设计出符合其市场特性的"双边匹配"机制来帮助市场达成稳定匹配。

1.2 研究意义

本书将企业"区位选择"视为"企业"与"地理区位"之间的双边市场匹配问题,引入稳定匹配理论和市场设计方法,构建"区位市场设计学"的一般理论与方法,建立了基于双边匹配理论和集中清算机制的企业区位配置模型,并以我国工业企业选址和工业用地市场设计为例,开发研制中国工业用地申请、获取、匹配与交易计算机原型系统。该研究主要有如下理论意义、方法意义和现实意义。

1.2.1 理论意义

通过引入双边匹配理论，深化从古典区位模型到新经济地理学模型关于企业区位选择这一核心课题的研究，将区位理论与合作博弈理论相结合，建立基于合作博弈理论研究区位与产业集聚的知识体系，探索建立"区位市场设计学"或"空间经济工程学"理论范式。研究具有如下理论意义。

（1）将"区位"视为具有主观利益诉求的主体，而非仅仅是等待被企业选择的被动对象，将企业区位选择过程从企业单边决策扩展到企业和地方政府的双边利益互动，从而深化古典区位模型和新经济地理学模型关于工业企业区位选择这一核心问题的研究。

（2）在 Roth 提出的"经济工程学"范式基础上，通过有效地结合博弈论、区位理论和计算机模拟，创造性地提出了 WYS 算法，设计出符合中国国情的工业用地双边匹配出让机制，扩展了双边匹配理论的适用范围，探索"空间经济工程学"的理论范式。

（3）构建了较为完善的多地区工业用地出让市场模拟模型，并使用该模型进行理论和政策研究，为工业用地市场的理论和政策研究提供了新的技术框架。

1.2.2 方法意义

按照经济工程学的思路，本书试图提出包括数据库建立、匹配算法与软件实现、工业企业选址和工业用地市场匹配实验、政策规划与设计等在内的区位市场机制设计方法体系，为开展类似研究提供方法支持，为全球双边匹配与市场设计提供新的中国案例。

1.2.3 现实意义

基于双边匹配出让机制再设计中国工业用地市场，提出包括工业用地市场匹配与交易管理的基本原则、组织机构、交易程序、标准准则、核心政策和计算机系统使用办法等在内的中国工业用地市场设计的管理与政策建议，具有如下现实意义。

（1）创新地方政府招商引资模式，优化土地资源配置。目前我国工业企业与"区位"之间存在严重的不匹配和交易失效。引入 Shapley 和 Roth 的稳定匹配理论与市场设计方法，建立集中清算平台，使得工业用地出让过程由分散化的盲目搜寻变为双边有效匹配，将企业区位选择与地方政府招商引资有机结合，最大化地方政府和企业双方的效用，将是解决招商困境的创新性途径之一（齐子翔和于瀚辰，2015）。

（2）规范地方政府工业用地出让行为。强烈的"土地引资"冲动使得一些地方政府习惯于同具有较大市场规模、较强经济实力的"龙头"企业进行合作。实践证明，纯粹的价格机制无法解决工业用地市场的寻租问题，其根本原因在于价格机制忽视了地方政府的利益诉求。双边匹配的出让机制，将政企双方的诉求摆上台面，给予同等重视，消除了系统性的利益扭曲，促使工业用地出让走向阳光化和规范化。

（3）促进信息对称，提升监管效率。无论是地方政府招商过程，还是企业区位选择过程，作为市场参与者的个体都面临严重的信息不对称，缺乏系统性、常态化的信息获取渠道。这使得地方政府和工业企业不得不依赖大量的个人关系，或"广散网"式的盲目出击来搜寻潜在匹配对象，消耗大量的人力财力。同时碎片化的市场和大量私下交易，使得管理部门难以及时获取工业用地交易信息，更不用说强有力的监管和精准的调控。统一的匹配平台有利于信息互通，减少分散决策机制下的信息不对称问题，同时历史数据的积累使得系统能够对参与双方进行针对性对象推荐，有效降低地方政府与企业获取潜在匹配对象的搜寻成本。

1.3 研究设计

1.3.1 研究技术路线

本书基于经济地理和区域经济学理论，以及地理信息、空间统计、空间计量分析等方法，采取数据归纳和理论演绎相结合的技术路线，按照 Roth 提出的"经济工程学"的思路，研究中国工业区位市场设计（图1-1）。包括"一条线索""三个层次""两个结合"和"一个落脚点"。

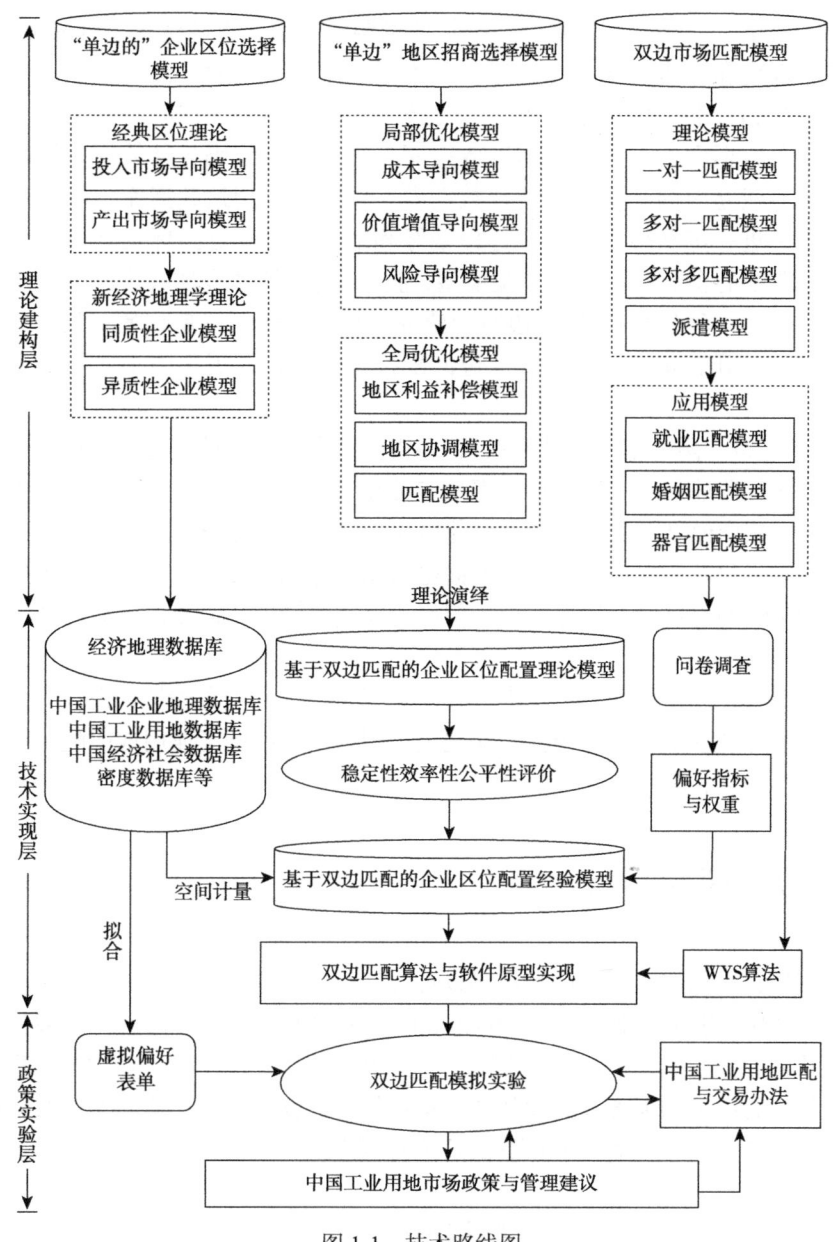

图 1-1 技术路线图

（1）坚持"一条线索"推进。即按照经济工程学研究思路，以问题导向和应用研究为导向，从理论演绎到经验模型，再到市场设计和匹配实验，尝试将区位和空间优化问题引入市场设计领域，将双边匹配模型引入企业区位选择和工业区位优化领域，探索一条区位相关市场设计的问题求解线索。

（2）坚持"三个层次"嵌套。一是理论构建层面，通过梳理经典区位理论、地方招商理论和双边匹配理论，建立基于双边匹配的企业区位配置理论模型，为模型推演和校准提供理论基础。二是技术实现层面，在课题组已经建立的中国经济社会数据库、中国经济密度数据库、中国邮政编码分区数据库等基础之上，进一步建立中国工业企业地理数据库、中国工业用地数据库，同时采用问卷调查方法进一步获得企业区位选择偏好和地方招商偏好指标及其权重，得到基于双边匹配的企业区位配置经验模型，基于WYS算法实现双边匹配算法与软件原型，建立一套企业-区位双边匹配研究的技术系统。三是政策实验层面，在上述基础上，开展企业与区位的双边匹配模拟实验，开展中国工业用地市场设计工作。

（3）坚持"两个结合"。即主、客观指标结合以及定性、定量分析结合。考虑到企业区位选址和地方政府招商都是非常复杂的问题，课题组一方面采用经典区位理论、招商模型和数据库计算企业区位选择偏好和地方招商偏好，得到相对客观的和定量化的偏好排序，另一方面也采用问卷调查和"偏好表单"等形式加入主观和定性的意见，对计算所得的偏好排序进行调整，以使偏好排序和市场设计更符合实际。

（4）坚持"一个落脚点"。借鉴原国家卫生和计划生育委员会设计"中国人体器官分配与共享市场"的经验，课题组试图提出"中国工业用地匹配与交易市场"的基本框架、原则与核心政策。

1.3.2 研究目标

本书旨在将稳定匹配理论与市场设计方法引入工业企业区位配置和工业用地市场研究之中，建立基于双边匹配的企业区位配置模型，开发企业-区位双边匹配算法与软件原型系统，开展企业-区位双边匹配实验，提出中国工业用地市场设计政策建议，为中央和地方政府加强产业集群管理、促进地区产业协调以及解决重复建设、产能过剩和工业用地粗放低效等问题提供科学依据和政策途径。主要目标如下。

（1）建立基于双边匹配的区位市场设计学一般理论与方法。

（2）基于中国工业用地出让大数据，运用量化方法，深化对中国工业用地市场现状的认识。

（3）建立包括数据库、经验模型、匹配算法、原型系统和模拟实验在内的工业用地市场的匹配平台。

（4）提出中国工业用地市场匹配与交易管理与政策建议。

1.3.3 关键技术问题

（1）建立企业区位选择偏好模型、地方招商偏好模型、企业-区位双边匹配模型及其算法实现。尽管经典区位理论对工业企业区位选择等问题进行大量研究，但是，比较准确地评价某一企业的各个区位的偏好顺序、某一地方对各个企业的偏好顺序，并实现彼此之间的宏观匹配，这既是本书的关键创新点，又是重要技术点。本书将采用主、客观相结合以及定量与定性分析相结合的办法，以求更加精准地表达企业的区位选择偏好和地方的招商偏好，实现更大范围的全局优化；同时，本书尝试借鉴和采用 Roth 等的软件以及中国人体器官分配与共享计算机系统的软件，进行改进和扩充，形成具有地理空间参考的算法和软件系统。

（2）模拟实验与示范应用。如何对上述模型的有效性和可靠性进行检验，是一个难题。从市场设计的实践经验来看，一个"市场"被"设计"出来后，往往需要数年时间的运行，才能判断该"市场设计"是否"稳定"，是否满足匹配主体的需要，是否能够持续地吸引各方参与该"市场"。在还没有建立一个可运行的"市场"之前，本书将采取模拟实验的方法对中国工业企业区位市场的"初步设计"进行验证。"实验"本身的设计是本书课题的另一个关键技术问题。

1.3.4 研究创新

（1）在国内首次将双边匹配理论引入企业区位和地方招商研究领域，将"区位"视作一个市场参与者而不仅仅是经济活动的空间载体，将企业"区位选择"视作"企业"与"地理区位"或"地方"之间为了获得土地及其相应资源而进行的合作博弈，从而为研究经典区位理论，甚至是新经济地理学，长期不甚涉及的市场参与者之间的策略性行为、交易规则、搜寻成本以及交易的稳定性等问题打开了一扇窗户，为地理空间相关的市场设计提供新的经验知识，具有独特的科学意义和理论价值。

（2）在国内创造性提出 WYS 算法，并整合 WYS 算法和地理信息系统，尝试研制开发一套基于地理空间的企业-区位双边匹配算法和软件原型系统，为经济地理和空间经济研究，特别是空间分析与模拟研究，提供新的平台与方法。

（3）以工业投资区位和工业用地市场这一关键议题为切入口，尝试从市场准入、交易规则与程序、工业集群管理、交易稳定性等方面开展工业用地市场设计，制定"中国工业用地匹配与交易管理办法",探讨建立解决工业低水平重复建设的长效机制,为"十四五"期间乃至更长时间内我国生产力布局、经济社会发展规划、国土空间规划和城乡规划等重大决策提供背景资料,具有政策研究创新的潜在可能。

1.4 主要研究内容

本书试图建立基于双边匹配的企业区位配置理论模型、经验模型及原型系统,在作者所负责的国家自然科学基金项目的基础上,通过建立多时段、多尺度、多行业和多维度中国工业企业地理数据库、中国工业用地数据库和企业-区位双边偏好指标库,采用问卷调查和模拟实验等方法对我国工业用地市场机制设计进行系统研究。主要包括以下内容。

1.4.1 建立基于双边匹配的区位市场设计理论

引入双边市场匹配与机制设计理论,建立基于双边匹配的区位市场设计理论框架。理论模型以对"区位市场"的定义为逻辑起点。所谓"区位市场",即以地球表面某个"位置"或"地理空间"为交易标的物的市场,其供应商是作为某种利益综合体的"地方"或其代理人地方政府,需求方即是企业。可见,企业区位选择与地方招商选择是围绕某个区位的供需决策这一问题的两个不同方面,符合双边市场匹配理论的假设。

基本假设:①区位市场是一个分散的、具有某种垄断性的、供需方信息不完备的市场;②企业区位选择和地区招商选择是企业及其竞争企业、上下游厂商、地方政府以及利益相关者的合作博弈问题,普遍存在着策略性决策问题。③由于交易分散性和区位的垄断性,区位价格难以真正形成和发生作用。

首先,建立企业区位选择模型,并借此建立企业区位选择偏好模型,即解决某个企业对区位偏好的打分排序问题。按照经典区位理论和新经济地理学理论,根据总成本最低、产业链关联、市场潜力最大等原则,以规模以上工业企业地理数据库为基础,建立和校准工业企业区位选择模型。在此基础之上,进一步采取主、客观结合的方法,将基于区位模型的定量计算与基于企业问卷调查的定性分析相结合,提出企业区位偏好评价指标体系及其权重,形成企业区位偏好优先排序。

其次，建立地方招商选择模型，并借此建立地方偏好评价模型，即解决某个地区对潜在的目标企业的打分排序问题。采取问卷调查方法，根据产业链关联、技术先进、就业优先、税收优先等原则，建立地区招商选择模型，确定招商偏好评价指标体系和评价模型。

最后，建立双边匹配模型。在上述偏好评价模型的基础之上，基于双边匹配机制，建立一对一双边匹配模型和多对一双边匹配模型，形成基于统一地理空间参考的企业区位选择偏好评价模型、地方招商偏好评价模型和双边匹配模型相互嵌套、三位一体的企业-区位双边匹配模型。

1.4.2 中国工业用地市场机制及特征分析

首先，引出为什么要再设计中国工业用地市场。通过梳理中国土地使用制度的演进、工业用地的理论研究进展和实证研究进展，探讨招拍挂市场机制及困境。针对困境，探索基于双边匹配和集中清算的中国工业用地市场机制。

其次，深化对工业用地市场现状的认识。梳理了中国工业用地市场的现行管理体制，指出工业用地出让过程的双边本质。针对部分区域经济学所关心的，但以往由于数据缺失而较少研究的主题，展开定量研究。例如，工业用地市场的空间不均衡性、空间集聚特性、供需的本地性、地区间出让的"核心-边缘"特性、城市间出让网络的层次性等。本章的研究深化了对工业用地市场现状的认识。

1.4.3 工业用地市场双边匹配算法与软件原型的实现

按照"经济工程学"的一般范式，将设计过程分为模型构建、算法设计、算法检验、流程设计四个步骤：①在模型构建部分，将工业用地出让问题抽象为工业企业和开发区的双边匹配问题；②在算法设计部分，针对工业用地出让机制的设计目标，创造性地提出了WYS算法，该算法能有效弥补传统算法的缺陷；③在算法检验部分，采用随机生成偏好序的方法，验证了算法具有稳定性、非单边占优、一定程度的最低保障、足够的政策施展空间等良好性质；④最后，在流程设计部分，设计了运用双边匹配机制进行工业用地出让的具体流程，包括信息披露、确认候选名单、线下谈判、确认偏好序、运行算法生成匹配结果等环节，并展示了开发的计算机原型系统。

1.4.4　工业用地出让市场模拟

在基本的匹配机制设计完成之后，还要继续探讨该机制是否适用于我国"多地区引资竞争"的市场环境。在以往的市场设计实践中，设计者往往拥有历史积淀的真实偏好数据，只需使用真实的偏好数据对算法进行验证，即可证明新机制相比于旧机制的优越性。由于工业企业区位选择的真实偏好数据无法获取，因此尝试采用模拟方式对工业用地的双边匹配机制进行更深入的剖析和论证。

首先根据前文研究以及经济学一般常识，提炼出工业用地出让网络的具体特性，并以此为依据，构建基于微观决策过程的工业用地出让市场模拟模型。通过对模型中城市和工业建设项目属性生成样例，以及对地方政府和企业的偏好序生成样例进行分析，发现模型设定基本符合现实情况。其次，在上述模型基础上，分别模拟价格机制与双边匹配机制对城市工业用地进行配置，对比不同机制下的地方政府和企业的效用、建设项目质量等指标，以此判定不同机制的优劣。最后，应用模拟模型对部分政策变量进行探讨，给出政策建议。

1.4.5　中国工业用地市场设计政策建议

根据上述实验结果，提出中国工业用地市场设计的管理与政策建议。建议成立涵盖国家、省和地方（包括各类开发区在内）的三级工业用地市场匹配与交易管理机构，建立国家和省级的工业用地交易与匹配计算机系统，制定"中国工业用地交易与匹配基本原则与核心政策""中国工业用地交易与匹配管理办法"等规章制度，实行工业用地交易协调员制度、咨询员制度、信用制度、景气预报制度等，试图为加强地方产业集群管理、促进地区之间产业协调、解决产业重复建设、产能过剩和工业用地粗放低效等问题提出政策建议。

1.5　研究成果、结论与问题

1.5.1　研究执行与成果

本书是国家自然科学基金项目"基于双边匹配理论的企业区位配置模型与区

位市场设计"（71473008）的总结性成果。该项目自 2015 年 1 月开始执行，按照年度研究计划，稳步有序推进国内外文献资料搜集和理论准备、构建基于双边匹配的区位市场设计理论、建立企业区位选择以及地方招商偏好评价模型、研究工业用地双边匹配算法及开发软件原型系统、模拟匹配实验等，圆满完成了项目的结题。在此过程中，取得了一系列的研究成果，包括 1 份综合研究报告、2 套空间数据库、1 套软件著作权、1 个发明专利、26 篇学术期刊论文、1 份政策建议报告和 1 个软件平台等，详见表 1-3。

表1-3 研究成果一览表

成果类别	取得成果
1 份综合研究报告	《基于双边匹配的企业区位配置模型与区位市场设计》研究报告
2 套空间数据库	中国工业企业地理数据库（1996~2013 年） 中国工业用地数据库（2007~2016 年）
1 套软件著作权	企业与开发区双边匹配系统 1.0（登字第 1147912 号）
1 个发明专利	《实体双边匹配方法及系统》，专利号 ZL 2015 1 0624626.4，发明人：沈体雁、齐子翔、王彦博、于瀚辰
26 篇学术期刊论文	SSCI/SCIE 2 篇，CSSCI 20 篇，中文核心期刊 4 篇
1 份政策建议报告	关于《中国工业用地市场匹配与交易管理办法》的建议
1 个软件平台	"企业与园区双边匹配系统" http://121.52.209.243:8080/dataManager/

人才培养成效显著。共培养博士后 2 名，博士研究生 3 名，硕士研究生 1 名。具体如下：①齐子翔，博士后，研究方向为企业区位配置与市场设计，出站报告题目为《企业区位选择与区位市场设计》，导师为项目主持人沈体雁教授，出站时间为 2016 年 7 月；②崔娜娜，博士后，研究方向为土地与房地产、区域经济，导师为项目主持人沈体雁教授，博士后出站报告题目为《大数据视角下的房地产价格、公共品资本化与土地市场设计研究》，出站时间为 2019 年 7 月；③王彦博，博士研究生，研究方向为双边匹配算法，博士论文题目为《双边匹配视角下的工业用地出让机制研究》，导师为项目主持人沈体雁教授，毕业时间为 2018 年 6 月；④郭洁，博士研究生，研究方向为产业集群，博士论文题目为《复杂网络视角下产业集群与创新的关系研究》，导师为项目主持人沈体雁教授，毕业时间为 2018 年 6 月；⑤于瀚辰，博士研究生，研究方向为空间计量模型，博士论文题目为《多尺度地理加权回归理论与应用》，导师为项目主持人沈体雁教授，毕业时间为 2019 年 6 月；⑥李京京，硕士研究生，研究方向为区域经济学，硕士论文题目为《双边匹配理论在企业区位选择问题中的应用——以工业用地出让市场机制设计为例》，导师为项目主持人沈体雁教授，毕业时间为 2014 年 6 月。

该研究的主要特色在于：①在国内首次将双边匹配理论引入企业区位和地方招商研究领域，将"区位"视作一个市场参与者而不仅仅是经济活动的空间载体，将企业"区位选择"视作企业与"区位"或"地方"之间为了获得土地及其相应资源而进行的合作博弈;②研制开发一套基于地理空间的企业-区位双边匹配算法和软件原型系统,为经济地理和空间经济研究,特别是空间分析与模拟研究,提供新的平台与方法;③以工业投资区位和工业用地市场这一关键议题为切入口,开展工业用地市场设计,为探讨建立解决工业低水平重复建设的长效机制提供科学依据。

1.5.2 研究结论

本书将企业"区位选择"视为"企业"与"地理区位"之间的双边市场匹配问题,引入2012年诺贝尔经济学奖获得者Shapley和Roth的稳定匹配理论和市场设计方法,尝试建立基于双边匹配理论的"区位市场设计理论",并以中国工业用地市场设计为例,开发研制符合中国国情的工业用地申请、获取、匹配及交易计算机原型系统,提出包括中央和地方两级的、覆盖全国的工业用地交易机制与管理体制,试图为加强地方产业集群管理,促进地区之间产业协调,从根本上解决重复建设、产能过剩和工业用地粗放低效等问题提出有效的解决办法。主要结论如下。

第一,引入稳定匹配理论,提出了"基于双边博弈"的新区位理论范式。区位市场设计学将企业"区位选择"视为"企业"与"地理区位"之间的双边市场匹配问题,将Shapley和Roth的稳定匹配理论和市场设计方法引入区位理论,从而将"基于单边选择"的经典区位理论拓展到"基于双边博弈"的新区位理论范式,为解决中国工业用地市场设计这一类区位相关资源配置问题提供了新的理论与方法,为创新和发展具有悠久历史传统和无限发展潜力的区位理论家族指出了新的方向。

第二,基于新区位理论范式,再设计了中国工业用地市场。中国工业用地市场具有比较鲜明的"工业用地供需的政企双边匹配特征""出让空间的不均衡特征""交易网络的核心-边缘特征""交易结构的局部垄断-全局竞争特征"等事实,尽管改革开放以来传统的工业用地出让方式在中国特定的政治经济发展模式下一定程度上促进了中国经济的高速发展,但是也造成了城市蔓延式扩张、工业用地利用质量低下和浪费严重、地区低水平重复竞争和产业结构雷同、工业园区无序发展等诸多问题,严重掣肘了中国经济向以创新驱动和产业集群式布局为特征的高质量发展方式迈进的步伐,因此,基于新区位理论范式,再设计中国工业用地市场乃是中国国家治理体系与能力现代化,特别是自然资源治理和城市治理现代化的重要任务,具有紧迫性、必要性与可行性。

第三,验证了基于双边匹配和集中清算的工业用地出让机制的优越性。基于双边匹配和集中清算的中国工业用地市场机制、匹配算法、软件平台和模拟试验等一套完整的区位市场设计学方法或者空间经济工程学方法，对于再设计中国工业用地市场具有重要理论与实践价值，为解决普遍存在的区位相关的资源配置问题提供了行之有效的政策途径，为新时代更好地发挥政府与市场"两只手"的协同作用提供了可计算的、精准化的决策依据。总体而言，相较于传统出让机制，基于双边匹配和集中清算的工业用地出让机制具有更高的有效性、灵活性、可计算性和精准性，为解决地区低水平重复竞争问题、提高全社会资源配置效率、促进创新和产业集群发育演化、推动经济高质量发展提供了新的政策工具。

1.5.3 存在的问题与未来研究方向

本书设计了企业和开发区的双边匹配机制，包括匹配算法设计、匹配流程设计、匹配平台构建等工作，并验证了 WYS 算法能够稳定匹配并具有较高的效用和公平度。但由于知识水平和研究能力有限，许多问题尚待进一步深化。具体如下。

（1）本书设计匹配算法，构建匹配平台，并佐以高度抽象的模拟论证，也仅仅是搭建了学术的骨架，还缺乏具体实施的肌肉力量。在实践层面，匹配应该在何种空间范围内展开？周期性的集中清算如何适应持续不断的土地出让活动？匹配机制下的暗箱操作又有何种制度可以应对？有很多现实的问题尚不能回答。在今后的研究中，希望能够围绕双边匹配出让机制，对这类具有重要现实意义的配套制度做更深入的研究。

（2）模拟模型设定缺乏足够的科学性。虽然作者已尽力使模拟模型设定符合实证结论和经济学的一般常识，但从城市体系的设置，到企业属性的生成，再到地方政府与企业效用函数的设定，各项参数的具体数值仍缺乏科学、系统的论证。而且我国缺乏企业区位选择的真实偏好数据积累，因此难以沿用 Roth 等的范式，不得不使用模拟方法对不同匹配机制进行验证，而此方面缺乏可参考的文献，只能借助经验来设定模型。未来应继续加强理论学习和实践考察，同时寻求建立企业区位选择的真实偏好数据库，以期做出更加科学合理的模拟设定。

（3）缺乏对时间维度的考察。开发区招商选择和企业区位选择是持续不断的过程，合理的模拟应该纳入这种动态演进过程，引入多轮次选择，每一轮选择都使城市属性有所改变。但由于这种动态引入会使研究复杂度剧增，在本书中，无论是出让机制设计，还是各项模拟，都仅以静态的眼光审视一次匹配的过程。在未来的研究中，可以考虑将动态变化引入模型，还原更加真实的经济过程。

第 2 章 区位市场设计学的一般理论与方法

传统经济学多研究以价格为中心的市场机制和制度在配置资源中的作用,价格机制可以实现市场的供需平衡,追求社会福利的最大化。然而,在现实经济生活中,市场机制会面临价格不能实现资源有效配置的难题。例如,由于伦理道德,人体器官的移植不能由价格决定,但这种情况下,分配仍得继续。如何才能得到有效的分配结果?Roth 和 Shapley 从稳定匹配、市场设计的角度解决了这一问题,基于双边匹配理论的市场设计已经被应用到解决医学生就业、学校招生和肾脏捐赠等多个双边问题。

本章将双边匹配引入到企业区位选择中,提出了基于双边匹配的区位市场设计理论。首先,回顾了市场设计学的缘起与发展,指出了传统区位选择理论的破缺,指出"区位"不应该仅仅是一个被动的空间载体。其次,基于传统区位选择理论的破缺,引入双边匹配理论,重构原有的区位选择理论,从区位市场设计理论的定义、科学问题、基本假设、与传统区位选择理论的区别及双边匹配算法进行展开。再次,重点介绍了区位市场设计理论在中国工业用地市场中的应用。最后,总结本章的结论并加以讨论。

2.1 市场设计学研究综述

经济学家不仅分析市场,而且设计市场。自 1990 年以来,经济学家开始在制度设计,特别是市场设计中发挥重要作用,Shapley 的基本理论和 Roth 的实证实验相互结合,促使了一门研究和改善众多市场性能,被称作"市场设计学"的新兴经济学分支的出现。市场设计学认为经济体系不仅是自我演化的,而且是人为设计的。市场设计的核心问题是市场如何运作。在竞争的商品市场，当价格调整顺利进行时，经济主体可根据价格来做出选择。然而，现实生活中市场要复杂得多，价格所起的作用似乎与市场有所不同。由于信息披露不对称，一些市场未能达到预期的效果。因此，需要进行市场设计。博弈论研究在利益相互影响的局势中，局中人如何选择自己的策略才能使自身的收益最大化时的均衡问题，因而为开展市场设计提供了研究框架。

2.1.1 市场设计学的源起与发展

"市场设计学"源于某些行业的监管机构寻求更好的市场交易组织形式，其目的在于研究如何构造可行的市场交易规则，以解决市场失灵问题。对市场规则的设计尝试自古已有，伟大的思想家、文学家歌德就曾经为自己手稿交易设计过规则，200多年后人们发现该规则是一种特殊形式的Vickrey拍卖（Moldovanu and Tietzel，1998）。尽管有着相当长的历史，但"市场设计学"直到20世纪90年代之后才逐渐成为一个严谨的科学分支，并得到广泛关注。从这一时期开始，经济学家获得了对复杂市场（尤其是公共资源分配市场）进行设计的机会，且设计很快被投入实践，并获得了巨大成功。当时有两个设计最为著名，一个是由Roth主导设计的美国住院医生实习系统，另一个是由McAfee、Milgrom和Wilson主导设计的美国收音频谱拍卖系统。此后一系列的实践案例，如2002年由Wilson主导的电力市场设计等，都充分体现了市场设计的重要价值（Wilson，2002；Milgrom，2011）。

尽管市场设计过程会使用机制设计、拍卖理论、匹配理论等工具来分析在既定规则下市场参与者的均衡行为，以及分析市场规则如何导致预期的结果（outcome），但这些理论本身并不足以保证最终的市场机制能够良好运行，因为现实中具体的市场环境常常过于复杂，以至于根本无法获得博弈的解析解，在这种情况下，理论本身往往只用于提供一些直觉性的指导，还需要计算模拟、经验和实验等方法作为补充的设计工具（Roth，2002；王彦博等，2018a）。例如Roth在改进国家住院医师匹配系统（National Resident Matching Program，NRMP）算法时，使用以往积累的真实偏好数据和随机生成的偏好数据进行大量仿真模拟（Roth，2008a）。市场设计工作者大量运用计算机程序模拟博弈中的迭代流程，进行反复试验。在试验过程中往往首先假设参与者理性，如果这种假设无法得到满意的结果，则模拟过程会进一步引入一些由试验经济学和组织心理学提供的非理性假设。

同时要注意到，市场设计问题没有一劳永逸的解决方案，每一个市场都有它的独特之处，微小的改变都可能会导致最终结果产生严重偏差，因此市场设计学家要格外注重市场的每一个细节（Kittsteiner and Ockenfels，2006）。市场设计学家更要关注如何处理真实市场中的复杂性，这种复杂性通常包含两个方面：复杂的策略环境导致博弈结果众多；现实的博弈参与者行为不完全理性，也许不会严格从效用最大化角度去做决策（Roth，2002）。

Roth（2008b）认为，建立一个好的市场需要三个条件：①厚度（thickness），市场要有足够的厚度，即该市场要能够吸引足够多的潜在参与者参与该市场。②应对拥堵，当市场中交易的异质性较大时，容易产生拥堵问题。即一个要约（offer）并不能通用于整个市场，每个要约必须单独发送给特定的参与者，而在该要约被考虑的过程中，发出要约者无法做出其他行动，从而丧失了其他稍纵即逝的交易机会。市场要提供好的机制使得交易能够迅速完成，应对拥堵。③安全性，市场机制要避免参与者有动机进行场外交易或者产生策略性行为。在市场设计过程中，提供足够的市场厚度、好的拥堵应对机制以及安全性是最核心亦最困难的问题。

市场设计对最基础的经济学问题，包括市场如何运作以及当市场失灵时如何修复，提出了新的理论问题，提供了新的经验数据。在市场设计学中，经济学家不再试图用简单的概念模型从理论上概括市场规律，而是从理论家转变为工程师，将博弈论和计算机、实验室实验相结合，针对不同市场的特定问题，提出一套完备、细化的机制以提升市场的效率（Roth，2008b；Bichler，2013）。而这套机制的具体实施也需要经济学家、市场参与者、监管当局、政策制定者合作才能完成（Kagel and Roth，2016）。

总之，随着市场设计的不断发展，它将越来越像一门工程学科，既需要设计知识，也需要在特定领域应用的知识。因此，可称之为"经济工程学"，经济工程学与市场设计的关系如图2-1所示。狭义的"经济工程学"指经济学与计算机科学的结合（Roth，2002）；广义的"经济工程学"强调用自然科学的方法解决社会科学的问题，是经济学、计算、实验和历史观察相结合的"四位一体"的经济工程学（图2-2），其设计的采纳是一个政治过程，并且具有经验导向的特点。在互联网时代，"互联网+"改变行业边界和规则，随着新的细分市场的不断出现，分享经济的到来，以及实验与计算经济学模型的发展，市场设计的需求与可能将不断增加。

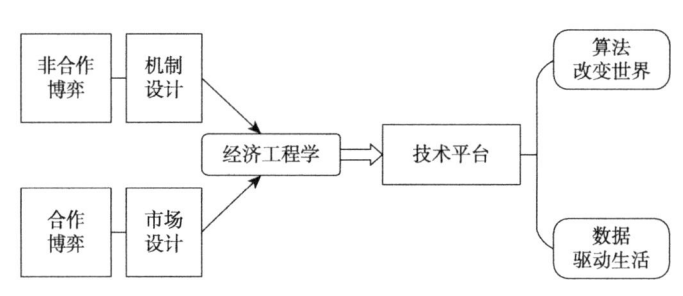

图 2-1　经济工程学与市场设计的关系

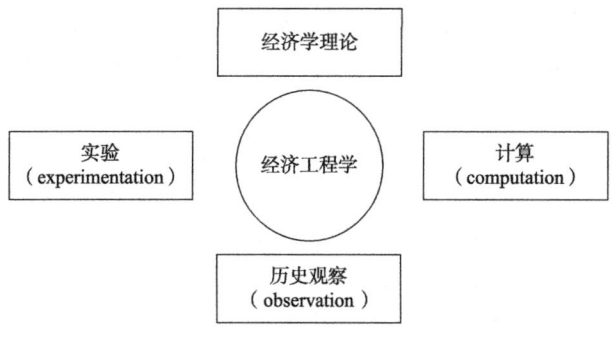

图 2-2 "四位一体"的经济工程学

2.1.2 市场设计学的理论基石：匹配理论

目前为止市场设计最成功的实践案例都发生在拍卖市场和匹配市场。其中匹配市场设计的理论基础为匹配理论（王彦博等，2018a）。匹配理论主要研究离散不可分资源的匹配、分配、交换问题，它涉及几个相互关联不甚紧密的子领域，比如就业市场、学校选择等。匹配理论处于博弈论、社会选择理论和机制设计的交叉地带（Sönmez and Ünver，2011）。匹配理论的创始人是 Gale 和 Shapley，他们在 1962 年发表于《美国数学月刊》（The American Mathematical Monthly）上的一篇文章介绍了基本的双边匹配模型，并讨论了匹配的稳定性问题，他们在文章中采用延迟−接受算法，证明了该算法总存在稳定的匹配。

1. 匹配模型

一个典型的双边匹配问题中包含两类主体集合，以医学毕业生就业市场上医院与学生的匹配为例，有学生集合 $S = \{S_1, S_2, \cdots, S_n\}$ 和医院集合 $H = \{H_1, H_2, \cdots, H_m\}$，这两个集合互不相交，每个学生 S_i 试图寻找一个医院签约工作，每个医院 H_j 试图招聘 q_j 个学生。每个学生 S_i 对其可接受的医院，以及每个医院对其可接受的学生，都有一个完备的、可传递的、严格的偏好序，该偏好序表达了参与主体对对方主体的偏好程度，本质上是一个序数关系。定义一个匹配（matching）为 $S \times H$ 的子集 M，在 M 中每个学生只出现不超过 1 次，每个医院出现不超过 q_j 次。一个匹配可以定义为一个对应（correspondence）$\mu: H \cup S \to : H \cup S$，使得 $\mu(H_i) = S_j$ 且 $\mu(H_j) = S_i$ 成立当且仅当 (H_i, H_j) 是一个配对（matched pair）。当未结成配对的某两个主体 s 和 h 皆偏好对方胜过偏好自己已配对的对象时，我们称 (s,h) 是一个阻碍对（blocked pair）。

按照参与匹配的双边主体之匹配容量大小，可将双边匹配模型分为三种：一对一匹配、一对多匹配、多对多匹配（表2-1）。一对一匹配，即参与匹配的双边主体都只在匹配结果 M 中出现一次，即每个主体只与一个对方主体匹配，婚姻市场的男女匹配是一对一匹配的典型案例，每个男士只能和一个女士匹配，每个女士也只能和一个男士匹配。一对多匹配，即参与匹配的双边主体之某一方仅能匹配一个对方实体，而另一方可以匹配多个对方实体，例如医学生和医院的匹配中，一家医院可以匹配多个医学生，而一个医学生只能匹配一家医院，学校招生、工业园区招商等问题是典型的一对多匹配问题。一对多匹配是应用范围最广，研究最充分的匹配类型。多对多匹配，即参与匹配的双边主体皆可匹配多个对方主体，例如下游企业和上游供应商之间的合约关系，可视为多对多匹配模型，一个供应商可以供应多家下游企业，一家下游企业亦可有多家供应商。

表2-1 匹配模型的分类

分类标准	类型	主要特点	问题本质	典型案例
按偏好序分类	单边匹配	一方主体拥有偏好 另一方无偏好或偏好完全一致	资源分配问题	学生宿舍分配 高考录取
	双边匹配	双方主体皆拥有自主偏好序	主体配对问题	劳动就业市场匹配 婚恋市场匹配 贷款资金匹配
按照匹配容量分类	一对一匹配	双方匹配容量皆为1	一对一配对	婚恋市场匹配
	一对多匹配	一方主体匹配容量为1 另一方匹配容量大于1	一对多配对	高考录取 工业园区招商
	多对多匹配	双方主体匹配容量皆大于1	多对多配对	供货商和下游生产商匹配

按照参与匹配的双边主体之偏好不同，可将匹配模型分为单边匹配和双边匹配（表2-1）。单边匹配，即只有一方拥有偏好序，另外一方没有偏好或者所有主体偏好完全一致，本质上是资源的分配和交换问题。例如学生宿舍分配的匹配过程，只有学生对宿舍产生偏好，而宿舍并不具有主动性，对学生没有偏好，另外高考择校问题中，各个学生对不同学校的偏好各不相同，而所有学校对于学生拥有相同偏好，即学生成绩越高对其偏好亦越高。双边匹配，是指有主观能动性的双边参与者进行匹配，主要包括就业市场上的企业和工人、婚恋市场上的男人和女人之间的匹配等。

2. 匹配算法

匹配算法是匹配理论的核心。匹配算法的目的是根据参与主体的偏好序，通过一套既定运算程序，生成"好"的匹配。匹配理论中"好"的定义与经济学一般意义上的"目标函数最优化"（如一定约束下的社会福利或者参与者回报最大化等）不同，匹配算法的目标往往是寻求合适的匹配程式使得匹配结果满足稳定性、帕累托有效、策略行为免疫等良好性质，因此算法的设计皆围绕着这些核心性质展开（王彦博等，2018a；Budish，2012）。

Budish（2012）认为至少有三个理由使得市场设计工作者愿意选择追求匹配结果满足某些良好的性质，而非追求目标函数最大化：目标函数有时很难用数学公式表达，比如同时追求效率和公平时，公平实际上很难量化；约束条件有时难以写出，或者实际的约束可变性很大，有时可以花很小的代价打破约束，则满足这类约束的最大化目标函数可能并非实践中的最优解；缺乏足够的数学工具。很多情况下我们甚至无法解决标准的约束最优化问题，更难以解决复杂市场环境下一些微妙的问题。基于上述原因，市场设计学家往往选择追求一两个可见的匹配目标，而非追求一个完美的最优化解。

稳定性（stability）：在市场设计学家所追求的种种目标中，稳定性尤为重要，稳定的匹配结果本质上是一个纳什均衡，任何参与者没有动机主动单方面打破匹配的结果，而不稳定的匹配则意味着市场参与者有动机规避这种匹配，匹配机制的稳定与否决定了参与者的参与意愿。即使在一个很大的市场中，参与者也很容易查明自己是否处于一个阻碍对之中，比如一个工人若被匹配到他第三偏爱的企业，他只需要打两个电话询问其第一和第二偏爱的企业，即可知道自己是否要接受这一结果（Che and Tercieux，2015）。因此一个市场机制若无法保证匹配结果稳定，就注定会因参与者的背离而分崩离析。Roth（2002）整理了16个实际运行的匹配机制案例，数据表明提供了稳定匹配的市场机制绝大多数都运转良好，而无法保证匹配稳定的市场机制大多数以失败告终。

策略行为免疫（strategy-proofness）：策略行为研究关注参与主体对自己偏好的真实表述是否能够导致获取最大利益。一个匹配机制，若能使参与者表达真实偏好成为其个体占优策略，则称该机制为策略行为免疫。Roth（1982）证明了，不可能存在一个稳定匹配机制，使得该机制下对所有参与个体来说表达真实偏好都是占优策略。这意味着在任何一个匹配算法中，稳定性和完全的策略行为免疫二者不可兼得。Budish 和 Cantillon（2012）发现，通过表达非真实偏好而对匹配机制进行操纵会带来巨大的整体福利损失，然而完全的策略行为免疫机制亦会带来福利损失，有时为了避免操纵而导致的损失甚至大于放任操纵而导致的损失，因此对于策略行为应持一种平衡的态度，可以放弃严格的策略行为免疫要求，转而寻求以较小代价下获取次优的策略行为免疫（second-best alternatives to strategy-proofness）。

有效性（efficiency）：有效性有多种度量方式，其中一种是帕累托有效，一个匹配 M1 称之为帕累托有效的，当且仅当没有任何一个其他的匹配 M2 使得所有人都更加偏好 M2 胜过 M1，其中至少一个主体是严格更加偏好 M1。另一种度量有效性的方式是社会福利最大化，即在假定参与主体效用可比的情况下，从所有可行的匹配中寻找使得全部参与主体加总效用最大的匹配。社会福利最大化的视角要求设计者考虑不同参与者的权重，从而给出合理的加总效用函数（Budish，2012）。

常见匹配算法如下。

（1）G-S 算法（又称延迟-接受算法），由 Gale 和 Shapley 在 1962 年提出，是最早的一对一双边匹配算法，为双边匹配算法设计奠定了基础。以男子集合 M 和女子集合 W 的婚姻匹配为例，算法伪代码见图 2-3。

```
initialize all m ∈ M and w ∈ W to free
while ∃ free man m who still has a woman w to propose to {
    w = first woman on m's list to whom m has not yet proposed
    if w is free
        (m, w) become engaged
    else some pair (m', w) already exists
        if w prefers m to m'
            m' becomes free
            (m, w) become engaged
        else
            (m', w) remain engaged
```

图 2-3　G-S 算法伪代码

G-S 算法时间复杂度为 $O(n^2)$，可以经过最多 n^2-2n+2 个步骤产生匹配结果（Gale and Shapley，1962）。该算法拥有以下四个良好的基本性质：①算法总能够产生稳定匹配；②给定偏好序的情况下，率先发出邀请的一方效用最优，接受邀请的一方效用最差（Roth and Sotomayor，1990）；③每一次匹配的结果相同（McVitie and Wilson，1970）；④对于率先发出邀请的一方，填写真实的偏好序是一个占优策略。该算法很容易扩展到一对多匹配的情况。

（2）H-R 不稳定链算法，由 Roth 和 Vate 于 1990 年提出，该算法是对 G-S 算法的扩展，为后续匹配问题的扩展提供了良好参照（Roth and Vate，1990）。该算法从一个任意的不稳定匹配出发，每一轮循环都将一个阻碍对进行匹配，使得匹配集以概率 1 收敛稳定匹配。算法伪代码见图 2-4。∈

```
1:  M: =M₀;
2:  S: =∅;
3:  t: =0;
4:  while M is not stable in I do
5:      if there exists (ai, bj) ∈ bp(I, M) such that aᵢ ∉ S and bⱼ ∈ S then
6:          add (aᵢ);
7:      else
8:          choose (mᵢ, wⱼ) ∈ bp (I, M);    {then mᵢ ∉ S and wⱼ ∉ S}
9:          satisfy (mᵢ, wⱼ);
10:     end if
11: end while
```

图 2-4　H-R 不稳定链算法

资料来源：Manlove D F. 2013. Algorithms of Matching Under Preferences. Singapore：World Scientific Publishing Company.插图（P81）

(3) 图论类算法。该类算法主要由信息科学领域学者提出，将双边匹配问题转化成图论问题，将参与匹配的双边主体视为图的节点，将匹配联系视为图的边，以图中边的数量为优化目标。常见算法包括基数匹配算法、权匹配算法等（Bondy, 1976; Irving et al., 1987; 李明哲等, 2010）。

(4) 优化类算法。该类算法主要由管理科学领域学者提出，将双边匹配问题转化成线性规划问题，主要技术手段包括多目标决策分析法、优化建模、启发式算法等，这类研究集中在双边匹配的形成、匹配满意度、匹配稳定性、双边匹配对生成等方面（Korkmaz et al., 2008; 陈希, 2010）。

3. 研究进展

在 Gale 和 Shapley 的开创性工作之后，对双边匹配的研究，基本上围绕着匹配算法设计和对算法性质的讨论展开。Shapley 和 Scarf 在 1974 年证明 Gale 的首位交易循环机制（top trading cycles, TTC）算法是帕累托有效的。McVitie 和 Wilson（1970）证明没有获得匹配的参与者在每个稳定匹配结果中都相同。Shapley 和 Shubik（1971）以及 Kelso 和 Crawford（1982）分别讨论了双边匹配模型的一些变形，将货币转移加入了模型中。Roth（1982）证明了男方优先的稳定匹配结果对于男方来说是帕累托最优的，同时证明了不存在一个稳定匹配机制使得对所有参与者来说填写真实偏好都是占优策略，并于 1985 年首次明确提出双边匹配的概念。

在相当长的一段时间里，学界对于 Gale 和 Shapley 的开创性工作一直反应冷淡，直到 1984 年，Roth 证明了美国国家住院医师匹配系统自 20 世纪 50 年代以来所采用的匹配方法实际上等价于延迟-接受算法，使学术界认识到双边匹配理论的重大实践意义，这一算法才重新获得了关注。

Roth（1985）提出了"敏感性偏好"的概念，认为一对多匹配中可仅仅假设匹配容量大于 1 的一方对匹配容量等于 1 的一方有严格偏好即可，而匹配容量为 1 的一方不必对匹配容量大于 1 的一方有严格偏好。Irving 和 Leather（1986）计量了稳定匹配集的大小，发现稳定匹配数随着参与主体数目呈指数级增长。Irving 等（1987）采用图论方法，通过搜索全部稳定匹配集而找到最优的稳定匹配，使得匹配结果能达到社会福利最优。Blair（1988）提出，在多对多匹配模型中，对稳定匹配集合并不等于博弈的核，因此经济学家提出替代核的其他几组概念，集稳定集合（setwise-stable set）、个人理性核（individually-rational core）以及对稳定集合（pairwise-stable set）等。Knuth（1997）发现可能存在阻碍对环，从而阻止以随机匹配开始的算法收敛于稳定匹配。Roth 和 Vate（1990）证明了从任何一个随机的匹配开始，通过不断随机选择阻碍对并使得它们匹配，最终能以概率 1 收敛于一个稳定匹配。

近年来对双边匹配算法的理论探讨主要集中于个体行为假设的变形以及匹配

模型的扩展，如 Klumpp（2009）将线性空间模型引入双边匹配问题，Erdil 和 Ergin（2017）讨论了个体偏好序非严格情况下的稳定匹配，Castillo 和 Dianat（2016）讨论了参与主体采取截短策略时的风险和收益，乐琦（2016）讨论了参与者有限理性情况下，个体心理行为不确定时的双边匹配问题，Akbarpour 等（2014）讨论了网络化市场中的动态匹配问题（王彦博等，2018a）。

2.1.3　市场设计成功案例

国外学者对市场设计问题进行了大量探索性应用研究，并取得了一系列的研究成果。代表性人物美国经济学家埃尔文·E. 罗斯（Alvin E. Roth）在市场设计方面做出了突出的贡献，并于 2012 年和罗伊德·S. 沙普利（Lloyd S. Shapley）共同获得诺贝尔经济学奖。本书将重点介绍 Roth 在市场设计方面的部分成功案例。自 1991 年以来，Roth 先后直接或重新设计了多个市场及市场分配系统，包括美国医学生就业市场、学校招生选择市场（纽约和波士顿地区仍在使用）、肾脏捐赠市场、肠胃病学研究员职位市场、经济学博士匹配市场等。

1. 美国医学生就业市场

1940 年以前，美国医学生就业市场相当混乱，每个医院都单独跟毕业生谈判签约，激烈的人才竞争导致医院不断提前签约时间，许多医学生往往在毕业前两年就收到了医院的实习邀请，雇主在并不充分了解学生真实素质的情况下就予以雇佣，而学生也没有时间充分了解自己的职业偏好就仓促签约，这实际上是一种市场失灵，劳动力的供求并没有被合理地匹配。

1945 年开始各个医学院联合起来试图限制签约的时间，而这种限制仍然不能完全解决问题。20 世纪 40 年代中后期，经过一系列渐进改革，实习生招聘各自为战、过于分散化的局面有所改观，建立起了一个集中匹配所，学生按时提交其对各个医院的偏好序列表，医院同样提交一份对其面试过的学生的偏好序列表，由匹配中心运行一个匹配算法来决定每个学生的就业去处，但最开始的匹配算法出现了激励性问题，很快被抛弃。1952 年，非营利组织国家住院医师匹配系统（NRMP）成立，采用医院最优的延迟-接受算法进行匹配，该算法于 1984 年被 Roth 证明等价于 Gale 和 Shapley 1962 年提出的双边匹配算法。

集中的匹配中心显著降低了搜寻成本，提高了就业满意度，吸引大量医院和学生参加该匹配，增加了市场厚度。计算机技术的应用使得匹配流程变得迅速，解决了拥堵问题。匹配算法的设计使得参与者能够安全地填写自己的真实偏好信息，不必采取策略性欺骗，填写虚假的偏好信息（Roth，2008a）。

该机制一直运行良好，直到 20 世纪 70 年代以后，越来越多的女性进入医学院学习，美国医学院男女比例产生变化，毕业生中情侣数量显著增多，20 世纪 90 年代每年大约有 20 000 名医学毕业生申请职位，其中约 1000 人是情侣，而情侣往往要求到相同地区工作。这种变化使得原来的简单模型已无法反映真实情况，原本运行良好的算法无法产生稳定的匹配。NRMP 在 20 世纪 80 年代曾试图修改规则以适应情侣的要求，但在原有算法上小的修补无济于事，仍然无法产生对情侣来说稳定的结果，于是很多情侣绕开 NRMP 直接与医院谈判签约，NRMP 的参与率下滑。并且由于现有机制优先考虑医院利益，招致大量学生不满，这使得 NRMP 在 20 世纪 90 年代经历了严重的信任危机，其存在的合理性受到巨大质疑。

在此情况下，Roth 于 1996 年受邀设计新的匹配算法。新算法构造的新模型引入了以下两个变化：考虑了情侣的需求，允许情侣联合申请同一地区的医院；考虑了医院的需求，允许医院的招聘名额可变。

在医院优先的延迟-接受算法中，医院只会对自己的偏好序进行一轮遍历，这种"一轮遍历"机制正是导致情侣匹配结果不稳定的根源。实际上，当涉及情侣问题时，稳定匹配有可能根本不存在，因此没有任何算法能够保证收敛于稳定匹配（Roth, 1984）。Roth 于是对不稳定链算法做出一些改进，设计出新的算法，不再坚持一轮遍历，而是试图从一个不稳定匹配的中间状态开始，进行多轮匹配，逐步优化，趋于稳定。由于医学毕业生劳动市场的复杂性，一些问题并没有在理论上得以完美解决，因此该算法的早期设计和后期评价过程中运用了大量的计算机模拟分析填补理论空缺。Roth 使用 1993～1995 年 NRMP 的数据进行模拟，实验表明新算法的稳定匹配集非常少，无论是医院优先还是学生优先，都不会对最终结果产生系统性影响。该算法于 1997 年经 NRMP 投票通过，从 1998 开始正式启用。事实证明其运行良好，有效促进了医学生就业市场的发展，该算法随后亦被应用在美国、加拿大等国家的多个领域的就业市场。

2. 学校招生选择市场

这是较早提出的双边匹配问题之一，匹配目的是使学生和学校都达到满意结果。纽约高中以及波士顿公立中学是最早进行最新机制改革的地区。改革前，美国公立学校的招生选择系统运行规则如下：学生填写报名表，并根据自己的偏好对学校进行排序；学校收到报名表后，根据录取原则对学生做出录取、拒绝或者待定的决定，未被录取的学生则由相关的行政程序进行安排。这套招生系统产生的后果是：一是招生效率低下，在 9 万名学生中，约有 3 万名（占比 33%）学生未能入读心仪的学校，只能通过行政安排入学；二是学生存在策略性行为，未能真实披露自己对学校的偏好。举例来说，如果学生没有足够的把握进入第一志愿的学校，同时学生的分数远超第二志愿的学校录取分数，但第二志愿的学校只录取第一志愿。如果第二志愿的学校录满，则该学生也可能被第二志愿的学校拒录。因此，为防止最坏的结果（被第三志愿的学校录取），该学生可能会采取策略性选择，即将原有第二志愿的学校改为第一志愿。

为解决这一问题，2003年，Roth及其同事采用延迟-接受算法重新设计了公立学校的招生选择系统，保证学生能真实地显示自己的偏好。新的招生系统特点是学生掌握主动权，学生显示真实偏好成为最优策略，更有利于学生。其运行规则如下：学生根据自己的偏好序，向第一志愿的学校提出申请，然后学校从所申请的学生中挑选最好的学生进入预录取名单，并拒绝其他学生；被拒绝的学生再向第二志愿的学校提出申请，学校在新的申请者与前一轮预录取的名单中进行选择，而拒绝其他申请者……一直重复此过程……直到没有学生被拒绝。在美国纽约地区，公立学校于2003年开始采用了对学生最优的延迟-接受机制来进行录取工作（Abdulkadiroğlu et al.，2005a）。延迟-接受算法系统极大地改进了匹配效率，得到了良好的运行，在新系统执行的第一年，仅有3000名学生没有被成功录取，该数量相比于前一年减少了90%。

此外，首位交易循环机制也被引入美国纽约、波士顿地区公立学校招生与当地学生入学双边匹配问题研究中。Abdulkadiroğlu和Sonmez（2003）针对纽约地区高中择校纸质操作系统导致的学生分配效率低下问题，提出了延迟-接受算法机制和首位交易循环机制等两种机制，并将G-S机制应用到美国纽约9万名高中学生的择校录取上（Abdulkadiroğlu et al.，2005a），将首位交易循环机制应用到波士顿6万名学生的公立中学择校录取上（Abdulkadiroğlu et al.，2005b）。实验结果表明，新机制通过中心化、信息化操作，缓解了学生学校匹配模型中的拥堵问题，大大提高了处理效率，同时学生也更容易被分配到自己喜爱的学校，并且对学生而言表述他们真实的偏好成为占优策略。在这两个地区实行择校改革之后，美国其他地区，比如芝加哥、西雅图、哥伦比亚等地区也陆续进行了改革，改革的结果和预期近乎一致，很大程度上解决了由传统择校机制造成的种种弊端，对于学生的分配更加公平有效。

3. 肾脏捐赠市场

在美国，每年等待肾脏捐赠的患者高达8.5万，而且有约4000名患者由于肾脏短缺而死亡。原因之一便是捐赠匹配系统的效率太低。2003年，Roth开始负责设计新的匹配系统，深入研究肾脏移植捐赠和病人之间的双边匹配（Roth et al.，2004）。对于想捐肾给亲人，但由于血型不匹配无法实现的案例，该系统可以帮助他们与其他不匹配的捐赠组交换器官。Roth等（2004）深入研究了美国医疗管理中肾移植捐赠和等待移植病人之间的双边匹配关系，考虑了如何有效组织和匹配捐献者与病人，给病人和捐献者表述真实偏好信息的动机，并证明这种匹配机制是帕累托效率和占优策略的激励相容。

该系统使用一种类似首位交易循环机制的匹配机制，保证了匹配的帕累托有效。这一新的体系使得原来由于搜寻成本过高而无法进行的捐献得以进行，大大增加了肾脏捐献市场的厚度。为了防止循环交换过程中某人得到捐赠之后反悔，不再往下进行，这一循环交换必须同时进行多台肾脏移植手术，而医疗资源的限制使得过长的循环链条（同时需要进行的手术太多）缺乏可操作性。为了应对这一"拥堵"，该系统最初只支持 2~3 个人的循环交换。尽管过长的循环捐献链条没有可操作性，但实际上几乎所有有效的捐献都能通过 2~3 个环节的短循环链条实现（Roth，2008a）。

美国器官移植网络的非营利性组织（United Network for Organ Sharing，UNOS）建立了有效的肾脏分配体系，包括分布各地的肾脏移植中心和一个线上匹配网络。这使得本来具有排斥反应的捐献者-患者匹配对可以通过器官交换市场获得无排斥反应的肾脏，从而提升福利水平。至 2009 年，该网络已经成功进行了超过 400 对肾脏移植手术，网络承载量还在以指数速度增长。

Roth 在肾脏匹配方面的工作为现代器官移植领域的发展发挥了巨大的推动作用。在此基础上，2004 年，新英格兰地区肾移植监督委员会同意建立肾交换清算所，首次建立起了没有排斥反应的病人-捐献者对的数据库，所使用的匹配机制是顶级交易周期和交易链（top trading cycles and chains，TTCC），该机制是帕累托效率和占优策略的激励相容，可以激励病人和捐赠者真实表述动机，从而有效组织和匹配病人和捐赠者（Roth et al.，2005）。

4. 其他应用

由于分散化交易常常导致不稳定的匹配结果，造成市场失灵，实践中集中清算的双边匹配机制实际上改善了多个实际市场的表现，包括：①人力资源管理，如个人素质与工作岗位需求的匹配（Gharote et al.，2015）；②精准定向广告，如广告和观众的匹配（Byun and Jang，2015）；③电子商务，如潜在买家与卖家的匹配（Xu et al.，2015）；④金融，如贷款供给者与需求者的匹配（Chen and Song，2013）；⑤风险投资，如投资者与创业者的匹配（Silveira and Wright，2016；Krug and Hendrischke，2012）。

2.1.4 "集中清算"并非"计划经济"

市场的本质是提供买卖双方的交易场所，即将买卖双方的诉求进行匹配。新古典的一般均衡理论按照公理化推理方法，严格地证明了仅通过价格机制，完全竞争市场能导致最优的资源配置，这是经济学家强调自由放任，让"看不见的手"发挥作用的理论根基。然而这一理论有着很强的前提条件，市场组织形式必须保证信息的充分共享，才能迅速形成使市场出清的价格，市场组织的任何缺陷都会导致市场失灵，从而损害社会福利。常见的市场失灵因素包括：①信息失灵（information failure）。市场参与主体并不能获取市场的完全信息，而是根据自己所掌握的部分信息做决策。②负外部性（negative externalities）。负外部性的存在使得市场主体以自身效用最大化为原则所做出的决策并不符合整体利益最大化目标。③市场缺失（missing markets）。市场无法建立，从而无法匹配买卖双方的需求，常见于公共产品如国防、高速公路等。④产权缺失。当某些资源的产权无法明确时，整个市场的运行效率会降低。⑤公平或道德缺失。某些稀缺资源的分配不仅是经济问题，而且关乎道德和社会正义，并不能完全用价格衡量，此时纯粹的价格竞争会产生严重的社会问题，如器官捐赠、名校录取等。⑥市场稀薄。当市场上买卖双方集聚程度不高，决策链条较长时，每个参与者都需要花费大量时间与潜在交易者沟通和获取信息，因此一个好的市场应该有足够多的参与者，较为集中地进行决策。

日常生活中的大部分商品市场近似于完全竞争市场的理想状态，价格机制能够发挥良好作用，但也有很多市场价格机制并不强健，仅仅依靠分散化决策的价格难以达成稳定匹配，这时便需要对市场规则进行设计，使市场能够健康运转（Roth and Vate，1990）。总之，当存在适宜但未充分利用，且需要花费大量时间去发现和交流的信息资源时，就有机会建立更加完善的市场，提高市场运行效率，使市场更加靠近"最优"状态（罗斯，2015）。需要明确的是，为市场设计规则，并非"计划经济"的思维，并非人为指定买卖双方的匹配结果，而仅仅是通过设计规则使市场更加健康高效地运行，正如 Roth 所说："一个自由运行的市场就像是一个可以自由转向的车轮，而市场设计则是如何提供轮轴，并为这些轮轴润滑。"

集中清算的双边匹配机制本质上是用"中央计划者"代替分散的个体决策，参与市场的个体只需明确自身偏好序，即仅仅关注自身的需求，而不必陷入真实市场的信息搜寻、讨价还价等琐碎细节中，参与者给出明确的偏好序之后，由中央匹配中心集中运行一个类似分散决策的程序决定最终匹配结果。当仅仅依靠价格的市场无法良好运行时，这一"中央计划者"的角色便可保证达到全局最优解，而所谓"最优"则完全从参与主体自身的偏好和效用来定义。现代主流经济学的分析框架一直都区分"中央计划者框架"和"分散决策框架"，前者以一个全知全能的中央计划者视角为全社会进行决策，而后者则从每个个体的效用最大化出发推导出全社会的解，对比这两种框架下的最终结果之异同早已成为经济学学生的必修课。以往技术手段的不足导致"中央计划者"的角色仅停留于纸面，计算机技术的发展使得双边匹配机制能够在充分考虑参与者偏好的前提下，成为真正付诸实践的"中央计划者"。

2.2 重构区位选择理论——区位市场设计理论框架

针对传统区位选择理论存在的破缺，2012年诺贝尔经济学奖获得者Shapley和Roth的稳定配置理论和市场设计实践，为企业与"区位"之间匹配及交易机制的理论与实践研究开辟了新的方向。本节将Shapley和Roth的双边匹配理论，引入到区位选择理论中，将企业"区位选择"视为"企业"和"地理区位"之间的双边匹配，提出了区位市场设计理论的定义、科学问题、理论框架、与传统区位选择理论的区别、相关匹配算法，以及企业、地方政府偏好及运行规则等。

2.2.1 基于双边匹配理论的区位市场设计

市场可以分为两类：以价格信号为引导的市场和不以价格信号为引导的市场。前者不可设计，只可干预，因为价格是由供需关系决定的，市场运行会以价格信号为标尺，而不会在人为设计的轨道中运行。后者的市场运行规律不以价格信号为转移，是可以设计的。双边匹配适用于不以价格信号为引导的市场，如大学生分配市场、肾脏匹配、婚姻市场、高校招生市场等。Roth教授的双边匹配算法在婚姻、择校等不受价格主导的市场获得了巨大成功。由于我国国情的特殊性，价格机制在工业用地出让市场已经失灵（厂商选址离不开工业用地出让）。商住用地市场价格被抬高，而工业用地市场价格却被人为压低。

本书提出的区位市场设计不是以价格为导向的交易机制，而是以匹配需求为导向的交易机制。所以，基于双边匹配的市场设计不仅适用于婚姻、劳动力、医学、招生等不受价格主导的市场，同样适用于我国产业转移和工业用地出让市场。Shapley和Roth教授因在匹配市场设计方面理论和实践并重的贡献而获得了2012年诺贝尔经济学奖。本书借鉴Roth的双边匹配算法，结合我国国情，设计我国的企业区位配置模型，促使单边搜寻变为双边匹配，分散市场变为集合交易。具体如下。

1. 科学问题

区位市场设计理论将双边匹配理论引入企业区位选择和地方政府招商引资领域，将"区位"视作一个市场参与者而不仅仅是经济活动的空间载体，将企业区位选择视作企业与"区位"（地方政府或开发区管委会）之间为了获得土地及其相应资源而进行的合作博弈，主要解决以下几个科学问题。

（1）企业和企业之间以及企业和"区位"之间能否形成稳定配对、能否达成交易。

（2）如何使稳定配对的结果不受个别市场参与者策略行为的干扰。

（3）如何通过市场机制与交易规则的设计促进企业与区位的稳定配对以及各具特色的地方产业集群建设。

区位市场设计理论使用集中清算的双边匹配机制，本质上是用"中央计划者"代替分散的个体决策，参与区位市场的个体只需明确自身偏好序，即仅仅关注自身的需求，而不必陷入真实市场的信息搜寻、讨价还价等琐碎细节中，参与者给出明确的偏好序之后，由中央匹配中心集中运行一个类似分散决策的程序，决定最终匹配结果，其理论框架如图 2-5 所示。区位市场设计理论为研究经典区位理论，甚至是新经济地理学，长期不甚涉及的市场参与者之间的策略性行为、交易规则、搜寻成本以及交易的稳定性等问题打开了一扇窗户，为地理空间相关的市场设计提供新的经验知识，具有独特的科学意义和理论价值。

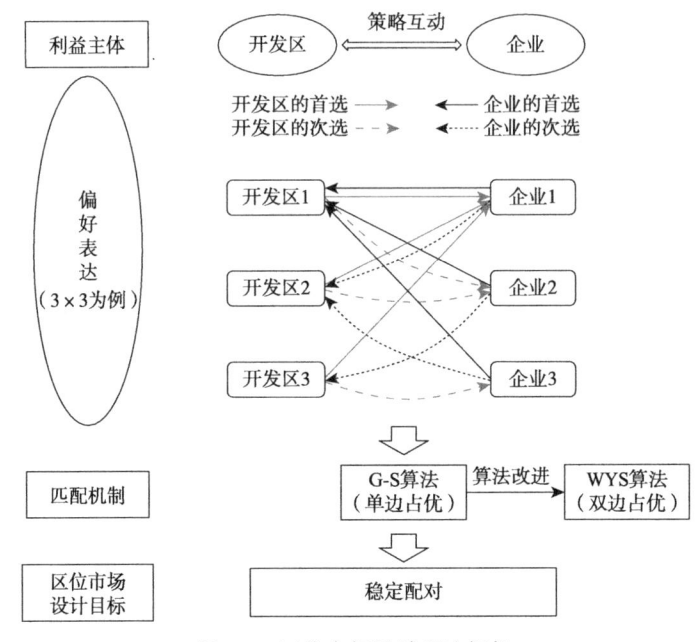

图 2-5　区位市场设计理论框架

2. 基本假设

作为市场设计领域的先驱，Roth 总结了在市场设计中的经验教训，并归纳了市场良好运行所必需的条件。区位市场设计是市场设计中的一个应用分支，要使区位市场设计运行良好，同样需满足市场设计中的几个基本条件（Roth，2008b；李宝良和郭其友，2012），具体如下。

（1）区位市场必须有足够的厚度，即必须能够吸引足够多的潜在交易者进入区位市场交易，这样区位市场才是稠密的。

（2）克服区位市场厚度不够所导致的区位市场拥挤（congestion），允许区位市场参与人在充分考虑各种可能的交易机会后选择自己满意的交易，这个条件可以通过提供足够的时间或者使交易尽快完成来满足。

（3）保证参与区位市场交易比场外交易更加可靠、安全，并且尽可能简单，不会因受策略性行为的干扰而导致福利减少。

2.2.2 核心模型与算法

本节以企业区位选择为例，介绍双边匹配算法。企业选址一般集中在各式各样的开发区/园区（经济技术开发区、高新技术产业开发区、工业园区、出口加工区、保税区、自贸区等），开发区管委会是实质上的政府意志代理人，而进驻园区的企业成为最大受让群体。因此，企业区位选择问题本质上是开发区（development zones）和企业（companies）的一对多双边匹配问题。

1. 基本主体定义

在开发区和企业的双边匹配模型中，存在两类主体集合，即企业集合 $C=\{C_1,C_2,\cdots,C_n\}$ 和园区集合 $Z=\{Z_1,Z_2,\cdots,Z_n\}$，每个企业 C_i 试图进驻一个园区，每个园区 Z_j 试图招商 q_j 个企业。假设：任一企业 C_i 对可接受的园区有完全的、可传递的、严格的偏好序；任一园区 Z_j 对可接受的企业也有完全的、可传递的、严格的偏好序，即不存在两个同样好的选择。匹配算法将企业和园区都视为实体 E（entity），全体企业和园区构成的集合称为实体全集 ES。匹配结果为 $C \times Z$ 的一个子集 M，M 中的每个元素是一个企业和一个园区的匹配对，在 M 中每个企业只出现不超过 1 次，每个园区出现不超过 q_j 次。需说明的是，企业区位选择的偏好序，是根据企业对园区地理位置、产业集群规模、配套基础设施水平、优惠政策、市场潜力等因素的综合评价得到的；园区招商引资的偏好排序，是根据园区对企业的注册资本、纳税额、所属行业、就业带动情况、污染物排放水平、规划要求等因素的综合评价后得到的。

2. 传统双边匹配 G-S 算法

G-S 算法，又称 Gale-Shapley 算法，是双边匹配理论的核心。该算法包含两大定理，即稳定配对的存在性以及匹配的稳定性与最优解。该算法能从任何偏好排序清单开始产生一个稳定的匹配，匹配步骤最多经过 n^2-2n+2 个。匹配的一方主体向另一方主体提出要约，另一方主体对自己接到的要约进行考虑，然后抓住（hold on）自己青睐的，拒绝其他的。这里的"抓住"就是"延迟接受"，而不是立即接受，因此 G-S 算法又称延迟-接受（deferred acceptance）算法。要约被拒绝后，一方主体才可以向另一方的其他主体发出新的要约。

将 G-S 算法应用到区位市场设计理论中，步骤描述如下。步骤 1，每个园区向它偏好序最高的企业发出招商匹配邀请，收到至少一个邀请的企业从这些发出邀请的开发区中选择其最喜欢的，拒绝其他开发区；步骤 2，被拒绝的开发区向它下一个偏好的企业提出匹配邀请，收到至少一个邀请的企业从这些发出邀请的开发区和上轮其最喜欢的开发区中选择其最喜欢的，拒绝其他开发区；……；步骤 K，上轮被拒绝的开发区向它偏好序列表中下一个最喜欢的企业提出匹配邀请，收到至少一个邀请的企业从这些发出邀请的开发区和上轮其最喜欢的开发区中选择其最喜欢的，拒绝其他开发区；……；终止，如果所有的企业只收到一个邀请，则算法终止。匹配结果才可以执行。

为了便于理解，我们进一步简化，以图 2-5 中 3 个开发区和 3 个企业的双边匹配为例进行分析。假设：开发区对企业的偏好序为，开发区 1 是企业 1>企业 2>企业 3；开发区 2 是企业 1>企业 2>企业 3；开发区 3 是企业 1>企业 3>企业 2。企业对开发区的偏好序为，企业 1 是开发区 1> 开发区 2>开发区 3；企业 2 是开发区 1> 开发区 3>开发区 2；企业 3 是开发区 1> 开发区 2>开发区 3。按照 G-S 算法，则匹配结果是：开发区 1—企业 1，开发区 2—企业 2，开发区 3—企业 3。

3. 可调整个体优先级 WYS 算法

传统的 G-S 算法主要存在以下三个问题：①单边占优，即率先发出申请的一方总体效用优于被动接受申请的一方；②缺乏最低保障，可能导致部分参与者效用极低；③调控空间不够灵活，G-S 算法最多产生两个稳定匹配结果，即两个单边占优的结果，而无法细致调节每一个参与主体的优先顺序（Roth，2008a，2008b，1984；Roth and Peranson，1999；王彦博等，2018a）。为了更好地解决单边占优问题、最低保障问题以及提供灵活调控个体优先级的机制，我们提出了全新的 WYS 算法。

该算法维护一个无序集合 L 和一个有序队列 T：L 在初始时包含全集 ES 中的

所有实体，初始时为空，然后启动第一轮外层循环；循环过程中会不断调用 Apply 函数，每次调用 Apply 函数都意味着某个实体向另一个实体发出了匹配申请；在 Apply 执行过程中有可能解除某些暂时的匹配，被解除匹配的实体会被放入 T 中，下一轮循环优先让 T 中的实体发出申请（详见 5.2）。

2.2.3 企业、地方政府偏好清单生成

1. 企业偏好清单生成

1）企业偏好实证分析

要想将市场作用与政府职能有机统一，我们首先要知道企业与政府都在"想些什么"，即它们的偏好。由于"区位"带有明显的空间属性，本书使用空间计量经济学相关方法实证探查企业在区位选择时以及政府招商引资时各自的偏好。Tobler（1970）提出了地理学第一定律，任何事物在空间上都是关联的；距离越近，关联程度就越强；距离越远，关联程度就越弱。经典回归模型可能由于忽视残差项引起的空间自相关而造成有偏估计。Anselin（1988）通过构建空间权重矩阵，克服空间自相关，并使用最大似然方法分别对空间自回归模型（spatial autoregressive model，SAR）、空间误差模型（spatial error model，SEM）以及空间杜宾模型（spatial Dubin model，SDM）进行参数估计。本书借鉴 LeSage（1997）提出的基于马尔可夫链蒙特卡罗（Markov chain Monte Carlo，MCMC）方法对空间计量模型的贝叶斯估计，以我国 31 个省域单元为空间样本，以每个区域新增规模以上工业企业资产总计为被解释变量[1]，各区域全社会投资额、职工平均工资、铁路营业里程、技术市场成交额、工业用地出让价格、社会消费品零售总额和亿元以上商品交易市场数量为解释变量[2]，以 Rook 原则[3]构建空间权重矩阵，并对数据进行对数化处理，描述性统计见表 2-2，估计结果见表 2-3。

表2-2 描述性统计

变量	样本数	极小值	极大值	均值	标准差
新增规模以上工业企业资产总计/亿元	31	160.7	10 288.9	2 987.9	2 184.2
全社会投资额/亿元	31	516.3	26 749.7	9 865.6	6 641.6
职工平均工资/元	31	31 302	75 591	41 047.1	10 631.3

---

[1] 企业在某一个区域选址建厂必然会给区域带来资本的增加，所以本书使用该指标刻画新增企业的区位选择。
[2] 数据来源于《中国区域经济统计年鉴》，其中新增规模以上工业企业资产总计为 2012 年数据，其他变量为 2011 年数据，原因在于：2012 年新建企业会考虑上一年的经济影响。
[3] Rook 原则：两个省域单元拥有共同的边记为相邻，否则记为不相邻。

续表

变量	样本数	极小值	极大值	均值	标准差
铁路营业里程/千米	31	461.3	9 161.9	3 008.9	1 809.2
技术市场成交额/亿元	31	3.5	1 890.3	144.2	342.2
工业用地出让价格/(元/米^2)	31	253	1 954	696.1	358.1
社会消费品零售总额/亿元	31	219	20 297.5	5 932.9	4 926.5
亿元以上商品交易市场数量	31	31	2	730	163.8

表2-3 估计结果

变量	贝叶斯估计结果		
	空间自回归贝叶斯估计（SAR）	空间误差贝叶斯估计（SEM）	空间杜宾贝叶斯估计（SDM）
全社会投资额/亿元	0.254***（0.002）	0.235***（0.000）	0.965***（0.010）
职工平均工资/元	0.021*（0.098）	0.020*（0.066）	−0.058（0.383）
铁路营业里程/千米	−0.040（0.345）	−0.010（0.456）	0.080（0.340）
技术市场成交额/亿元	1.025**（0.048）	0.975*（0.038）	0.070（0.194）
工业用地出让价格/(元/米^2)	−1.655*（0.053）	−1.513**（0.044）	0.080（0.396）
社会消费品零售总额/亿元	0.119（0.200）	0.131（0.128）	−0.250（0.237）
亿元以上商品交易市场数量	−0.399（0.424）	0.064（0.476）	0.111（0.254）
调整后 R^2	0.8779	0.8904	0.9270
模型接受概率	SAR：SEM=0.086：0.913	SEM：SAR=0.913：0.086	SEM：SDM=0.999：0.0001

***、**、*在1%、5%、10%的水平上显著

Madigan 和 York（1995）介绍的马尔可夫链蒙特卡罗模型组合方法（MC^3）可用于非空间回归模型比较。LeSage 和 Parent（2007）提出了 MC^3 的空间回归模型版本。该方法通过两个模型在抽样时得到的一列"对数-边际"值计算模型的后验模型概率。空间回归模型的接受概率分别为两者模型后验概率的比例。本书模型后验概率比为 SAR：SEM=0.086：0.913，SEM：SAR=0.913：0.086，SEM：SDM=0.999：0.0001。由于 SEM 的后验概率远高于 SAR 或 SDM，因此接受 SEM 而拒绝 SAR 或 SDM，故采用空间误差贝叶斯模型。依据空间误差贝叶斯回归的参数估计结果，企业在进行区位选择时更加看重该区域的全社会投资额、职工工资水平、技术市场情况和工业用地价格，其中工业用地价格空间误差贝叶斯估计系数为-1.513，说明该变量与企业区位选择决策负相关。

2）企业的偏好序清单

区位选择是企业自主的选择行为。为了更好地发挥市场在资源配置中的决定性作用，我们在机制设计过程中就要充分尊重企业意愿并激发市场活力，让企业优先选择、自由选择开发区，尊重企业在区位选择以及产业转移过程中的主体地

位。根据企业区位选择影响因素的文献分析，建议企业根据表 2-4 的评价体系自主打分。双边匹配机制是一种直接机制。要求企业真实报告它们对开发区的偏好，剔除不可接受的区位集合，将"心仪"的开发区进行排序，最终得到企业对开发区的偏好序清单。企业的偏好序清单包括了对开发区地理位置的选择，所以它是一种存在空间属性的偏好序清单，是一份空间偏好排序。

表2-4 企业区位选择的指标评价体系

一级指标	二级指标 c_h	三级指标
经济因素	c_1 集聚经济程度（产业集群规模）	区位商
		产业专门化系数
	c_2 优惠政策	优惠税率
		财政补贴额
	c_3 地区技术进步水平	区域研究与试验发展经费支出额
		区域技术市场成交额
	c_4 产业配套基础设施水平	创新孵化器数量
		专利代理机构数量
	c_5 市场潜力	批发和零售业商品销售额
		综合市场数量
区位因素	c_6 交通基础设施水平	铁路营业里程
		公路里程
	c_7 地理位置（沿海/内陆）	距最近航空港直线距离
		据最近海港直线距离
	c_8 城市行政等级	直辖市/省会城市……
社会因素	c_9 社会保障水平	开发区所在市（县）医院数
		开发区所在市（县）每万人医疗机构床位数
	c_{10} 教育水平	开发区所在市（县）普通高等学校数量
		开发区所在市（县）获得国家财政性教育经费

2. 开发区（地方政府）偏好清单生成

1) 开发区（地方政府）偏好实证分析

由于我国的开发区大多是由地方政府主导，所以开发区对企业的偏好序清单也是地方政府的偏好序清单。地方政府偏好序清单的生成分为两步：首先，开发区管委会（地方政府）依据国家区域规划（土地指标）和国家主体功能区战略选择适合本地区发展的主导产业；其次，在剔除不符合本区域产业类型的企业后，再对符合本区域产业类型的申请入驻企业进行评价。由地方政府主导的开发区在进行招商引资（"区位"的企业选择）时往往更看重企业的经济效益，所以开发区

续表

一级指标	二级指标 x_i	三级指标
生态效益	x_7 污染物排放水平	上年废水排放总量
		上年二氧化硫排放量
		上年工业污染治理完成投资
	x_8 万元产值能耗	上年分行业煤炭消费总量
		上年分行业原油消费总量
企业信用	x_9 企业信用	企业纳税情况
		全国企业信用信息公示系统登记状态
		全国企业信用信息公示系统行政处罚信息
		中国人民银行征信系统信用报告
规划要求	x_{10} 规划要求	占地面积
		限高情况
		容积率
		建筑密度

开发区对拟入驻企业的指标评价体系主要包括经济效益、社会效益、生态效益、企业信用和规划要求这五个一级指标和注册资本、投资额、达产后年纳税额、土地出让价格报价、所属行业、就业带动效应、污染物排放水平、万元产值能耗、企业信用、规划要求十个二级指标。经济效益往往是地方政府招商引资过程中首要考虑的因素；在社会效益方面，就业带动效应是关乎民生的重要指标；在生态效益方面，开发区对入驻企业要有环保刚性约束，对污染物排放量和能耗设置上限值，只有在该范围内的企业才被视为可接受。在企业信用方面，要求工商、税务登记备案、行政许可、产品、技术、服务、管理体系的资质资格等符合法律法规规定，且在中国人民银行征信系统无不良记录，如不符合，则直接剔除；在规划要求方面，要求入驻企业提报的规划设计方案满足地方政府在占地面积、限高、容积率、建筑密度等方面的规划要求，否则企业无法进入地方政府的可接受范围集合。开发区根据上述指标评价体系为企业从高到低排名，从而生成开发区拟招商企业的偏好序清单。

2.3 区位市场设计学对区位理论的贡献

区位市场设计理论与传统区位选择理论的区别如表 2-8 所示。传统区位理论大多局限在区位主体（一般指相关企业）如何根据现有条件投资设厂（即区位选择问题），仅仅把"区位"当作某种空间载体，而非某种利益主体，忽略了地区主体（一般指地方政府）为招商引资与潜在对手开展积极的区位竞争。因此，传统区位选择理论是单边的。原有的"区位市场"或"空间市场"很大程度上是一个分散性的市场，集合性的价格机制很难发挥作用，这是由于空间范围和空间距离的限制，"企业"与其投资目的地、"地方"与其目标招商企业之间往往存在着严重的信息不对称，而且解决的是一个局部性的区域经济问题，追求区位选择主体的利益最大化。

表2-8 区位市场设计理论与传统区位选择理论的区别

主要区别	传统区位选择理论	区位市场设计理论
选择主体	企业	企业、地区
选择方向	单边（n对1）	双边（n对m）
区位角色	空间载体	利益主体
策略互动	不明显	明显
市场特征	分散性市场	集合交易
空间尺度	局部性	全局性
信息表达	信息不对称	信息充分
选择机制	价格机制	双边匹配
追求目标	利益主体的最大化	规则的设计，匹配的稳定

而区位市场设计理论是双边的，"区位"或"地方"不再是简单的空间载体，而是需要与企业博弈的重要市场参与者，企业与企业之间，企业与地区之间，地区与地区之间均存在策略互动，解决的是一个全局性的宏观经济问题。现有的"区位市场设计"使用的是双边匹配的集中清算机制，这种清算机制解决了"企业"和"地方"的信息不对称问题，使得信息表达更充分，出让机制优于价格机制，追求匹配规则的设计和匹配的稳定性。本节从以下几个方面分别阐述。

2.3.1 基本假设：从单边到双边

从企业区位选择理论发展沿革来看，古典区位论、近代区位论、现代区位论、新经济地理学理论等传统企业区位理论，大多局限在区位主体（一般指相关企业）如何根据现有条件投资设厂（即区位选择问题），仅仅把"区位"当作某种空间载体，"区位"及其相关联的原材料商、市场、政府、其他利益相关者、运输成本、收入等因子均是被其占有者——"企业"单向地收集信息并进行选择的。因此，传统区位选择理论是单边的。而区位市场设计学，将"区位"当成一个利益主体，研究企业之间以及企业与具有某种利益结构的"区位"或"地方"之间的策略行为，企业之间以及企业与"区位"之间的交易规则，因此区位市场设计学是双边的。

2.3.2 市场特征：从分散交易到集合交易

原有的"区位市场"或"空间市场"很大程度上是一个分散性的市场，集合性的价格机制很难发挥作用。在分散化决策中，较大的市场尺度阻碍了买卖双方的交流，这是由于空间范围和空间距离的限制，"企业"与其投资目的地、"地方"与其目标招商企业之间往往存在着严重的信息不对称，各自按照自己获得的有限信息进行决策，信息不对称、信息搜寻成本高，缺乏统一的信息披露和交流平台。在价格机制不能够很好发挥作用的时候，需要对区位市场进行规则设计，使市场能够健康高效地运转。

而区位市场设计理论使用集中清算的双边匹配机制，本质上是用"中央计划者"代替分散的个体决策，参与区位市场的个体只需明确自身偏好序，由集中清算平台运行决定最终匹配结果。统一的匹配平台有利于信息互通，减少分散决策机制下的信息不对称问题，有效降低分散化决策所导致的高搜寻成本。另外，集中清算机制使得监管机构能够及时了解参与者的整体匹配情况，便于政府监管和宏观调控。

2.3.3 核心机制：从最优化到合作博弈

传统区位理论解决的是一个局部性的区域经济问题，追求区位选择主体的利益最大化。作为传统区位理论的新经济地理学，在企业区位选择微观机制的内生化、动态化和明确化方面做出了巨大贡献，但是仍然不能回答企业之间以及企业与"核心""外围"地区之间的策略行为对区位选择结果的影响等问题。在现实经济生活图景中，企业区位选择过程是一个异常复杂的过程，不仅企业与企业之间，特别是位于价值链上下游的关联企业之间，以及企业与由地方政府作为其利益代言人的所谓"区位"与"地方"之间，均存在着普遍的策略性行为。相对于生产性投资"企业"而言，"区位"不再是简单的空间载体，而是需要与之博弈的重要市场参与者。

博弈论研究在利益相互影响的局势中，局中人如何选择自己的策略才能使自身的收益最大化时的均衡问题。将新经济地理学模型与博弈论相结合无疑是区位理论发展的重要方向。合作博弈的方法论之一是市场设计。区位市场设计学在理论上立足于经济地理学派视角,将"区位"视为具有主观利益诉求的主体,将企业区位选择模型视作企业与"区位"之间为了获得某种相应资源而进行的合作博弈。

2.3.4 政策工具:从最优区位到机制设计

传统的区位理论重在寻求特定空间范围和空间摩擦条件下的最优区位,没有把"区位"当成一个利益主体。现有的企业区位选择模型都较少地研究了企业之间以及企业与具有某种利益结构的"区位"[①]之间的策略性行为。企业之间以及企业与"区位"之间的交易规则更是极少涉及。区位市场设计理论将"区位"不再视为简单的空间载体,而是需要与之博弈的重要市场参与者。

针对"企业"与其投资目的地、"区位"与其目标招商企业之间的信息不对称问题,区位市场设计理论着力解决在特定的市场机制和交易规则下寻求企业的最优区位选择或空间的最优企业组合的问题,企业和企业之间以及企业和"区位"之间能否形成稳定配对、能否达成交易、如何使稳定配对的结果不受个别市场参与者策略行为的干扰、如何通过市场机制与交易规则的设计促进企业与区位的稳定配对以及各具特色的地方产业集群的形成等关键问题。

2.4 区位市场设计学的应用领域

2.4.1 中国工业用地市场设计

中国工业企业-区位配置是一个典型的双边匹配问题,目前中国工业企业区位选择和工业用地市场面临很多问题。一方面,从"地方"而言,出现招商目标过于集中的问题,如向重点大中型企业集中,向重点行业过分倾斜,导致很多地区出现招商难、难招商现象。另一方面,企业区位选择面临着信息严重不对称等困难。如前文所述,中国工业用地市场具有分散决策、市场总体规模巨大、局部垄断、全局竞争、信息不对称、竞争过度、搜寻成本过高等特点。

---

① "区位"在这里可以理解为地方政府或者开发区管委会。

因此，为解决这些问题，必须重新审视工业用地市场的双边本质，可尝试引入双边匹配机制，将区位设计理论应用到工业用地市场设计中，即将"区位"视为市场主体，将工业用地出让视为企业与"区位"（地方政府或开发区管委会）之间的双边匹配，将"区位"及其所承载的地方政府的选择偏好因素纳入工业企业区位选择模型中，通过集中计算的双边匹配出让机制帮助市场达成稳定匹配。

2.4.2 京津冀产业转移市场设计

1. 京津冀产业转移现状及存在问题

习近平 2014 年 2 月 26 日在北京主持召开座谈会，专题听取京津冀协同发展工作汇报时强调，努力实现京津冀一体化发展，自觉打破自家"一亩三分地"的思维定式，抱成团朝着顶层设计的目标一起做[1]。2014 年 6 月 25 日，李克强主持召开国务院常务会议，强调营造承接产业转移的良好"硬环境"和"软环境"。[2]产业梯度转移本身就是化解产能过剩的方法之一。推动劳动密集型产业和加工制造产能由北京向天津、河北转移扩散是缓解首都地区人口环境资源承载力超载、疏解非首都核心功能、避免重复建设和产能过剩现象的路径选择。本书以京津冀地区产业转移为例，通过双边匹配的市场机制设计规范地方政府招商引资行为，通过政府"搭台"，企业"唱戏"，促进生产要素自由流动，产业链条合理延伸，重塑京津冀区域良性互动、错位竞争、优势互补的产业格局。

然而，京津冀产业转移过程中存在不少问题，主要表现为以下四方面。

第一，2013 年至 2016 年 12 月，北京已累计关停 1341 个一般制造业企业[3]；2014 年以来，京津冀累计开展产业对接百余次；但截至 2015 年底，北京市仍然还有大量企业需要外迁，地方政府疏解任务繁重、压力巨大。

第二，仅依靠行政手段疏解，容易激化社会矛盾，增加疏解成本，不能保证"转得出、稳得住、能发展"。原址在北京动物园的服装批发市场门庭若市，外迁到河北廊坊以后门可罗雀。

第三，截至 2020 年 6 月，河北省拥有 190 家省级以上开发区（综保区）[4]，面对北京数以万计的工业企业，由于与目标企业之间存在着严重的信息不对称，使得招商引资过程是一种在分散性市场中寻找企业的单边行为。这种单边行为往

---

[1] 来自：中新网（https://www.chinanews.com.cn/cj/2014/02-28/5896060.shtml?yBSUG8）。
[2] 来自：中华人民共和国中央人民政府网（http://www.gov.cn/guowuyuan/2014-06/25/content_2708074.htm）。
[3] 来自：中国新闻网（http://www.cankaoxiaoxi.com/china/20161208/1501234.shtml）。
[4] 来自：河北新闻网（https://hebei.hebnews.cn/2020-06/02/content_7879401.htm）。

往使部分地方政府感到招商乏力。

第四，北京转出企业在进行区位选择时也是一种"各自为战"的单边行为，面对河北众多开发区，厂商选址存在盲目性、随机性与机会主义倾向，引致政府职能与市场作用被割裂开来，降低资源配置效率，缺乏产业联系，掣肘产业转移。

2. 京津冀产业区际转移市场设计流程

1）津冀承接产业转移开发区信息披露

河北和天津的开发区要做到对自身区位优势、资源禀赋、招商信息的公开化与透明化，尽量克服企业与"区位"的信息非对称性，借助官方网络平台（诸如工业和信息化部开通的国家产业转移信息服务平台）定期发布承接产业转移的开发区名单，设置开发区推介版块，确保北京的企业能够获知开发区所在地的市场潜力、交通区位、功能定位、地块出让价格、配套基础设施状况、基本规划信息、税收政策等，从而使得双方能够在对称信息的基础上进行双边匹配。

2）开发区开通申请

确认参与当期匹配活动的开发区开通面向企业的申请通道；开发区必须承诺如无特殊情况，其所有可供出让土地都将依据匹配结果按照一年内本区域工业用地平均地价出让给匹配企业，不得人为抬高或压低地块价格。

3）企业注册

当发布一期承接开发区名单时，同时设定企业注册截止日期，规定在截止日期之前，有意愿参与当期匹配交易的北京企业必须在相关网站上进行基本信息注册。

4）企业申请材料递交与验证

提交注册信息的北京企业务必接受津冀地方政府或开发区管委会对其材料真实性与信用信息的验证与审核。一方面，企业需提交可证明其经营资质和信用状况的包括工商执照、税务登记备案、行政许可、产品、技术、服务、管理体系的资质资格等的认证与证书，另一方面，企业需提交包括投资额、雇佣劳动力数量、能耗水平等信息的投资方案，以供地方政府或开发区管委会对申请企业进行评价排序。

5）企业与开发区偏好序清单递交

企业与开发区的偏好序清单的生成过程可参照本书第5章。双方务必在截止日期之前递交对彼此的偏好序清单。

6）基于双边匹配算法的企业与开发区匹配过程与结果生成

在双方偏好序清单递交完毕后，设置在全国集中匹配中心的计算机原型系统运行多对一双边匹配算法，企业与开发区等待匹配结果。

7）企业和开发区查询并确认匹配结果，达成交易

在双边匹配算法运行完毕后，企业与开发区登录网站查询匹配结果并确认匹配结果。开发区和企业双方签订《匹配确认书》和《国有土地使用权出让合同》。企业按照《国有土地使用权出让合同》约定付清全部国有土地使用权出让金，依法申请办理土地登记，领取《国有土地使用证》，取得国有土地使用权。在双方确认成交结果后的10个工作日内，应在土地市场网和国家发改委网站公示本期匹配结果信息。

8）未匹配成功个体进入下一期匹配交易

未成功匹配的开发区和企业均可以选择是否参与下一期匹配交易。

3. 模拟实验

按照上述双边匹配算法编写程序，构建计算机原型系统，搭建匹配平台，通过模拟实验，验证京津冀产业区际有序转移的市场设计。由于文章篇幅限制，且算法有效性和稳定性检验有别于经典的统计检验，它并不要求大样本，所以课题组选取京津冀地区10家开发区和20家企业（表2-9），进行匹配实验。部分开发区与企业的偏好序清单见图2-6，实验结果见表2-10。

表2-9　参与模拟实验的开发区与企业名称

开发区名称	企业名称	企业名称
中关村科技园（海淀园）	北京绿色农华植保科技有限责任公司	北京造纸一厂有限公司
天津滨海新区	小米科技有限责任公司	北京华江文化集团有限公司
沧州临港经济技术开发区	北京光华五洲纺织集团公司	北京航天长峰股份有限公司
大兴生物医药基地	北京金隅水泥厂	北汽福田汽车股份有限公司
北京懋隆文化产业创意园	北京燕山石油化工有限公司（简称燕山石化）	北京市航空表面工程技术公司
石家庄经济技术开发区	北京北方阳光太阳能设备有限公司	北京航天时空科技有限公司
曹妃甸工业开发区	北京双鹤制药装备有限责任公司	天津市东瑞钢铁铸造股份有限公司
固安工业开发区	北京宝龙伟业物流有限公司	大唐电信科技股份有限公司
承德高新技术产业开发区	北京兴普精细化工技术开发有限公司	北京化学试剂研究所有限责任公司
保定高新技术产业开发区	北京大北农动物保健科技有限责任公司	同方股份有限公司

特别声明：本模拟实验的唯一目的是验证算法。基于上述目的和数据可得性的原因，实验数据为虚拟数据。本实验使用的企业与开发区名称虽为真实名称，但本实验仅是一项科学研究，与现实经济社会中相关企业与开发区不存在任何关联。本实验结果仅为本书研究结果。读者若感兴趣可以向作者单独索要计算机源代码和全部数据及偏好序清单。

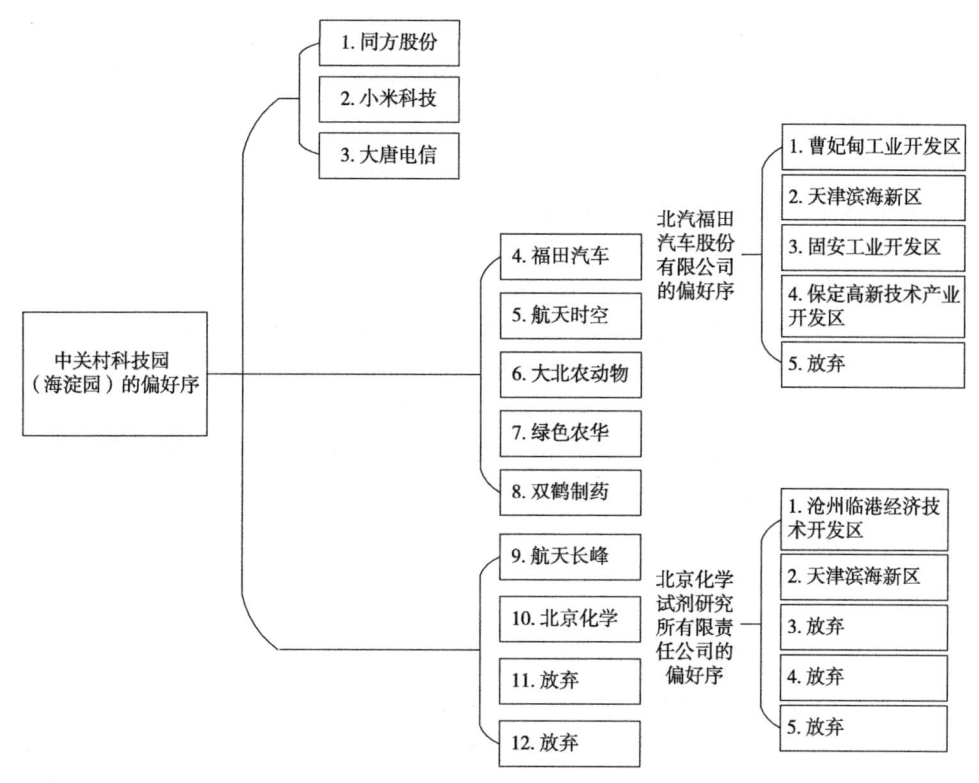

第 2 章　区位市场设计学的一般理论与方法　　·51·

图 2-6　部分开发区与企业的偏好序清单

表 2-10　模拟实验结果

开发区名称	匹配企业名称
中关村科技园（海淀园）	小米科技有限责任公司、同方股份有限公司
天津滨海新区	大唐电信科技股份有限公司、北京航天长峰股份有限公司
沧州临港经济技术开发区	北京宝龙伟业物流有限公司、北京兴普精细化工技术开发有限公司、北京造纸一厂有限公司、北京化学试剂研究所有限责任公司
大兴生物医药基地	北京双鹤制药装备有限责任公司、北京大北农动物科技有限责任公司
北京懋隆文化产业创意园	北京华江文化发展有限公司
石家庄经济技术开发区	北京光华五洲纺织集团公司
曹妃甸工业开发区	北京金隅水泥厂、燕山石化、北汽福田汽车股份有限公司、天津市东瑞钢铁铸造股份有限公司
固安工业开发区	北京市航空表面工程技术公司、北京航天时空科技有限公司
承德高新技术产业开发区	北京绿色农华植保科技有限责任公司
保定高新技术产业开发区	北京北方阳光太阳能设备有限公司

根据表 2-10 的实验结果，中关村科技园是我国首家国家级自主创新示范区，而小米科技有限责任公司与同方股份有限公司属于新一代信息产业，符合北京打造"高、精、尖"经济结构的城市战略。天津滨海新区被定义为我国投资和贸易便利化程度较高的制造中心，大唐电信科技股份有限公司和北京航天长峰股份有限公司的入驻符合滨海新区的主体功能定位。沧州临港经济技术开发区是京津冀地区的重化工基地，北京兴普精细化工技术开发有限公司等重化工企业的集聚，一方面可以发挥规模效应，另一方面便于污染物的集中治理，也为处在该区域产业链下游的塑料行业提供了丰富的原材料，有利于打造循环价值链。石家庄以纺织业作为区位优势，北京光华五洲纺织集团公司的迁入利于培育区域产业集群。曹妃甸工业开发区的资源要素禀赋适宜发展钢铁产业，匹配北京金隅水泥厂、燕山石化、北汽福田汽车股份有限公司、天津市东瑞钢铁铸造股份有限公司，便于打通产业关联。固安工业开发区毗邻首都第二国际机场，是未来我国北方的交通枢纽和国际航运中心，工业开发区招商航空服务或航空制造类企业，可以助力首都航空城发展，促进京津冀立体网络化大交通体系的完善。承德是京畿生态屏障，发展绿色产业符合京津冀协同发展的总体规划。保定高新技术产业开发区以新能源产业为特色，开发区内以英利集团为领军企业，培育了集太阳能发电、节能环保和绿色建筑为代表的产业集群，北京北方阳光太阳能设备有限公司的到来有助于延伸产业链。综上所述，模拟实验的匹配结果基本符合京津冀协同发展的客观要求和战略定位，算法稳定有效，存在推动制造业产能由北京向天津、河北梯度转移、有序扩散的潜在可能。

2.4.3 充电桩市场设计

随着全球能源危机不断加深、全球变暖及大气污染危害的加剧，发展新能源电动汽车成为世界各国节能减排的重要途径之一。电动汽车的充电设施有三种：充电桩、充电站和换电站。其中，充电桩以慢充模式为主，布点灵活、占地面积较小；充电站以快速模式为主，技术要求较高、占地面积较大；换电站提供整体更换电池服务，适合公交车、环卫车、物流车等。现实中，电动汽车对提供快速充电的充电站需求很大，驾车人需要实时得知哪一个充电站可供使用，并确保抵达时可立即充电。

为解决这一问题，重庆大学蒲勇健（2013a）提出基于物联网信息平台的电动汽车快速充电有序调度的一种市场设计系统模式。他首先考虑合作博弈论中匹配与市场设计方法的配对预约，将匹配理论应用于电动汽车的有序快速充电的预约机制中。即：①通过物联网（车联网）平台，有快速充电需求的电动汽车向平台提交快速充电申请。②物联网信息平台把收到的所有快速充电申请传给系统里面的所有充电站。③每一个充电站根据申请者的空间位置与充电站的行驶距离等因素对申请者进行排序，排在前面的申请者是充电站更加愿意接受的。④信息平台把所有充电站的有关信息发给所有申请者。每一个申请者通过计算机对所有充电站进行排序，同样，基于申请者的空间位置与充电站的行驶距离等因素对申请者进行排序。这种在物联网中设计匹配清算系统，根据充电站与申请者电动汽车各自的排序，按照类似于 G-S 算法或者其衍生算法对申请者电动汽车与充电站进行稳定匹配，尽管可以对电动汽车的快速有序充电进行预约匹配，但是存在低效率的问题。

为此，基于物联网协调的电动汽车有序预约快速充电的现实背景，他进一步设计了一种用于电动汽车有序预约充电的优化算法，证明了该算法在任何一轮充电预约中能够最大化预约车辆数量。他所提出的有序充电预约系统及优化算法，为未来基于物联网协调的电动汽车有序预约快速充电控制软件的编制提供了基础性的算法，对于未来的城市电动汽车快速充电有序预约具有广阔的应用前景。

2.4.4 公租房市场设计

除了应用在工业用地市场、区域产业转移、充电桩和新能源汽车的匹配等领域外，区位市场设计理论还可以应用在公共租赁住房（简称公租房）的匹配上（邓红平和罗俊，2016）。这些市场同样具有分散化决策、信息不对称、竞争激烈、价格难以发挥作用等特点。解决好公租房这种稀缺资源配置的公平和效率问题是至关重要的，在公租房分配中，价格机制不能充分发挥作用，需要建立良好的分配体系。现实生活中，在公租房分配中，我国有相当部分的城市以随机摇号方式给出选房优先序，这种分配方式效率高，但简单粗暴，导致弃号屡屡发生。

究其原因，轮候人的偏好没有很好地被表达出来。公租房的分配表面上看是公租房和轮候人的双边匹配，然而在某种程度上可以看作房屋区位和轮候人的双边匹配。因为区位是房屋最重要的因素之一，轮候人选择的不仅仅是公租房，更重要的是公租房所在的区位及区位上附属的学校、公园、医院等各种公共服务设施。因此，将其区位市场设计理论引入到公租房的配租分配中，将轮候人的偏好取代价格，成为公租房达到有效匹配的关键因素。

公租房因其保障性住房特性，它的申购与审核过程也可以看作购买者——家庭与提供者——地方政府与开发商联合体之间的双边选择问题。可将双边匹配理论及方法引入公租房申请的市场机制设计中，进一步细化、深化申购流程和资格审核条件，并对现有规定的实施与操作提供有益建议，开发公租房商品房网上匹配平台系统，可为这一新型保障性住房公开、公平、公正的中心化分配机制探索可能的思路与方法。

第 3 章 为什么要再设计中国工业用地市场？

由前文可知，"市场设计学"领域既拥有丰富的研究层次和相当的理论深度，又在多个现实的市场中取得了巨大的成功，但这些成功实践多集中在微观匹配领域，而其在宏观经济方面进行政策制定和调控的能力尚未凸显。其根本原因在于，市场规则的力量仅在价格机制难以发挥作用时才能体现，而在宏观经济的大部分领域，采用放任的价格机制已足以应对。但中国工业用地市场的特殊性为这一学科的拓展提供了良好的试验场地，其碎片化的市场状况和激烈的引资竞争而导致的价格失灵都在呼唤探索新的出让机制。本书尝试将双边匹配机制引入中国工业用地一级市场，并详细探讨其与价格机制的差异。本章主要从中国土地使用制度的演进、工业用地的相关理论和实证研究及工业用地出让与招拍挂机制等方面进行论述，指出目前理论和实证研究的破缺之处。

3.1 土地分类及土地使用制度的演进

3.1.1 土地及其分类系统

《中华人民共和国土地管理法》(1986 年公布，2019 年第三次修正，简称《土地管理法》) 按照土地用途划分，将土地分为三大类，即农用地、建设用地和未利用地。农用地是指直接用于农业生产的土地，包括耕地、林地、草地、农田水利用地、养殖水面等；建设用地是指建造建筑物、构筑物的土地，包括城乡住宅和公共设施用地、工矿用地、交通水利设施用地、旅游用地、军事设施用地等；未利用地是指农用地和建设用地以外的土地。

按照土地所有权,将土地划分为国有土地和集体土地,其中城市市区的土地属于国家所有;农村和城市郊区的土地,除由法律规定属于国家所有的以外,属于农民集体所有;宅基地和自留地、自留山,属于农民集体所有。20世纪80年代初以来,根据需要,主要有以下三种分类:城镇土地分类、全国土地分类和土地利用现状分类。详见表3-1。

表3-1 我国有关土地分类的重要文件

土地分类	时间	土地分类	文件	颁布单位
城镇土地分类	1990.7	一级类:居住用地、公共设施用地、工业用地、仓储用地、对外交通用地、道路广场用地、市政公用设施用地、绿地、特殊用地、水域和其他用地等10大类;二级类:46中类;三级类:73小类	《城市用地分类与规划建设用地标准》(GBJ137—90)(已废止)	国家建设部
城镇土地分类	1993.6	一级类:商业金融业用地,工业、仓储用地,市政用地,公共建筑用地,住宅用地,交通用地,特殊用地,水域用地,农用地及其他用地10个一级类;二级类:24类	《城镇地籍调查规程》(TD1001—93)	国家土地管理局
城镇土地分类	2012.1	城乡用地:建设用地、非建设用地2大类,9中类,14小类;城市建设用地:居住用地、公共管理与公共服务用地、商业服务业设施用地、工业用地、物流仓储用地、道路与交通设施用地、公用设施用地、绿地与广场用地8大类,35中类,43小类	《城市用地分类与规划建设用地标准》(GB50137—2011)	住房和城乡建设部
全国土地分类	2002.1	一级类:农用地、建设用地、未利用地;二级类:耕地、园地、林地、牧草地、其他农用地、商服用地、工矿仓储用地、公用设施用地、公共建筑用地、住宅用地、交通运输用地、水利设施用地、特殊用地、未利用土地和其他土地15类;三级类:71类	《全国土地分类(试行)》	国土资源部①
全国土地分类	2002.1	一级类:农用地、建设用地、未利用地;二级类:耕地、园地、林地、牧草地、其他农用地、居民点及工矿用地、交通运输用地、水利设施用地、未利用地、其他土地10类;三级类:52类	《全国土地分类(过渡期间适用)》	国土资源部
土地利用现状分类	1984.9	一级类:耕地、园地、林地、牧草地、居民点及工矿用地、交通用地、水域及未利用土地8类;二级类:46类	《土地利用现状调查技术规程》(沿用到2001.12)	全国农业区划委员会
土地利用现状分类	2007.8	一级类:耕地、园地、林地、草地、商服用地、工矿仓储用地、住宅用地、公共管理与公共服务用地、特殊用地、交通运输用地、水域及水利设施用地、其他土地12类;二级类:57类	《土地利用现状分类》(GB/T 21010—2007)(已废止)	国家质量监督检验检疫总局和国家标准化委员会
土地利用现状分类	2017.11	一级类:耕地、园地、林地、草地、商服用地、工矿仓储用地、住宅用地、公共管理与公共服务用地、特殊用地、交通运输用地、水域及水利设施用地、其他土地12类;二级类:73类	《土地利用现状分类》(GB/T 21010—2017)	

1. 城镇土地分类

1990年7月国家建设部发布了《城市用地分类与规划建设用地标准》(GBJ137—90)(简称"90"国标),将城镇土地分为居住用地、公共设施用地、工业用地、

---

① 2018年3月,组建自然资源部,不再保留国土资源部。

第 3 章　为什么要再设计中国工业用地市场？

仓储用地、对外交通用地、道路广场用地、市政公用设施用地、绿地、特殊用地、水域和其他用地等 10 大类，46 中类，73 小类，并于 1993 年 3 月 1 日开始施行。"90 国标"是我国第一部有关城市用地分类的国家标准，在指导我国的城市规划编制、城市管理以及规范城市用地发展等方面发挥了很大的作用。

1993 年 6 月国家土地管理局发布的《城镇地籍调查规程》（TD1001—93）规定了《城镇土地分类及含义》。城镇土地分类主要根据土地用途的差异，分为商业金融业用地，工业、仓储用地，市政用地，公共建筑用地，住宅用地，交通用地，特殊用地，水域用地，农用地及其他用地 10 个一级类，24 个二级类。

随着我国社会主义市场经济体制改革的不断深化以及城市化进程的不断加快，尤其是 2008 年《中华人民共和国城乡规划法》实施后，城乡规划范围进一步扩大，使得原先基于计划经济大背景而建立的"90 国标"逐渐显示出其不适应性。为更好地指导城市规划编制工作，我国住房和城乡建设部于 2012 年 1 月 1 日颁布新版《城市用地分类与规划建设用地标准》（GB50137—2011）（以下简称"新国标"），并废除"90 国标"。"新国标"将用地增加了城乡建设用地分类体系，调整了城市建设用地分类体系，将城乡用地分类为 2 大类、9 中类、14 小类；城市建设用地分为 8 大类、35 中类、43 小类。该标准亦对城市中各种土地类型的占比做出了一般规定，与本书相关的部分分类见图 3-1，其中工业用地的"一类、二类、三类"区别主要在于是否会对居住和公共环境造成干扰、污染和安全隐患。"新国标"密切结合了当前我国城市发展、规划编制管理环境的新变化，更好地促进了城乡统筹发展、加强了城乡规划与其他规划的衔接并适应了当前市场经济体制的发展要求。

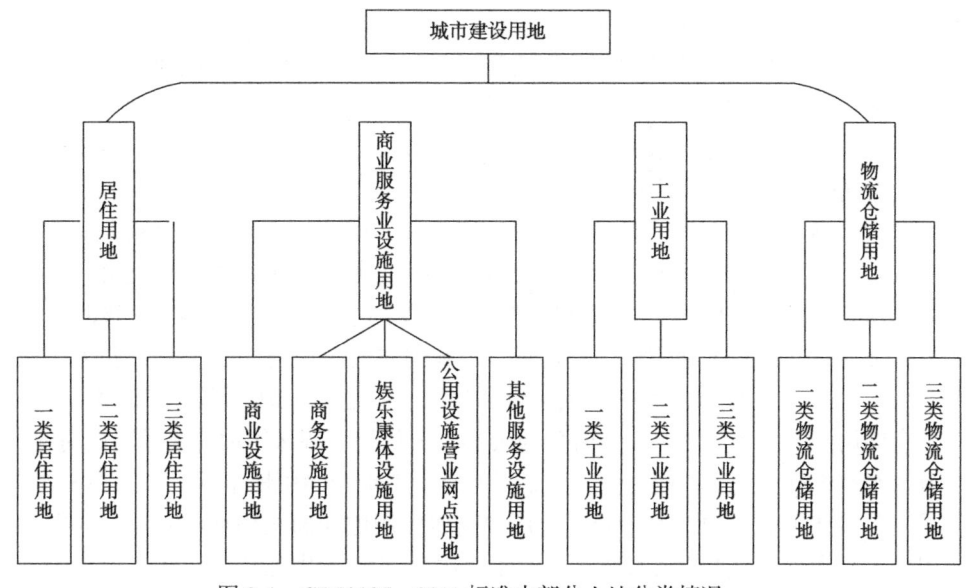

图 3-1　GB50137—2011 标准中部分土地分类情况

2. 全国土地分类

为了满足土地用途管理的需要，2002年，国土资源部制定了城乡统一的"全国土地分类"，并应用于土地变更调查及国土资源管理工作中。"全国土地分类"包括《全国土地分类（试行）》和《全国土地分类（过渡期间适用）》。2002年1月1日实施的《全国土地分类（试行）》是城乡一体化的土地分类，适用于城镇和村庄大比例尺地籍调查，采用三级分类，其中一级分类3类、二级分类15类、三级分类71类（详见表3-1）。

针对全国城镇与村庄地籍调查当时尚未全面完成的现实情况，国土资源部在《全国土地分类（试行）》基础上，制定了《全国土地分类（过渡期间适用）》。其整体框架与《全国土地分类（试行）》相同，采用三级分类。其中，农用地和未利用地部分与《全国土地分类（试行）》完全相同，建设用地部分进行了适当归并。将商服用地、工矿仓储用地、公用设施用地、公共建筑用地、住宅用地、特殊用地6个二级类和交通运输用地中的三级类街巷，合并为居民点及工矿用地，作为二级类，在其下划分城市、建制镇、农村居民点、独立工矿、盐田和特殊用地6个三级类。

3. 土地利用现状分类

《土地利用现状分类》由国土资源部牵头起草，首次将土地分类标准上升为国家标准，主要用于土地利用现状调查，从根本上消除土地分类政出多门、口径不一等弊端（唐双娥和郑太福，2011）。土地利用现状分类采用土地综合分类方法，根据土地的利用现状和覆盖特征，对城乡用地进行统一分类。1984年，全国农业区划委员会颁布的《土地利用现状调查技术规程》中制定了"土地利用现状分类及其含义"。采用两级分类，其中一级类分为耕地、园地、林地、牧草地、居民点及工矿用地、交通用地、水域及未利用土地8类，二级类分为46类。该规程从1984年颁布开始，一直沿用到2001年12月。

2007年8月，由国家质量监督检验检疫总局和国家标准化委员会联合发布的《土地利用现状分类》（GB/T 21010—2007），标志着我国土地资源分类第一次拥有了全国统一的国家标准。《土地利用现状分类》国家标准采用一级、二级两个层次的分类体系，按照土地用途、经营特点、利用方式和覆盖特征，将土地分为12个一级类、57个二级类。其中一级类包括耕地、园地、林地、草地、商服用地、工矿仓储用地、住宅用地、公共管理与公共服务用地、特殊用地、交通运输用地、水域及水利设施用地、其他土地。工业用地属于工矿仓储用地下的一个二级分类，本书主要关注工业用地，也涉及工业用地与居住用地和商服用地的对比，其中工业用地定义为"工业生产及直接为工业生产服务的附属设施用地"。第二次全国土地调查（2007~2009年）采用了该国家标准。

2017年11月1日，由国土资源部组织修订的国家标准《土地利用现状分类》（GB/T 21010—2017），经国家质量监督检验检疫总局、国家标准化管理委员会批准发布并实施。新版标准秉持满足生态用地保护需求、明确新兴产业用地类型、兼顾监管部门管理需求的思路，完善了地类含义，细化了二级类划分，调整了地类名称，增加了湿地归类。新版标准规定了土地利用的类型、含义，将土地利用类型分为耕地、园地、林地、草地、商服用地、工矿仓储用地、住宅用地、公共管理与公共服务用地、特殊用地、交通运输用地、水域及水利设施用地、其他用地等12个一级类、73个二级类，适用于土地调查、规划、审批、供应、整治、执法、评价、统计、登记及信息化管理等。第三次土地调查（2017~2019年）采用了该国家标准。

《土地利用现状分类》国家标准解决了对同一土地利用现状，不同部门统计数据不一致的问题，土地调查数据以此为依据，更具有权威性，优化了土地利用类型结构，能够综合发挥土地资源社会经济生态效益，为国家科学规划和宏观决策提供更准确、可靠的基础数据支撑。

3.1.2 中国土地使用制度的演进

新中国成立以来，中国开始土地使用制度大致经历了两大阶段，即计划经济行政划拨阶段（1949~1978年）和土地使用制度改革阶段（1979年至今）。其中，土地使用制度改革阶段又可以分为三个阶段，改革按照土地使用权和所有权分离的原则，变过去的"无偿、无限期、无流动"使用为"有偿、有限期、流动"使用，使其真正按照其商品的属性进入市场。我国有关土地使用权出让的制度都在《中华人民共和国宪法》（简称《宪法》）、《土地管理法》《中华人民共和国土地管理法实施条例》和《中华人民共和国城市房地产管理法》（简称《城市房地产管理法》）等法律、法规和规章中。本节将我国土地使用制度划分为如下四个阶段，每个阶段的相关文件和规定如表3-2所示。

表3-2 我国土地使用制度改革的相关重要文件

发展阶段	年份	相关文件	核心内容或影响
计划经济行政划拨阶段（1949~1978年）	1954	《宪法》	国家为了公共利益的需要，可以依照法律规定的条件，对城乡土地和其他生产资料实行征购、征用或者收归国有
	1956	《关于目前城市私有房产基本情况及进行社会主义改造的意见》	一切私人占有的城市空地、街基等地产经过适当办法一律收归国家

续表

发展阶段	年份	相关文件	核心内容或影响
土地市场萌芽阶段（1979~1989年）	1979	《中外合资经营企业法》任何组织或者个人不得侵占、买卖、出租或者以其他形式非法转让土地	开了国有土地有偿使用的先河，以法律的形式打破了延续近30年的国有土地无偿使用制度
	1982	《宪法》	任何组织或者个人不得侵占、买卖、出租或者以其他形式非法转让土地
	1986	《土地管理法》	通过了《土地管理法》，成立了国家土地管理局
土地市场萌芽阶段（1979~1989年）	1988	《宪法》修正	删除了土地不得出租的规定，规定"土地使用权可以依照法律的规定转让"
	1988.12	《土地管理法》第一次修正	国有土地和集体所有的土地的使用权可以依法转让，国家依法实行国有土地有偿使用制度
土地市场初步形成阶段（1990~2000年）	1990.5	《城镇国有土地使用权出让和转让暂行条例》《外商投资开发经营成片土地暂行管理办法》	为城镇土地所有权出让提供了法律保障
	1994	《城市房地产管理法》	商业、旅游、娱乐和豪华住宅用地，有条件的，必须采取拍卖、招标方式；没有条件，不能采取拍卖、招标方式的，可以采取双方协议的方式
	1998	《土地管理法》第二次修订	土地使用权可以依法转让，国家依法实行国有土地有偿使用制度
土地市场规范完善阶段（2001年至今）	2002.5	《招标拍卖挂牌出让国有土地使用权规定》	商业、旅游、娱乐和商品住宅等各类经营性用地，必须采用"招拍挂"方式出让
	2004	《国务院关于深化改革严格土地管理的决定》	工业用地也要创造条件逐步实行'"招拍挂"出让'
	2004.8	《关于继续开展经营性土地使用权招标拍卖挂牌出让情况执法监察工作的通知》	规定2004年8月31日以后所有经营性用地出让全部实行招拍挂制度，即所谓的"8·31"大限
	2006	《国务院关于加强土地调控有关问题的通知》	工业用地必须采用招标拍卖挂牌方式出让，其出让价格不得低于公布的最低价标准
	2008	《国务院关于促进节约集约用地的通知》	完善了土地产权制度，建立了土地储备制度，确立了政府公开供应土地制度，健全了节约集约用地的长效机制
	2019	《土地管理法》第三次修正	确立了永久基本农田保护制度，允许集体经营性建设用地入市，完善了土地征收制度

（1）计划经济行政划拨阶段（1949~1978年）。新中国成立之前，城市土地多为私有。1954年通过的第一部《宪法》，指出"国家为了公共利益的需要，可以依照法律规定的条件，对城乡土地和其他生产资料实行征购、征用或者收归国有。"1956年1月，中央书记处《关于目前城市私有房产基本情况及进行社会主义改造的意见》，提出对城市房屋私人占有制进行社会主义改造，明确"一切私人占有的城市空地，街基等地产，经过适当的办法，一律收归国有。"该意见被中央转批，成

为具有强制力的规定,而后城市土地逐步国有化。该阶段土地使用制度具有行政划拨、土地无偿使用、土地无限期使用及无流动性等特征。该制度在当时的历史条件下发挥了积极作用,但随着社会主义计划经济向市场经济的转变,这种土地制度的弊端日益显现。主要问题是多占少用、好地劣用、占而不用等现象十分突出,不利于土地资源的合理配置和高效使用,大量的土地资源浪费和资产价值流失。

(2)土地市场萌芽阶段(1979~1989年)。在土地所有权、使用权不能流转的前提下,为适应对外开放、缓解城市建设资金不足问题,开始探索土地有偿使用。1979年,国家颁布《中华人民共和国中外合资经营企业法》(简称《中外合资经营企业法》)开了国有土地有偿使用的先河,以法律的形式打破了延续近30年的国有土地无偿使用制度。为解决城市基础设施建设资金长期短缺的问题,1982年,深圳市开始按城市内部土地等级收取不同标准的使用费。1984年,广州和抚顺等地区也开展了按土地等级开征土地使用费的试点工作。1986年,上海对三资企业收取土地使用费。1987年9月,深圳率先试行土地使用有偿出让,出让了一块5000多 m^2 的土地使用权,限期50年,揭开了国有土地使用制度改革的序幕。同年12月1日,深圳市首次公开拍卖土地使用权,一宗面积为8588 m^2 的土地被深圳经济特区房地产公司以525万元的价格竞得使用权。这是新中国成立后首次进行的土地拍卖,被后人称为中国历史上土地拍卖的"惊天第一拍",是中国土地使用制度根本性的变革,打破了土地长期无偿、无限期、无流动、单一行政手段的划拨制度。1987年,国务院批准在深圳、上海、天津、广州、厦门、福州进行土地使用制度改革试点。1988年,国务院决定在全国城镇普遍实行收取土地使用费(税)。1988年12月通过《土地管理法》的修改议案,规定"国有土地和集体所有的土地的使用权可以依法转让","国家依法实行国有土地有偿使用制度"。上述举措使国有土地使用制度改革从理论探索阶段走向实践探索阶段,冲破了土地供应单纯采用行政划拨的旧土地使用制度的束缚。

(3)土地市场初步形成阶段(1990~2000年)。主要解决降低行政划拨配置土地资源的比例,推行国有土地使用权出让制度,规范土地使用权的交易行为。1990年,国务院颁布了《城镇国有土地使用权出让和转让暂行条例》,第十三条规定,土地使用权出让可采用协议、招标、拍卖的方式。同年,《外商投资开发经营成片土地暂行管理办法》发布。这两个文件为城镇土地所有权出让提供了法律保障。1994年国家颁布《城市房地产管理法》,其中第十二条规定"商业、旅游、娱乐和豪华住宅用地,有条件的,必须采取拍卖、招标方式;没有条件,不能采取拍卖、招标方式的,可以采取双方协议的方式。采取双方协议方式出让土地使用权的出让金不得低于按国家规定所确定的最低价"。1998年修订了《土地管理法》,规定"土地使用权可以依法转让",再次强调"国家依法实行国有土地有偿使用制度"。该阶段国有土地出让使用权的产权制度、交易方式和规则逐步确立,中国土地市场的制度框架基本形成。

（4）土地市场规范完善阶段（2001年至今）。主要为了加强和改善对土地市场的宏观调控和服务监管，完善政府供应土地的规则，推行土地招标拍卖挂牌出让制度。2002年5月，国土资源部发布了《招标拍卖挂牌出让国有土地使用权规定》，首次明确提出"商业、旅游、娱乐和商品住宅等各类经营性用地，必须采用'招拍挂'方式出让"，这标志着我国正式实施土地"招拍挂"（即招标、拍卖、挂牌）制度。2004年，国务院《关于深化改革严格土地管理的决定》（国发〔2004〕28号）明确要求："工业用地也要创造条件逐步实行'招拍挂'出让"。2004年8月31日，国土资源部和监察部联合印发《关于继续开展经营性土地使用权招标拍卖挂牌出让情况执法监察工作的通知》（国土资发〔2004〕71号），规定2004年8月31日以后，不得再以历史遗留问题为由采取协议方式出让经营性土地使用权，所有经营性用地出让全部实行"招拍挂"制度，即所谓的"8·31大限"。2006年，国务院《关于加强土地调控有关问题的通知》完全把工业用地纳入了市场竞争的范围，要求"工业用地必须采用招标拍卖挂牌方式出让，其出让价格不得低于公布的最低价标准"。2007年《中华人民共和国物权法》（简称《物权法》）的颁布和2008年国务院《关于促进节约集约用地的通知》的出台，完善了土地产权制度，建立了土地储备制度，确立了政府公开供应土地制度，健全了节约集约用地的长效机制。2019年《土地管理法》第三次修正，确立了永久基本农田保护制度，允许集体经营性建设用地入市，完善了土地征收制度，合理划分中央与地方土地审批权限，提出了建立国土空间规划体系的内容和要求，同时在宅基地等直接关系农民利益的问题上进行了改革创新。

"招拍挂"通过引入市场竞争机制，充分体现了公开、公平、公正的土地市场原则，提高了土地利用效率，促进了城市土地市场化的发展。2001~2004年，以国有土地招标拍卖挂牌为基本形式的土地市场配置制度初步确立，产生的效应极为显著。由表3-3可知，无论出让宗数，还是出让面积，协议出让的占比均呈现明显的下降趋势，招拍挂出让的占比大幅度上升。以出让面积为例，2003年，全国协议出让面积为139 434公顷，占比为72%，而招拍挂出让面积仅有50 006公顷，占比仅为28%；到2016年，全国协议出让面积大幅度下降，仅出让16 892公顷，占比仅为8%，而招拍挂出让面积为194 959公顷，出让比例大幅度提高，高达92%。

表3-3 我国历年国有建设用地出让情况

年份	出让宗数				出让面积/公顷			
	协议出让	占比	招拍挂出让	占比	协议出让	占比	招拍挂出让	占比
2003	157 381	76%	50 006	24%	139 434	72%	54 170	28%

续表

年份	出让宗数				出让面积/公顷			
	协议出让	占比	招拍挂出让	占比	协议出让	占比	招拍挂出让	占比
2004	138 111	75%	46 739	25%	129 083	71%	52 427	29%
2005	117 642	73%	44 470	27%	108 368	65%	57 218	35%
2006	140 933	75%	45 734	25%	161 871	69%	71 147	31%
2007	109 748	68%	50 656	32%	117 663	50%	117 298	50%
2008	68 093	55%	55 265	45%	26 634	16%	139 225	84%
2009	59 372	48%	63 126	52%	33 594	15%	187 220	85%
2010	61 551	43%	80 390	57%	34 207	12%	259 511	88%
2011	59 632	39%	91 617	61%	30 117	9%	304 968	91%
2012	46 419	33%	92 169	67%	30 803	9%	301 630	91%
2013	57 408	34%	111 436	66%	28 619	8%	346 185	92%
2014	42 068	32%	90 330	68%	20 807	8%	256 539	92%
2015	33 881	31%	75 527	69%	17 556	8%	207 330	92%
2016	33 899	33%	68 031	67%	16 892	8%	194 959	92%

资料来源：历年《中国国土资源统计年鉴》

3.1.3 中国土地市场的多层结构

从20世纪90年代开始，我国学者开始提出土地市场的层级化构建。例如，张谷和李娴（1993）根据城市土地产权流转的顺序和参与交易的主体，把城市土地市场划分为城市土地一级、二级和三级市场。杨庆媛（2001）将城镇土地一级市场的交易方式分为两类，第一类是划拨，第二类是出让、出租和入股等有偿出让土地使用权。袁弘（2003）将我国土地市场划分为一级市场、二级市场和三级市场，前者是使用权流转，后两者是使用权的再让渡。并对土地流转和资金流的方向做出解释，在一级市场和二级市场，土地流转和资金流都是单向逆行流动。在三级市场，土地流转和资金流是双向的逆行流动，交易可以多层次反复进行。也有学者将土地市场结构划分为土地所有权征购市场、土地使用权市场两大类型，三种基本层次——土地所有权市场、土地使用权初级市场、土地使用权次级市场，这里的土地所有权市场即农地征购市场。

本书将中国土地市场划分为国有土地征购市场、国有土地一级市场和国有土地二级市场。其中，土地征购市场是指将原有国有土地进行回购或将集体土地进行征收，土地一级市场是土地使用权出让的市场，土地二级市场是土地使用权出让后的再交易市场。各土地市场的交易主、客体，交易方式和市场特征如表3-4所示。

表3-4 我国城市土地市场结构

市场类型	交易主体	交易客体	交易方式	市场特征
国有土地征购市场	政府、农村集体经济组织	土地所有权	回购、征收	政府垄断、资金单向流动
国有土地一级市场	政府、土地使用者	土地使用权	划拨、招拍挂出让、租赁	政府垄断、纵向流转、资金单向流动
国有土地二级市场	土地使用者之间	土地使用权	转让、出租、抵押	竞争、横向流转、资金横向流动

1. 国有土地征购市场

1992年11月《国务院关于发展房地产业若干问题的通知》提出，集体所有土地，必须先行征用转为国有土地后才能出让。国有土地征购市场有两大土地来源，一是原有存量国有土地通过收购、收回和置换将土地使用权重新收归国有，即土地回购；二是农村集体土地通过征收变成国有土地，即土地征收。

在土地回购中，区县一级政府重新收回或者收购属于其他单位或者个人拥有的城市土地。这里又分为两类，一类是因为城市规划或者公共利益，需要重新调整土地利用形式，通过对原土地使用者给予补偿的方式收购土地；另一类是对使用期满、用地者违法使用或者闲置期过长等的土地，依法收回，一般不给土地拥有者补偿。土地从城市土地所有者转到区县一级政府的土地储备中心，补偿资金呈相反方向流动。在土地征收中，区县一级政府通过对农村集体组织补偿，改变农村集体经济的产权性质，把农村集体土地变成国有土地，流向区县一级政府的土地储备中心，补偿资金呈相反方向流动。无论是土地回购，还是土地征收，土地接收方都是唯一的，属于完全的买方（政府）垄断市场。

2. 国有土地一级市场

国有土地一级市场是土地使用权出让的市场，是指国家通过其指定的政府部门将城镇国有土地或将农村集体土地征用为国有土地后，将土地使用权通过划拨、出让、租赁、作价出资或入股等方式出让给企业、单位或个人的市场。出让的土地，可以是生地，也可以是毛地、熟地、净地等土地类型。国有土地一级市场的供应方是政府部门，由县、市人民政府及其职能部门代表国家以所有者的身份负责土地出让，具有完全垄断性质，体现的是土地所有者与使用者之间的关系。

国有土地一级市场的需求方主要有房地产开发商、生产性企业和公共事业单位等三类，其中，房地产开发商的用地需求集中在城市住宅用地、商业用地和综合用地的建设上；生产性企业的用地需求集中在厂房、仓库用地的建设上；公共事业单位的用地需求主要集中在科研、教育、医疗以及相关配套用地的建设上。前两者属于竞争性需求，会影响土地出让的交易价格，后者属于公益性需求，对土地出让交易价格影响较小。

3. 国有土地二级市场

国有土地二级市场是土地使用权出让后的再交易市场，是指土地使用者将达到规定、可以交易的土地使用权，进入流通领域再次进行交易的市场，具体内容包括土地使用权的转让、出租和抵押等。不同于国有土地一级市场，国有土地二级市场的交易主体可以是房地产开发商，也可以是各类经济组织或个人，是竞争型市场，体现的是土地使用者之间的关系。国有土地二级市场是构成土地市场体系的重要组成部分，也是判断城市土地市场发育程度的重要标志。

3.2 工业用地理论研究进展

土地是一种自然经济综合体，拥有自然属性、经济属性、社会属性等多重复杂属性，运用科学方法对土地各项属性进行研究的学科统称为土地科学，土地科学处于自然科学与社会科学的交叉地带，是由众多学科组成的学科群或综合性学科（陈为公，2010）。学界对土地科学的研究对象之表述存在众多差异，由于人地复合系统的复杂性，任何单一学科都不能对立完成对土地的研究（陈为公，2010）。土地科学由众多学科组成，其中陆红生和韩桐魁（2002）提出的学科体系被广泛接受，这一体系将土地科学分为6个相互独立的子学科，分别为土地资源学、土地经济学、土地利用学、土地管理学、土地法学和土地信息学（图3-2），不同的子学科有各自独立的研究角度和层次，基本覆盖了土地的自然属性、经济属性和社会属性。

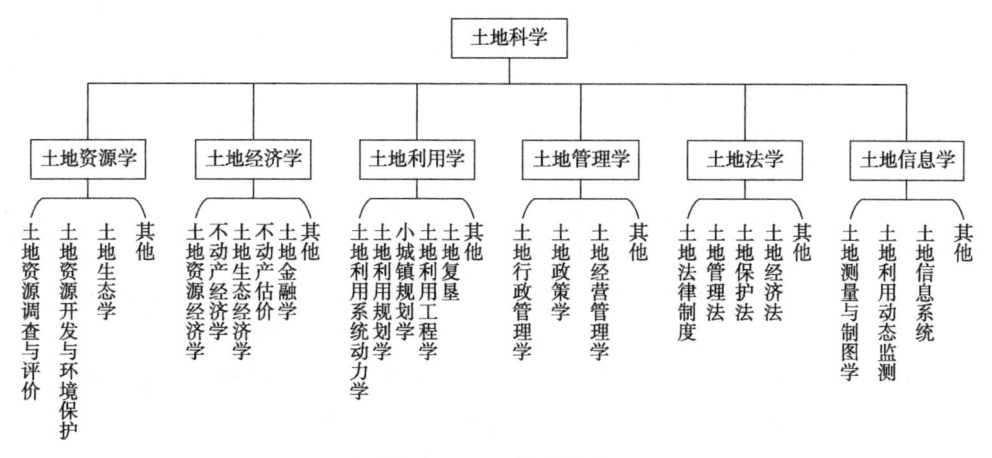

图 3-2 土地科学体系

资料来源：陆红生，韩桐魁. 2002. 关于土地科学学科建设若干问题的探讨. 中国土地科学，16（4）：10-13

本书从区域经济学角度出发，略去上述分类中的土地资源调查、勘测、立法等内容，同时参考卢为民（2014）的看法，从三个视角梳理工业用地相关的理论研究，分别为经济地理学视角、经济学视角和城市规划学视角。

3.2.1 经济地理学视角的企业区位理论

经济地理学主要从企业区位选择的角度出发，研究产业空间布局问题，其核心是企业的区位选择模型。区位理论经过了从古典区位论、近代区位论、现代区位论到新经济地理学和新新经济地理学的不断发展演变，而工业企业的区位选择模型一直都是区位理论的核心部分之一（宋飏等，2008）。

韦伯的工业区位论首次讨论了工业企业（工厂）的选址问题，通过分析运费、劳动成本和集聚、分散所带来的成本变化三个方面的成本因素，提出了以工厂为圆心的等运费曲线及等差费用曲线，企业的最佳区位就是综合成本最低点。

随着市场因素在企业区位选择中越来越占据主导地位，区位理论从关注成本转向追求利润，包括交通、消费和行政等更多因素被纳入区位理论之中。以霍特林的空间竞争理论以及克里斯塔勒和廖什的中心地理论为标志，近代区位理论尝试建立一般均衡的空间分析框架，企业均衡区位的形成不仅要考虑原材料和运输等方面的成本因素，还需要考虑企业与企业、企业与消费者之间的相互作用。例如，廖什从需求和收入因子出发，认为最优区位是纯利润最大的区位，而阿隆索则通过提出竞租函数，将农业竞租模型拓展到了城市土地利用中（Alonso，1964）。

进入现代社会之后，企业区位选择的复杂性不断提升。现代区位理论在利润因素之外，还考虑了企业的研究开发、设计、零部件加工、部件组装、物流等多个价值环节的区位问题，考虑了企业的非金钱收益与满足问题，乃至考虑了产品生命周期、决策机制、产业组织、市场占有率、人才、品牌、风险规避、信息与贸易摩擦等众多问题（何芳，2004）。其中，对本书有借鉴和参考价值的包括：不同市场类型下的区位理论，考虑了短期、长期、集中、分散、特殊的市场类型。行为区位理论认为区位决策是有限理性的满意人基于有限且不充分甚至不确定的信息进行加工后才做出的，因此区位决策是一个包含了信息收集、处理等环节的动态过程，区位决策者的信息占有量和信息利用能力的差异，以及文化-心理距离和信息距离的大小极大地影响了企业的区位选择（任寿根，2003）。战略区位理论强调企业区位选择不仅是企业自身选择，还要考虑企业与包括政府、竞争者、劳工组织、环保团体等利益相关者的讨价还价和博弈过程。区位政策理论强调政府通过改善区位条件、增加区位补助金和设置区位限制条件等公共政策手段可以引导或改变企业区位选择过程，调整企业盈利空间边界（李小建，2007）。可见，现代区位理论放松了传统区位思想的完全信息和理性人假设,强调区位决策是基于有限信息的决策过程,决策者信息收集和处理能力差异,甚至决策者个人偏好、出生地以及区位决策的模仿等非经济因素发挥着重要作用。

克鲁格曼等新经济地理学家打破了各种经典区位理论关于完全竞争和报酬不变的假设,提出了不完全竞争、报酬递增和多样化需求等假设下的一般均衡框架(刘安国等,2005),从劳动力流动、联系效应和异质性企业等角度研究企业集聚的内在机理,认为收益递增、垄断竞争以及贸易成本对企业区位选择具有重要影响,企业偶然的区位迁移将被某种正反馈机制锁定和加强,内生地形成所谓中心-外围结构,而企业的集聚程度会随着贸易成本的上升先提高后下降,出现多重均衡的情形(Krugman,1991)。

3.2.2 经济学视角的地租理论

经济学主要运用经济学理论和方法,从土地市场、土地价格、土地金融、土地税收、土地经济利用等角度,研究经济活动中的人与地的关系和人与人的关系,相应的子学科为土地经济学(毕宝德,2016)。土地经济学的研究内容丰富而广泛,其中相当一部分内容由于历史较短而没有被明确地理论化和体系化,显得杂乱,由于土地税收、土地经济利用、土地金融等与本书关联不大,本节仅选取理论化和体系化较为完整的地租理论和地价理论进行综述。

地租理论存在两大流派,分别是西方经济学中的地租理论和马克思主义的地租理论。西方经济学中的地租理论经历了从古典地租理论、新古典地租理论到现代地租理论的发展:①在古典地租理论中,地租一开始被认为是土地所生产的农作物的剩余收入(配第,2017);而后加入了政治制度因素的考虑,地租被认为是工人支付给资本家的代价,本质是工人的无偿劳动(斯密,2013);詹姆斯·安德森于1777年出版的《对谷物法本质的研究》一书中开拓性地研究了"级差地租"的概念,认为同一市场价格导致不同肥沃程度的土地产生级差地租,因此马克思称詹姆斯·安德森为"现代地租理论的真正创始人"。②新古典地租理论着重于研究地租的边际生产力,代表人物为威克斯蒂德和马歇尔,他们认为地租并非独立存在的,而不过是各种经济现象中的一类,本质上是一种供求关系理论的应用。③现代西方经济学地租理论主要集中在地租的影响因素方面,萨缪尔森将地租定义为为了使用土地所支付的代价,各类土地的地租水平取决于产品价格水平和成本的关系(汪应宏,2008)。马克思主义的地租理论则更加富有阶级性,马克思(1949)认为地租是优等地的产品价格中超过生产费用的这一余额,地租是土地经营者和土地所有者之间激烈争执的对象,他坚持级差地租和绝对地租是唯一正常的地租形式。

地价理论是资源价值理论的一部分。资源价值理论经历了劳动价值论、生产费用论、效用价值论的发展，在现代经济学中被普遍接受为均衡价格论，即资源的价格由供求关系决定，而与其价值无关。现代土地价值理论普遍认为，土地价值是由土地在法律上的物权价值、土地质量和位置带来的级差价值和经济上的劳动价值综合决定的（汪应宏，2008），因此现代对于土地价值的研究，多集中在地价的影响因素如位置、人口、公共设施、环境条件等，以及地价变动规律和空间分布规律方面。

3.2.3 城市规划学视角的城市土地利用理论

城市规划的内涵非常丰富，其中涉及工业用地方面，主要是指从解决城市的社会及环境等问题入手，研究城市土地空间利用问题（卢为民，2014）。现代城市规划理论的早期探索包括：霍华德在1898年提出的"田园城市"理论，认为城市的目的是支持人的健康生活，其规模应保持在一定均衡程度，该理论实质上是在倡导城市与乡村的结合（何刚，2006）。柯布西耶在1922年提出的"光辉城市"理论，将眼光聚焦于现代人居问题的根源，认为城市应该"为心灵找到出路"（王又佳和金秋野，2012）。在20世纪初期现代城市组成不断趋于复杂化，技术不断进步的背景下，戛涅于1917年提出了"工业城市"理论，用意在于探讨城市的功能组织形式，戛涅明确地将城市用地按照类型划分，成为工业城市规划的最基本思路。

在现代城市规划理论的成熟期，学术界的城市发展理论主要分为分散发展理论和集中发展理论。分散发展理论包括恩温于20世纪20年代提出的"卫星城"理论、沙里宁于1942年提出的"有机疏散"理论、赖特于1932年提出的"广亩城市"理论，这些理论倡导将大城市通过不同方式疏散发展，降低城市中心密度。集中发展理论包括柯布西耶的现代城市集中设想等理论，强调提高城市密度，然后通过现代化的建筑和交通等手段解决过度集中带来的问题。

城市土地使用布局理论是城市规划学派中的另一分支，着重探讨城市土地的总体布局模式，包括同心圆理论、多核心理论、扇形理论等，揭示城市土地利用和功能分区的一般性规律。

3.2.4 评述："区位"的主动性缺失

本书在理论上立足于经济地理学视角，认为工业企业的区位选择理论长期以来忽略了"区位"的主动性：韦伯主要基于完全竞争和局部均衡假设研究单一工厂选址问题，忽略了许多重要的经济因素和非经济因素，其理论中"区位"只不过是与成本密切相关的因子而已；在霍特林、克里斯塔勒、廖什等人的近代区位理论中，"区位"或"空间"仍然只是一个被选择的载体，最多只是作为某种市场潜能的体现，而不是对"企业"具有某种选择和分类作用的市场参与者；现代区位理论仍然没有明确地提出将"区位"作为某种市场参与者，没有尝试将"企业"与"区位"之间的双向选择及其实现稳定匹配的可能性作为区位选择的重要问题进行研究；新经济地理学理论无疑在企业区位选择微观机制的内生化、动态化和明确化方面做出了巨大贡献，但是仍然不能回答企业之间以及企业与"核心""外围"地区之间的策略行为对区位选择结果的影响等问题。实际上，"区位"及其所承载的地方政府，不应被简单地视为等待被企业选择的空间载体，它们是区位空间的所有者或代理人，会主动寻求符合其利益诉求的土地开发者（工业企业），因此"区位"的选择偏好因素应当被纳入工业企业的区位选择模型中，这正是区位理论的破缺之处，需要双边匹配理论来补足。

3.3 工业用地实证研究进展

工业用地是重要的生产要素，涉及土地管理、宏观经济运行、区域经济协调、城市规划、产业布局、产权制度、可持续发展等众多方面的议题，因此对工业用地的研究散布于各个学科之中。目前国内外学者对工业用地的实证研究集中在利用效率、廉价出让、空间格局等方面。本书主要关注出让环节的相关研究。

3.3.1 工业用地利用效率研究

工业用地的高效集约利用，是工业用地研究领域最重要、相关文献最多的主题。在许多国家，尤其是新加坡、日本、中国等人口稠密国家，如何提高工业用地的利用效率，是空间规划的核心议题之一（Louw et al.，2012）。土地集约利用的概念最早由李嘉图等在研究农业用地时提出，最初目的在于"最大化土地的经济产出"（邵晓梅等，2006），其后这一概念的内涵日渐丰富，在经济产出之外，又附加了政治、社会、环境等多方面的考虑因素（丁成日，2008）。常见的工业用地利用效率指标包括土地利用强度、单位面积经济产出、环境因素等，度量方法包括全要素生产率法、德尔斐法、主成分分析、层次分析法等（邵晓梅等，2006；黄大全等，2009）。现有文献认为中国工业用地利用普遍低效粗放，东部地区利用效率高于西部地区，但西部地区追赶速度较快，区域间效率差异逐步缩小，市场化出让机制对提高利用效率有正向作用，未来工业用地利用将更加高效集约（Tu et al.，2014；吴旭芬和孙军，2000；谢花林等，2015；郭贯成和熊强，2014；陈伟等，2014）。

3.3.2 工业用地市场价格研究

我国工业用地和商住用地的出让价格长期以来存在一定程度的结构性偏离（Wang，2009），这一现象引起了国内外学者的广泛关注，相关研究主要集中在对工业用地廉价出让的动机解释及后果分析方面。

学界对于工业用地出让价格过低的解释主要包括以下四方面。

（1）行业特性解释。房地产、商业开发等相关企业，其产品的地域性非常明显，主要服务本地居民，在政府垄断土地供给的情况下，商服和居住用地出让市场实际上由多个局部卖方市场构成，企业几乎没有议价能力，而工业企业生产的产品往往不局限于本地销售，生产也比较标准化，对于特定区位的依赖性较小，区位选择的灵活性很大，有能力在全国范围内寻求生产成本最低的区位，因此形成了典型的买方市场，部分地方政府为了争夺高度流动性的工业企业入驻，可能选择压低土地价格（薛白，2011；陶然等，2009）。

（2）财政解释。1994年分税制之后，地方政府财权与事权不匹配，部分地方政府产生严重财政缺口，不得不依赖高价出让商服、居住用地维持财政收入，土地出让收入已占据很多地方政府财政收入的一半以上（吴群和李永乐，2010）。工业对于商业、服务业有很强的带动作用，以土地换投资能推动本地商业和服务业发展（李学文和卢新海，2012）。彭山桂等（2015）使用广东省2007~2012年的地级市面板数据验证了工业用地低价出让能够换取资金流入，进而对于商住用地出让金有明显的正向作用。另一种财政解释认为，商服、居住用地出让只能让政府获得一次性出让收入，而工业用地出让除了当期投资外，还能带来长期收入流，因此即使一次性出让价格较低，总体上也能获益。楚建群等（2014）通过对北京、成都的实例分析和估算，认为地方政府出让工业用地所获得的长期收益是出让地价的几十倍之多，长期收益可以弥补低价出让带来的损失。孙秀林和周飞舟（2013）认为，地方政府2002年以来对土地开发、基础设施投资和扩大地方建设规模的热情空前高涨，原因在于税收改革使得地方政府不得不倚重以建筑业作为第一大户的营业税。

（3）土地管理体制解释。我国施行城乡分割的土地管理体制，农村土地归集体所有，城市土地归国家所有，农村集体土地必须经过政府征收，将其转变成国有建设用地之后才能进行出让和开发，土地征收权和出让权都由政府垄断。这种制度设计使得政府有能力从农村获得价格低廉的土地，因而才有可能以极低的价格出让工业用地。另一种管理体制解释是地方政府为了确保产业项目尤其是重大产业项目能够顺利推进，往往禁止工业用地在二级市场流转，2003年上海规定不允许工业用地进行任何房地产转让，甚至出台政策限制工业用地企业的股东变更以及经营范围转变（陆国飞，2013）。

工业用地廉价出让对经济和社会造成的后果包括以下四方面。

（1）不利于宏观经济健康发展。工业用地价格过低，扭曲了成本约束条件，会导致企业拿地成本低，大量囤地，粗放经营，存在后期仅仅通过转让土地即可盈利的预期，抑制创新，使得企业缺乏激励进行产业升级和结构调整，导致我国工业低质化、同构化、低水平重复建设过多、固定投资增长过快，长期来看不利于国民经济的健康运行。杨其静等（2014）的研究表明，地方政府采用协议方式出让工业用地会损害两年之后该地区的固定资产投资、工业增加值和生产总值，对经济的长期发展不利。

（2）可能造成部分地方政府财政紧张，挤压其他方面的空间。工业用地征收需要成本，政府从农村集体征收土地需要补偿，并进一步进行"三通一平"的工作之后，才能进行出让，因此低价出让实际上是政府在对工业企业进行财政补贴。陶然等（2009）的调查表明，苏州在21世纪初每亩[①]征地和建设成本高达20万元的工业用地平均出让价格只有15万元。这种变相补贴给政府造成巨大的财政压力，促使它们紧缩商住用地供给、尽力提高商住用地价格。

（3）造成土地资源浪费。由于地价便宜，且存在土地增值的涨价预期，企业在建厂初期会尽可能利用地方政府的优惠政策盲目扩建甚至变相"圈地"，导致低水平重复建设、土地利用效率低下。例如，长三角地区，由于前期工业用地出让过于疯狂，导致2006年陷入无地可用的尴尬局面（张晏，2006）。

（4）造成国有资产流失。由于工业用地价格低廉，且后期可以通过转让土地盈利，部分企业在偏僻位置囤地，等城市扩张地价上涨后转卖土地获得高额收益。

3.3.3 工业用地出让空间格局研究

针对工业用地空间格局的研究，主要使用遥感数据、土地利用数据和区县土

[①] 1亩≈666.7平方米。

地出让统计数据，大多聚焦于某一城市内部。吕萍等（2008）使用区县土地出让统计数据研究北京市工业用地空间集散特征，发现工业用地从城区到郊区转移，并在郊区形成新的聚集；叶昌东和赵晓铭（2015）使用2012年行业用地调查数据研究广州市各行业工业用地空间结构，发现高耗行业用地主要在郊区分布，中耗行业用地具有"轴线+集聚点"分布特征，低耗行业用地在中心城区均匀分布；潘洪义等（2007）使用1993年和2003年两期遥感数据和土地利用数据研究唐山市工业用地空间扩展模式，发现唐山市工业用地重心向西北方向移动，以"飞地跳跃"为主要扩展方式，工业用地斑块增加、平均面积减小、趋于分散；Kuang等（2016）使用土地利用数据研究1990~2010年中国城市化和工业化的时空格局，指出城市空间和工业用地在2005~2010年加速扩张，且工业用地扩张更为急速。

3.3.4 评述：价格机制并非灵丹妙药

针对工业用地出让市场的种种问题，现有研究多关注如何变革土地管理方式和约束政府行为，很多人认为只要能够尽量限制地方政府在出让过程中的自由裁量权，价格机制就会自动导致最优的社会效用，却较少地考虑我国的工业用地市场组织形式是否能够让价格机制充分发挥作用。在一个面临过度竞争的碎片化市场中，信息缺失和决策仓促，使得放任的"市场化"机制无助于提升市场参与主体的效用。正如美国医学生就业市场，在NRMP建立之前，曾试图通过限制签约时间等强制手段消除市场失灵，但"过早签约"只是过度竞争所引起的现象，强行消除这一现象并不能解决根本问题。以往针对工业用地的实证研究也表明，传统上针对工业用地出让环节的种种策略并没有取得本质性进展，工业用地的出让政策需要用全新的视角重新审视。通过集中清算机制，为企业和地方政府诉求提供合理表达途径，并使双方获得最优的稳定匹配，从而消除市场失灵，才是根本的解决之道。

3.4 招拍挂市场机制及其困境

3.4.1 工业用地的合理出让是高质量发展的重要环节

古典经济学理论将土地视为最重要的财富和生产要素，但自从新古典时期开始,土地逐渐从主流经济学的生产函数中淡出,被资本和劳动力取而代之,这一时期仅有区域经济学、城市经济学等经济学子领域的学者仍然关注土地问题。直至 21 世纪之后,随着新的可利用土地减少以及"可持续发展"观念的流行,经济学家开始关注环境污染和资源耗竭等问题,土地在经济理论中的重要性又不断回升(Hubacek and Jeroen, 2002; Louw et al., 2012)。

工业用地作为工业生产的空间载体,是与经济活动联系最为密切的土地类型之一,工业用地的合理出让和利用,是关乎我国经济高质量发展的重要议题。2002~2016 年我国工业用地面积占城市建设用地的比例保持在 20%左右,是占比最高的生产性用地,部分工业发达城市如东莞、宁波、珠海、营口等地,工业用地面积占比更达到了 30%以上,而世界上大多数发达城市工业用地占比都在 10%以下。这一方面是因为中国的产业结构中第二产业比例仍远高于发达国家(Seto and Kaufmann, 2003),因此土地利用结构也呈现出与产业结构相匹配的状态,另一方面也是因为过去几十年中国的土地管理较为粗放,在快速工业化的过程中工业用地的出让数量失去控制,如北京近年来的二、三产业比例实际上已与东京趋同,但工业用地的占比(2016 年约为 18%)却远高于东京(黄迎春等,2017)。20 世纪 90 年代以来中国的工业化和城市化快速推进,很大程度上有赖于低廉的工业用地价格和粗放的土地管理方式(蒋省三等,2007;Deng et al., 2008),部分地方政府为吸引投资而大量廉价出让工业用地,客观上促进了工业部门早期的增长,但也造成低水平重复建设、城市无序扩张、土地资源浪费、国土开发空间格局不均衡等后果,阻碍了产业升级和宏观经济长期健康发展(Wu et al., 2014;陶然等,2009),这一独特的历史进程吸引了大量学者对工业用地问题展开研究。

在 Web of Science 核心数据库中检索"industrial land"和"land"主题的文章发表情况,同时在知网中检索"工业用地"和"土地"主题的期刊文章发表情况,结果如图 3-3 所示。国际上对于工业用地的研究从 20 世纪 90 年代开始升温,自 2000 年之后持续增长,工业用地研究在土地研究中的占比也稳步上升,在 2016 年达到顶峰。国内对工业用地的研究则从 2002 年开始升温,文章数量从 2002 年后开始爆发式增长,工业用地研究在土地研究中的占比也在 2002 年之后开始逐步上升,至 2007 年达到顶峰,此后稍有回落,但仍保持在较高比例。国内的工业用地研究占比整体上高于国际水平,因为世界上很多国家的土地分类体系中并没有专门的"industrial land"类型。整体上看,国内外对工业用地的研究有持续升温趋势,工业用地至今仍然是土地研究中不可忽视的重要一环。

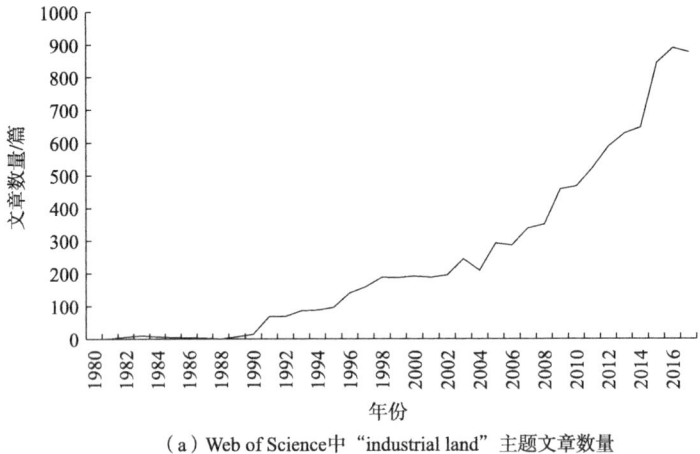

(a) Web of Science中"industrial land"主题文章数量

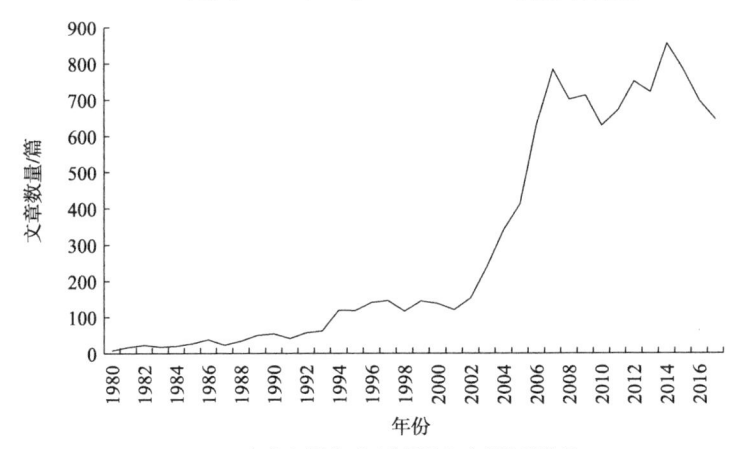

(b) 知网中"工业用地"主题文章数量

(c) Web of Science中"industrial land"主题文章占"land"主题文章比例

(d)知网中"工业用地"主题文章占"土地"主题文章比例

图 3-3 工业用地主题文章发表数量趋势

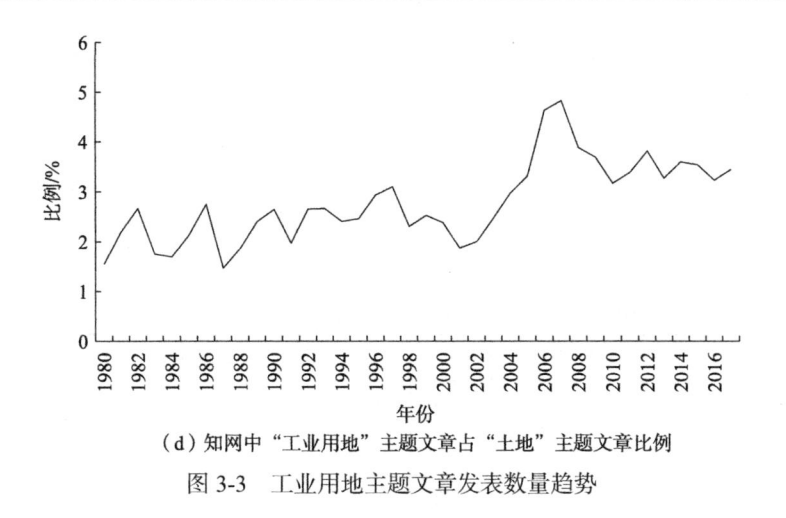

3.4.2 "招拍挂"机制的困境：市场失灵与单边决策

中国工业用地配置制度大致经历了无偿划拨、协议出让、市场化出让三个阶段，配置的市场化程度逐步加深（王彦博和沈体雁，2018）。

1949~1978 年，我国城市土地完全采用无偿划拨的配置制度，不允许流动。王岳龙（2015）认为，这种土地制度导致以下问题：①土地收益完全归土地占有者，国家对城市土地所有权在经济上没有充分体现；②土地资源浪费严重，多占少用、优占劣用现象普遍；③企业竞争条件不平等，各单位占地面积、地段优劣的差异在企业考核指标中无法公平体现；④土地作为重要要素无法流转，严重影响要素市场效率。

1980~2006 年，工业用地由无偿划拨逐渐转变为以协议出让为主的有偿使用。所谓协议出让，即政府和有意受让人通过一对一协商谈判确定地块出让价格。由于地方政府垄断出让权，因此协议出让的本质是行政审批，这一时期工业用地价格主要取决于政府和企业之间的博弈结果。改革开放初期为了配合引入外资，1979 年《中外合资经营企业法》规定土地可以作为资产入股合资企业，"土地有偿使用"开始逐步推广。1990 年《城镇国有土地使用权出让和转让暂行条例》允许土地使用权以"协议、招标、拍卖"等方式转让，正式确立了以出让制度为核心的土地有偿使用制度。此后协议出让比例逐年增加，2002~2006 年工业用地协议出让宗数占比稳定在 90% 以上，2006 年达到 94.3%。

2006 年至今，工业用地出让逐步向市场化方向转变，即以招标、拍卖、挂牌方式出让国有土地使用权：①招标出让即有意受让人参加投标，只进行一次报价，政府对报价和规划设计方案等综合考虑后决定；②拍卖出让即竞买人对某块土地使用权公开竞价,价高者得;③挂牌出让即国土资源管理部门发布挂牌公告,展示土地信息和交易条件,并根据竞买人报价不断更新挂牌价格,若挂牌截止时仍有多家报价则需进行拍卖。招标出让人为操作空间过大,拍卖出让易受到偶然因素影响,而挂牌出让兼具招标和拍卖的优点,因此挂牌出让成为市场化出让的主流方式(万江,2016),2008年之后挂牌出让占市场化出让工业用地的比例保持在80%以上(表3-5)。

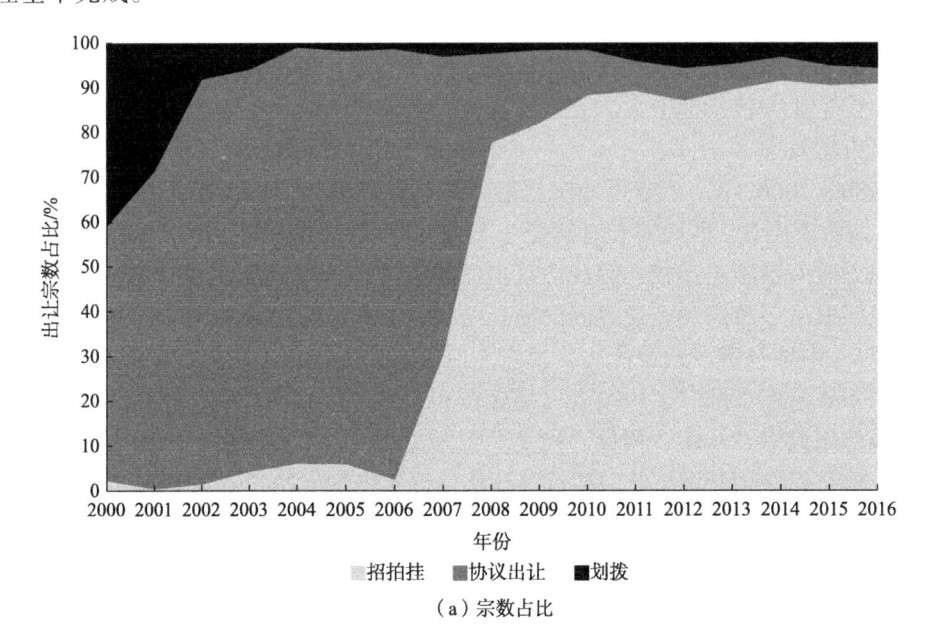

表3-5 2007~2016年工业用地招拍挂出让占市场化出让宗数比例(单位:%)

出让方式	2007年	2008年	2009年	2010年	2011年	2012年	2013年	2014年	2015年	2016年
招标出让	5.80	3.34	3.23	0.56	0.29	0.22	0.16	0.28	0.14	0.24
挂牌出让	88.53	93.99	92.31	94.21	95.53	94.93	93.59	93.71	93.12	93.73
拍卖出让	5.67	2.67	4.45	5.22	4.19	4.84	6.24	6.01	6.74	6.04

工业用地配置制度三个阶段的变迁是新出让方式不断替代旧出让方式的渐进过程(图3-4)。虽然协议、招标、拍卖出让方式在1990年同时放开,但地方政府为了争取更大自由裁量权,往往尽可能选择协议出让,因此2006年之前趋势是协议出让逐步替代划拨出让。2006年8月之后国家规定有竞争性的工业用地出让必须招拍挂,此后工业用地协议出让比例持续降低,2011年之后招拍挂的比例基本保持在90%以上,可以断言工业用地出让的市场化改革在2011年已经基本完成。

(a)宗数占比

(b) 面积占比

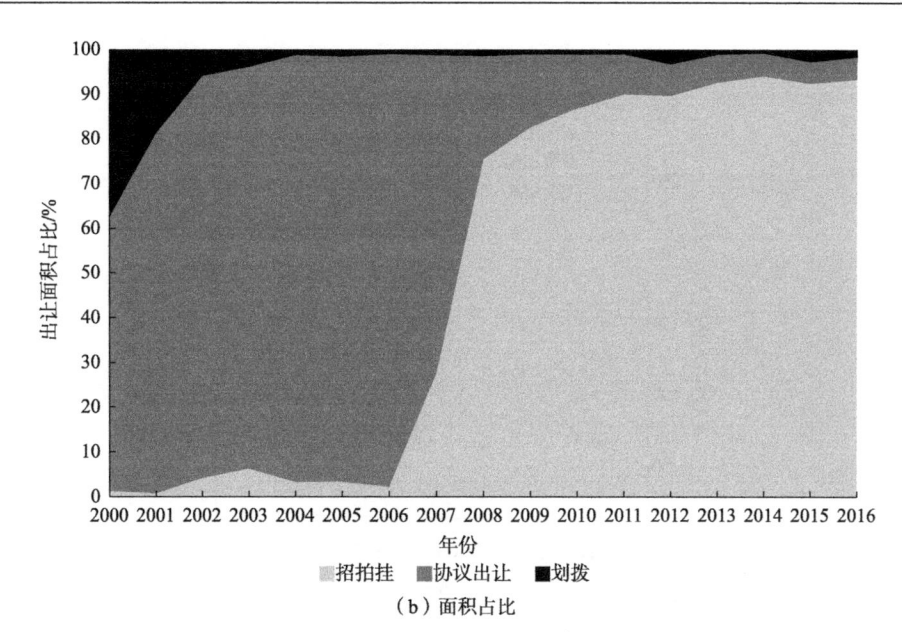

图 3-4 2000～2016 年工业用地不同出让方式占比

2011 年之后，当招拍挂出让已占据绝对主流，市场化机制基本完善，工业用地市场的改革便不再单一瞄准出让环节，而是从出让的上下游环节出发寻求改善和突破（王彦博和沈体雁，2018）。《国土资源"十三五"规划纲要》明确指出："积极推进工业用地市场化配置试点，有效降低实体经济用地成本……探索实行工业用地弹性年期以及长期租赁、先租后让、租让结合供地方式……降低工业用地比例……"，为工业用地总量控制和长租制改革指明了方向。2015 年 9 月国土资源部、国家发展改革委、科技部、工业和信息化部、住房和城乡建设部、商务部联合印发《关于支持新产业新业态发展促进大众创业万众创新用地政策的意见》（国土资规〔2015〕5 号文件），允许工业用地兼容一定比例的非工业建设，发挥土地复合利用效益，拓宽了工业用地的利用方式。2017 年 2 月，国土资源部印发《关于完善建设用地使用权转让、出租、抵押二级市场的试点方案》的通知（国土资发〔2017〕12 号），工业用地使用权二级市场规范化建设开始试点。这些政策调整更加精细、立体和系统，也更加尊重参与主体的利益，多层次改革的态势日渐明朗，但其招拍挂的基本形式没有改变，"价高者得"仍是工业用地配置的根本决定因素。

表 3-6 和图 3-5 展示了不同地区居住、商服、工业用地的价格，可以明显看出，居住用地和商服用地的出让价格不断飙升，而工业用地价格却增长缓慢，尤其 2012 年之后，差距进一步拉大，2016 年发达城市居住用地和工业用地出让价

格之差甚至达到了惊人的 24 倍[①]。

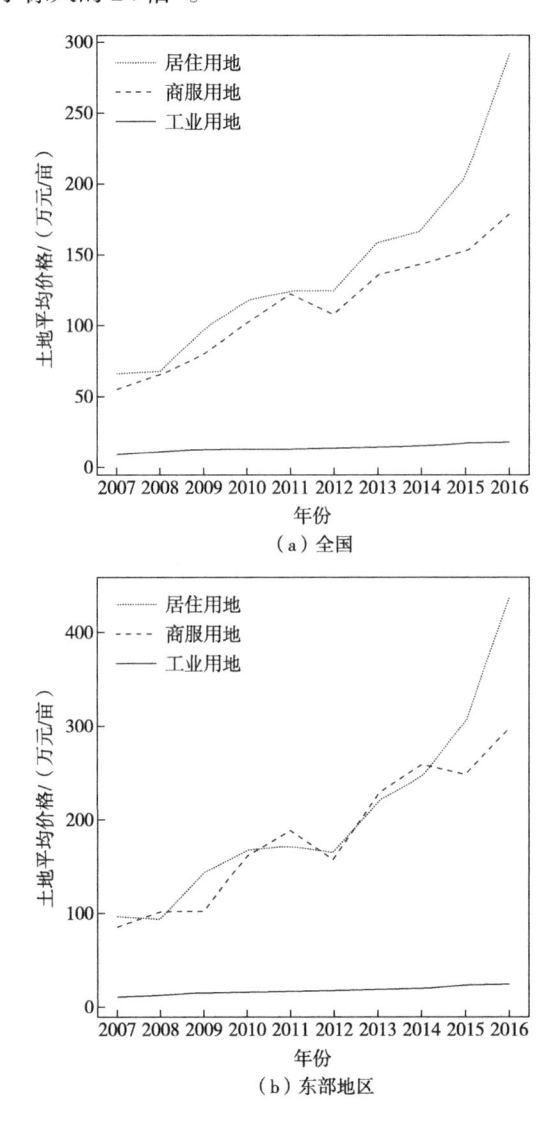

（a）全国

（b）东部地区

---

① 表 3-6 中的工业用地价格和中国土地勘测规划院每个季度发布的《全国主要城市地价监测报告》中的工业用地价格不一致，主要是因为统计口径不同。《全国主要城市地价监测报告》依据《城市地价动态监测技术规范》编订，其城市地价的监测范围仅限于 105 个监测城市的主城区或建成区，而表 3-6 所采用的数据包括地级市下辖所有行政单位的土地交易详情，更加完整准确。表中的"发达城市"指的是北京、上海、深圳、广州、天津、成都、杭州、武汉、南京、西安、青岛、沈阳、厦门、大连、苏州、宁波、无锡、重庆共 18 个大城市。

（c）西部地区

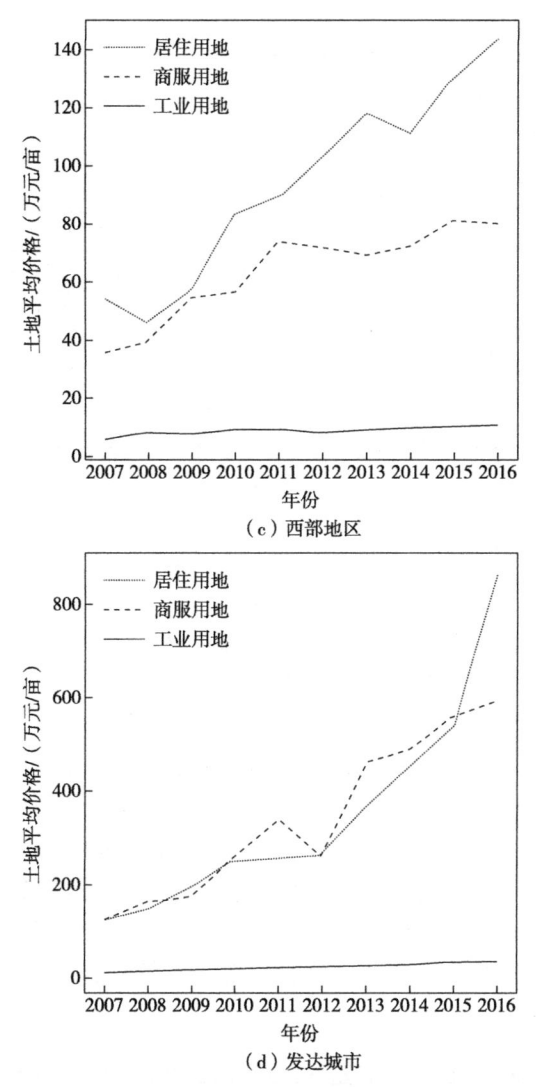

（d）发达城市

图 3-5　2007~2016 年不同地区居住、商服、工业用地的平均价格

资料来源：中国土地市场网

表3-6　2007~2016年居住、商服、工业用地的平均价格（单位：万元/亩）

地类	区域	2007年	2008年	2009年	2010年	2011年	2012年	2013年	2014年	2015年	2016年
工业用地	全国	8.87	10.96	12.27	13.11	13.1	13.13	13.9	14.72	16.84	17.38
	东部地区	10.91	12.77	15.21	15.94	16.38	17.26	18.52	19.35	23.35	24.02
	西部地区	5.93	8.25	7.89	9.13	9.23	8.34	9.43	9.96	10.47	10.76
	中部地区	8.28	10.18	10.1	11.3	11.33	12.07	12.13	13.75	14.09	14.38
	东北地区	7.21	11.02	13.83	13.72	15.77	15.17	14.06	15.34	15.55	15.71
	发达城市	11.84	16.34	18.36	20.21	22.46	23.64	25.75	28.15	35.74	36.18

续表

地类	区域	2007年	2008年	2009年	2010年	2011年	2012年	2013年	2014年	2015年	2016年
商服用地	全国	54.42	64.98	79.16	101.53	122.52	107.53	135.48	143.09	152.43	177.82
	东部地区	84.41	100.76	101.96	160.65	188.87	155.53	226.31	258.45	247.72	296.74
	西部地区	35.85	39.81	54.68	56.52	74.15	71.91	69.43	72.46	81.25	80.13
	中部地区	30.22	37.52	50.22	59.38	77.3	85.17	105.94	110.45	121.66	130.5
	东北地区	40	36.05	58.33	72.15	99.87	77.81	81.03	64.36	57.57	64.78
	发达城市	122.51	163.02	174.72	258.61	336.92	257.88	461.35	488.76	559.36	593.09
居住用地	全国	65.83	67.1	96.84	117.24	124.28	123.92	158.13	166.26	204.13	291.08
	东部地区	95.72	93.59	142.88	167	171.38	164.48	218.51	245.65	304.43	437.91
	西部地区	54.19	45.94	57.41	83.46	89.4	102.85	118.37	111.07	130.83	143.53
	中部地区	47.61	51.96	58.25	84.27	100.98	99.69	123.39	128.02	144.28	201.04
	东北地区	38.04	52.09	62.9	80.3	99.07	99.57	118.11	117.19	97.6	129.71
	发达城市	124.31	147.95	195.43	251.18	255.77	264.58	367.17	455.56	535.44	867.41

资料来源：中国土地市场网

工业用地廉价出让的原因在于，部分地方政府拥有"以土地换投资"的强烈意愿，出台纷繁复杂的土地优惠政策，呈现过度竞争现象，工业用地"零地价"乃至"负地价"新闻屡见报端。表3-7统计了2005~2016年，以不同方式出让的工业用地中"零地价"出让的比例[①]。显而易见，除去划拨之外，协议出让的方式是"零地价"出让的重灾区。在协议出让的工业用地中，"零地价"的宗数占比为10.24%，面积占比为15.76%，面积占比远大于宗数占比，可见"零地价"出让更倾向于在较大面积的土地交易中发生。表3-7只是对公开数据的统计，实际上工业用地出让过程中，企业和政府常常达成私下协议，以各种名目将工业用地出让费用返还给企业，这种情况难以统计，因此上述结论倾向于低估零地价的比例。

表3-7 2005~2016年不同出方式出让的工业用地中"零地价"占比

工业用地出让	招标出让	挂牌出让	拍卖出让	协议出让	划拨	总计
出让宗数/宗	2 382.01	260 116.01	14 712.01	65 194.01	5 448.01	347 897
出让面积/万亩	13.04	1 553.18	74.41	333.1	75.15	2 049.22
零地价出让宗数/宗	40	3338	110	6 679	4 158	14 325
零地价出让面积/万亩	0.14	66.59	0.49	52.48	67.51	187.21
零地价出让宗数占比/%	1.68	1.28	0.75	10.24	76.32	4.12
零地价出让面积占比/%	1.07	4.29	0.66	15.76	89.83	9.14

资料来源：中国土地市场网

---

① 统计中"零地价"的定义为：单位面积出让价格低于当年全国工业用地出让价格平均值的1%。

为了抑制引资竞争导致的工业用地价格过低的问题，国土资源管理部门出台了一系列改革文件，现将其中最重要的文件列在表3-8中。

表3-8 国家关于工业用地改革的重要法律、法规、文件

时间	部门	名称	核心内容和影响
2004.10	国务院	《关于深化改革严格土地管理的决定》	首次明确将工业用地出让市场化改革提上日程
2004.11	国土资源部	《工业项目建设用地控制指标（试行）》	对不同等级土地的投资强度、容积率等规定了详细门槛。促进工业用地集约利用
2006.05	国土资源部	《招标拍卖挂牌出让国有土地使用权规范（试行）》	规定有竞争要求的工业用地适用于招拍挂的范围，正式开始推行工业用地招拍挂出让
2006.08	国务院	《关于加强土地调控有关问题的通知》	首次明确提出"工业用地必须采用招标拍卖挂牌方式出让，出让价格不得低于公布的最低价标准"
2006.12	国土资源部	《全国工业用地出让最低价标准》	将全国的工业用地划分为15个等级，制定了各个等级工业用地出让最低价
2007.03	十届全国人大五次会议	《物权法》	将工业用地必须招拍挂出让提升到国家法律层面
2007.04	国土资源部，监察部	《关于落实工业用地招标拍卖挂牌出让制度有关问题的通知》	重申工业用地出让必须招拍挂，并制定监察和查处相关土地违法的指导意见，加强行政问责力度
2009.05	国土资源部	《关于调整工业用地出让最低价标准实施政策的通知》	提出"优先发展产业"和中西部地区工业用地在招拍挂出让中可低于价格标准一定比例执行，以应对金融危机带来的经济形势恶化
2013.11	十八届三中全会	《中共中央关于全面深化改革若干重大问题的决定》	提出"建立有效调节工业用地和居住用地合理比价机制，提高工业用地价格"
2014.12	国务院	《关于清理规范税收等优惠政策的通知》	指出恶性引资竞争扰乱市场秩序、影响国家宏观调控政策效果，要求统一税收政策制定权限

表3-8中的一系列法律、法规、文件可以概括成三大类：①推进工业用地的市场化出让，即用招拍挂代替协议出让，从而减少政府的自由裁量权；②规定工业用地出让的最低价，守住价格底线；③规定投资强度、容积率、建筑系数等工业用地建设项目指标，提高投资质量。国家应对工业用地价格过低的基本思路，就是通过细化、完善法律政策以及加强监督问责来逐步切实达成上述三大目标。

理论上，市场化出让能够优化资源配置、提高国民经济效率，并减少不透明交易导致的腐败问题，很多人曾认为市场化是解决工业用地问题的最好出路[①]，亦有学者研究了市场化出让的具体效果，但相关研究结果并未形成一致共识。例如，

---

① 例如，张晏（2006）在《供地的又一场革命——工业用地招拍挂出让评述》一文中表示："到了除划拨用地，其他土地实现了招拍挂供地全覆盖的那一天，才是我们真正欢颜的时刻。"

赵爱栋等（2016）使用 2007~2013 年省级面板数据分析发现，市场化出让对提高工业用地利用效率有显著促进作用，但其文章中以出让价格来定义市场化程度，预先假定了"出让价格高出国家规定最低价越多即是市场化程度越深"，论证合理性有待商榷，高地价固然会迫使受让企业提高土地利用效率以弥补买地成本，但市场化却未必会提高地价。

我国工业用地市场化出让改革自 2006 年 8 月开始，至 2011 年基本完成，使用线性趋势分析法发现，2006 年之后工业用地和商住用地价格的偏离度[①]并未下降，反而呈现显著上升趋势（图 3-6），工业用地出让形势进一步恶化。发达城市和东部地区的偏离度明显大于全国平均水平，说明经济越发达城市工业用地出让价格与实际市场价格偏离程度越大，符合梁若冰和韩文博（2011）的研究结果：经济发展水平越高的地区，地方官员越有动力通过"以地换资"维持高经济增长率。由此可知，工业用地出让市场化改革虽然形式上取得成功，招拍挂出让已成为主流，但实际上并未完全解决工业用地价格过低以及由此带来的土地粗放利用、低水平重复建设等问题。

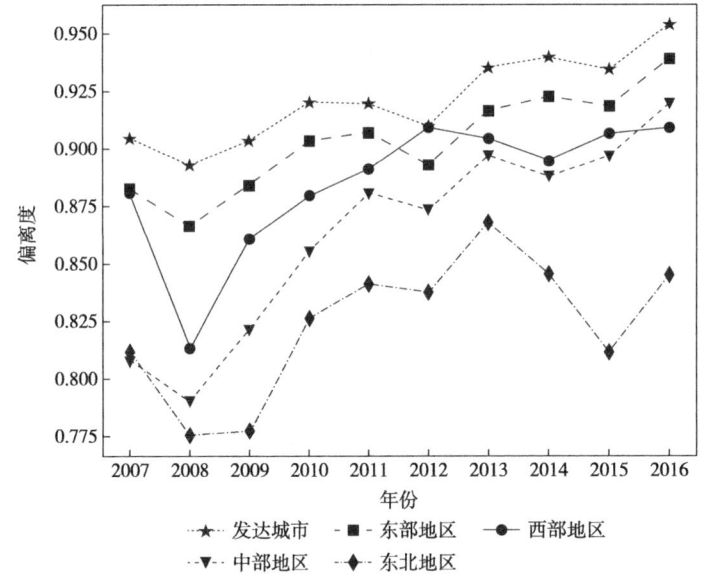

图 3-6 2007~2016 年工业用地价格与商住用地价格偏离度
资料来源：中国土地市场网

究其原因，市场化出让机制过于强调"价高者得"，而忽略了地方政府在土地出让过程中对于种种非价格因素的诉求，导致有些地方政府在执行招拍挂时存在

---

① 偏离度计算公式：（居住和商服用地价格 − 工业用地价格）/（居住和商服用地价格）。

流于形式的现象。

综上,中国工业用地市场的招拍挂出让机制长期以来面临两大困境:①市场碎片化和过度竞争导致市场失灵;②地方政府在出让过程中的偏好诉求缺乏合法表达空间。在这一局面下,提出一种新的视角,从双边博弈而非单边选择的角度来看待工业用地出让问题,便显得尤为迫切。

3.5 建设有中国特色的工业用地市场理论

通过前面的分析可知,工业企业区位选择和工业用地出让属于土地交易的一级市场且面临很多问题。一方面,从"区位"而言,工业用地出让供大于求,为招商引资,出现"区位"之间恶性竞争,部分地区出现招商难的问题。另一方面,从企业而言,企业需求具有个性化,企业区位选择面临着信息严重不对称等困难。然而,以往对工业用地市场交易的研究内容涉及工业用地供给制度、工业用地价格、工业用地使用效率等,研究多是单方面站在政府的立场,较少考量企业或者厂商对地方政府的匹配需求。工业用地市场不仅具有分散性、垄断性、策略行为等特征,而且是一个典型的双边匹配市场。因此,本书尝试研究设计中国工业用地的"中央清算所"或"集中撮合匹配中心",直接将企业与工业用地进行双边匹配,试图解决中国工业用地交易中存在的问题。

顶层的制度设计决定了我国工业用地市场的现行结构(图 3-7):供给方为地方政府(开发区),需求方是企业,截至 2007 年我国共有 33 万家规模以上工业企业,截至 2012 年我国共有 171 家国家级经济技术开发区(不含高新区)[①]。我们认为,在供给层面,基于微观视角,在同一行政辖区内,市场结构是垄断形态。地方政府对于工业用地使用权处在完全垄断地位,并以本地区生产总值最大化为最终利益目标。在需求层面,市场结构因企业定价权和话语权的不同而不同。中小企业由于实力较弱,在和地方政府的合作博弈中缺乏议价能力,所以属于完全竞争的市场结构。大型企业由于可以满足地方政府的招商引资需求,所以在土地市场的需求方中处在寡头地位。无论是大型企业还是中小企业均以自身利润最大化为最终利益目标。这种特殊的市场结构引致供给方与需求方利益结构扭曲,造成了我国工业用地市场不完美的现状。

---

① 数据来源:《中国开发区年鉴 2013》。

工业用地市场结构 {
　　供给方：地方政府——垄断竞争——生产总值最大化
　　交易制度：招拍挂及协议出让
　　需求方：企业——完全竞争——利益最大化
} ⟩ 利益结构扭曲

图 3-7　我国工业用地市场结构

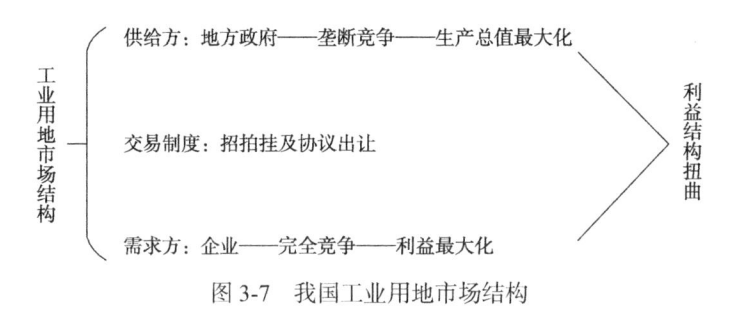

2012 年，Shapley 和 Roth 由于在稳定配置理论及市场设计实践上所做出的贡献而获得诺贝尔经济学奖，这使得基于双边匹配理论的市场设计学之声誉达到顶峰。双边匹配机制在国外的成功实践表明，这一机制擅长应对由分散化决策、过度竞争而引发的市场失灵，同时能够平等考虑参与市场交易的双方的意志。该机制能够通过集中清算达成市场的稳定匹配，亦可以弥补"招拍挂"的单边性缺陷，使得地方政府的利益诉求在工业用地出让过程中得到充分表达，或许能够成为破解工业用地"招拍挂"出让机制困境的有力手段。

3.5.1　需求方为中小企业的工业用地市场区位结构

在我国工业用地市场的现行体系中，基于微观视角，供给方是地方政府，在同一行政辖区内供给方处于垄断地位。但在需求方，由于企业规模和实力的异质性，受让工业用地使用权的企业分为中小企业和大型企业。这两类企业所处市场地位的不同直接导致了我国工业用地市场区位结构的变化。首先，我们分析土地需求方中小企业的情况。如图 3-8，纵轴 R 代表工业用地使用权出让价格，即地价；横轴 L 代表土地区位，离原点 O 越远，意味越远离市中心。土地的供给曲线 S_0、S_1、S_2，向右下方倾斜，原因是 $S' < 0, S'' < 0$，即离市中心越远，土地价格越便宜且边际效用递减。由于中小企业在和地方政府的合作博弈中缺乏话语权，在土地要素市场中处在完全竞争的位置，所以中小企业只能是土地价格的被动接受者，即土地需求曲线 d 为一条水平直线，等于地方政府给出的土地价格线 R。又因为在完全竞争市场中，企业的需求曲线与边际收益曲线重合，所以 $d = MR = R_\varepsilon$。MC 为企业的边际成本曲线，当 MC = MR 时，企业利润达到最大化，两线交点 ε 点为均衡点，对应的区位 L_ε 为该企业最佳区位。厂商选址在此处可以达到短期均衡。但是，由于中小企业是土地价格的被动接受者，地方政府在年度供地指标约束下，可以调整土地供给曲线至 S_0 或 S_2，从而使得企业被迫离开均衡区位 L_ε，迁至 L_0 或 L_2，虽然地价是 d 线与 S_0 或 S_2 曲线的交

点，依然为 R_ε，但企业已经偏离了它的均衡区位，从而影响到了企业的经营发展。这也是一些核心城市打着产业转型升级旗号"驱逐"非本地区主导产业的常用策略。

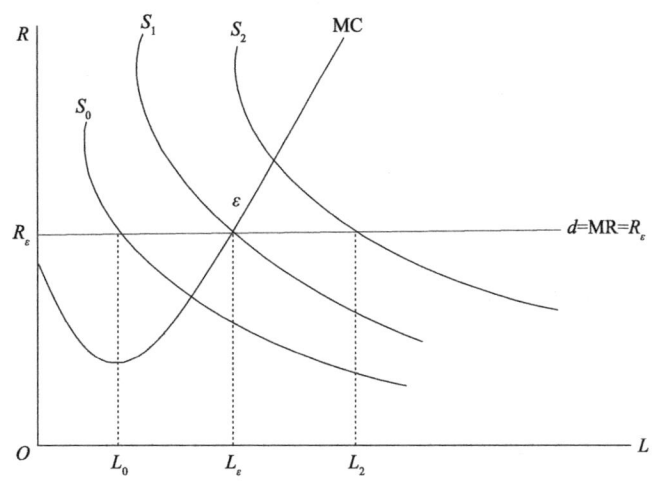

图 3-8　需求方为中小企业的工业用地市场区位结构

3.5.2　需求方为大型企业的工业用地市场区位结构

接下来，我们分析土地的需求方是大型企业的情况，如图 3-9。地方政府出于政绩考核的压力，给予大型企业，特别是具备垄断定价权的企业更多话语权。拥有较强议价能力的大型企业的需求曲线 d 不再是一条水平直线，而是向右下方倾斜，原因在于存在"冰山成本"；则 d 线与土地供给曲线 S_1 的切点 ε 所对应的区位 L_ε 为该企业最佳区位。厂商选址此处可达到短期均衡，因为 ε 点也同时是企业边际收益曲线 MR 与边际成本曲线 MC 的交点，原因在于垄断性企业在进行区位选择时必然会落在该点；否则，企业可以"用脚投票"，离开该地方政府所属辖区。为了获得更多税收、就业以及生产总值的快速增长，地方政府可能以招拍挂之名行协议出让之实，在与垄断性或大型企业的合作博弈过程中也不会随意调整土地供给曲线 S_1。综上所述，我国现行工业用地的市场结构并不合理。大型企业在要素市场中处在垄断地位，可以获得均衡区位；而中小企业则未必可以。

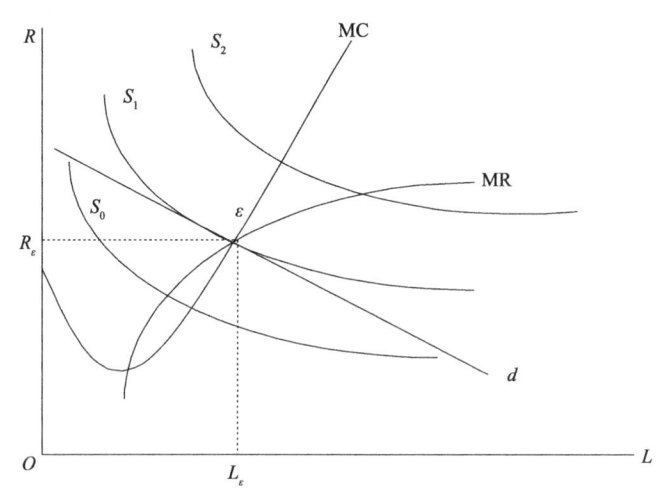

图 3-9 需求方为大型企业的工业用地市场区位结构

3.5.3 生态市场主义

市场经济就是在一系列规范和流程之中的"自由经济",我们称之为生态市场主义。从微观上讲,尽管对于每个企业、每种要素可以自由选择任何经济活动、任何区位、任何交易方式。但是,由于信息和技术等方面的刚性约束,每个企业至多选择一个或几个"有效生态区位";换言之,在一定技术经济条件下,市场主体只是竞争某一个生态位。我们把这种基于生态位的资源配置理论叫作生态市场主义。它是市场经济与结构主义的有机结合。从中央政府关于地方优惠政策的"放"和"收"两难抉择中可以看出,缺乏用生态市场主义思想,开展区位市场设计的政策路线,一收就"死",一放就"乱";而信息技术和现代规制工具为生态市场主义提供技术条件和政策手段。完全自由的市场经济并不存在,但政府也不能把每一个企业、每一个人都管住,而是基于生态市场主义思想,把国家制度基础设施(制约每个经济主体基本行为的制度、平台、标准)、国家治理体系和整个社会的分工体系设计好,然后让每个市场主体在基于生态位的前提下自由流动、自由竞争,使政府对国家宏观资源配置实现精准调控,让政府真正成为有为政府,让市场真正成为有效市场,使有为政府与有效市场有机统一。

就我国工业用地市场而言也是同理,依据生态市场主义理论,我们建议由省级政府搭建平台,在辖区内开发区招商引资过程中,通过将企业区位选择与开发区工业用地出让双边匹配的市场设计,规范工业用地出让行为,形成全国统一、规模效应、信息对称、开放有序的市场结构,培育中国特色的工业用地市场体系。

第 4 章 中国工业用地市场的特征事实：协调失灵的市场

受数据可得性限制，目前尚缺乏在全国尺度、基于地块交易数据对工业用地一级市场的总体出让趋势、空间分布特征、网络特征、出让制度特征等进行的定量刻画，学界对于工业用地一级市场的整体面貌仍缺乏量化的了解。因此，本章首先对现行的工业用地管理体制进行系统性梳理，总结工业用地利用各个核心环节的现行制度和决策模式，认为工业用地配置是"政企博弈"问题，而非"企业选址"问题。然后尝试使用空间基尼系数、标准差椭圆、核密度估计、网络分析等方法，从多个角度精细、定量地刻画 2007~2016 年我国工业用地出让市场的整体面貌、空间格局、空间集聚性、网络均衡性等特点，发现工业用地出让存在空间不均衡特征，工业用地交易网络存在"核心-边缘"特征，工业用地市场交易结构存在"局部垄断、全局竞争"特征。以此准确把握工业用地出让市场现状，为后续的理论分析和市场模拟模型奠定基础。

4.1 工业用地配置的"政企博弈"

4.1.1 建设用地权属：集体和国有二元结构

涉及我国土地权属相关的法律主要有《宪法》《中华人民共和国民法典》《土地管理法》等。《土地管理法》规定，我国土地全部为社会主义公有制，具体形式分为全民所有制和劳动群众集体所有制两种，即我国全部土地所有权分为集体所有和国家所有两类（图 4-1）。集体所有土地主要指农村土地，归农民集体所有，由村委会或乡（镇）政府代为管理。国家所有土地主要指城市市区土地，本质上是全民所有,由国务院代表全民行使所有权,实际上是各级地方政府代为管理并行使决策权[①]。我国的土地权属制度有很强的计划经济遗留痕迹,集体所有和国有的划分具有浓厚政治意义,土地所有权不能参与市场流通,也不能作为抵押。改革开放之后为了推进社会主义市场经济制度建设,国家从法律层面分离了土地所有权和使用权,土地使用权可以由政府有偿出让给私人组织,并可以参与市场活动,进行抵押、转让等市场操作。

国有建设用地的使用权必须经过有偿出让,才能划归个人或企业,而出让的唯一主体是地方政府,这就使得土地一级市场成为区域性的卖方市场。在《土地管理法》(第二次修正,2004年)法律框架下,农村集体建设用地只能用于本集体兴办的乡镇企业、农民宅基地和集体公共服务设施建设,不能进入市场流转,集体建设用地和国有建设用地是两个割裂的市场,集体土地只有通过征收转变为国有建设用地,才能进入市场流通[②],而征收的补偿标准依据该地块被征收前的产值而定,在国有建设用地价格不断走高的情况下,对农民集体所有土地的征收补偿较为低廉。我国自20世纪60年代以来,城市建成区不断扩张,地方政府通过土地整理调整城市土地利用结构,使城市边缘地带的集体用地不断转化为国有建设用地,全国范围内呈现出集体用地向国有建设用地单方向转化的趋势(蒋一军和罗明,2001;周建明,2009)。2019年,《土地管理法》(第三次修正)允许集体经营性建设用地入市。

4.1.2 建设用地计划利用:"多规协调"

由于土地利用中存在诸如粮食安全、生态平衡等外部性问题,市场主体在土地利用过程中可能存在较多短视行为,伤害国家长远利益和公共利益,且土地作为最重要的生产资料,其配置的公平性和有效性会极大地影响到国民福祉,因此世界上大多数国家对于土地资源配置都有或多或少的政府调节和干预,不会将其视为完全市场化的商品。在中国,尤其农村地区,土地除了作为生产要素之外,还在一定程度上发挥社会福利和社会保障功能,加之中国的土地公有属性,政府

---

① 《宪法》第十条明确规定,"城市的土地属于国家所有。农村和城市郊区的土地,除由法律规定属于国家所有的以外,属于集体所有;宅基地和自留地、自留山,也属于集体所有。国家为了公共利益的需要,可以依照法律规定对土地实行征收或者征用并给予补偿""土地的使用权可以依照法律的规定转让"。《土地管理法》规定,村集体、乡(镇)集体所有的土地,由村、乡(镇)集体经济组织经营、管理。农民集体所有土地由县级政府登记造册确认使用权。

② 《土地管理法》(第二次修正,2004年)第四十三条规定,"任何单位和个人进行建设,需要使用土地的,必须依法申请使用国有土地;但是,兴办乡镇企业和村民建设住宅经依法批准使用本集体经济组织农民集体所有的土地的,或者乡(镇)村公共设施和公益事业建设经依法批准使用农民集体所有的土地的除外"。

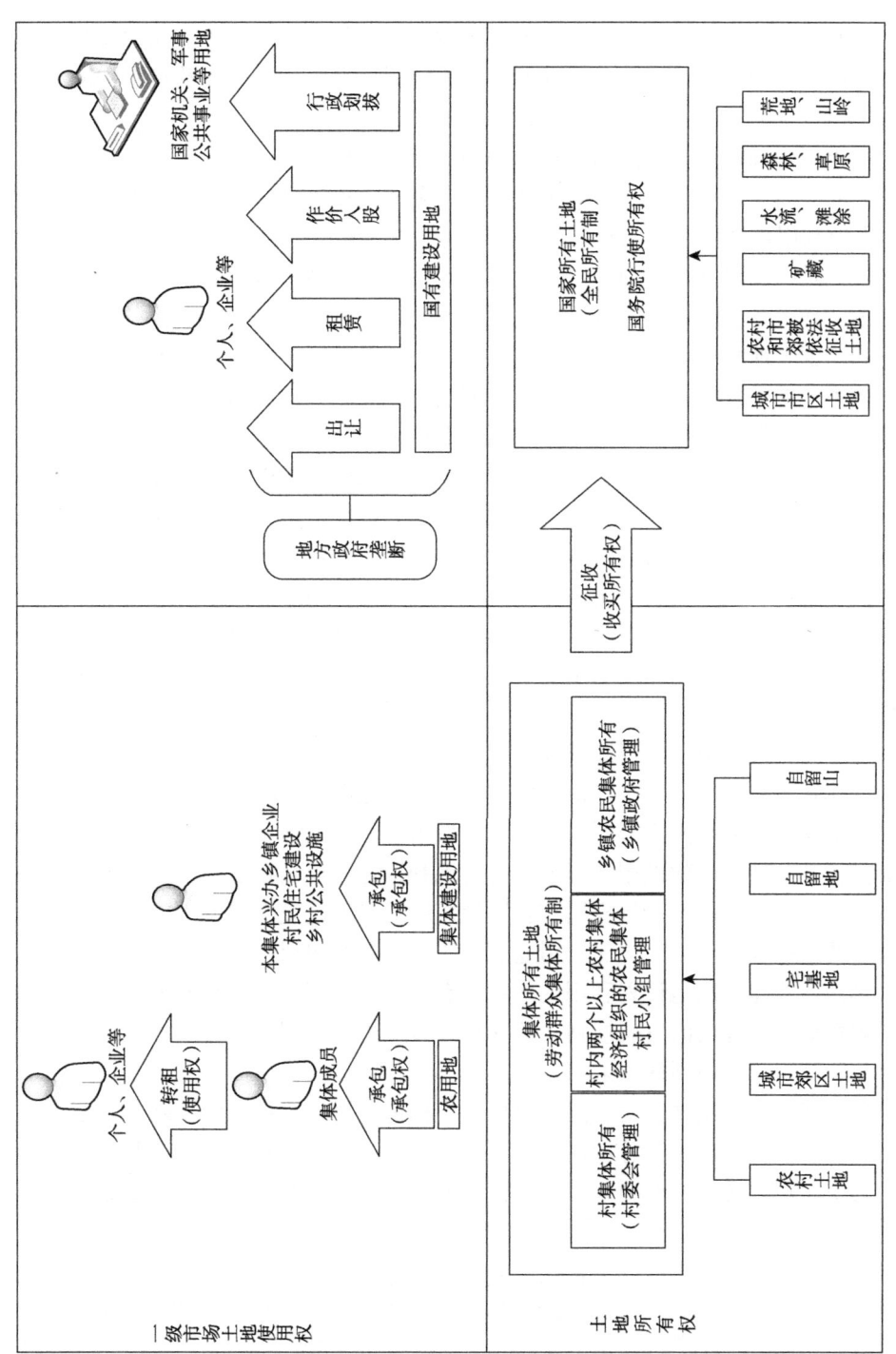

第4章 中国工业用地市场的特征事实：协调失灵的市场

图 4-1 建设用地权属示意图

在土地利用中发挥的作用更大。我国对建设用地的利用有严格的干预和管制,包括土地用途管制、建设用地空间管制、土地利用动态监测等,涉及建设用地利用的管理体系主要有国土规划、土地利用规划和城市总体规划。

国土规划确定不同区域国土资源利用的总体目标,对区域国土资源利用提出大的方向,而土地利用规划则对土地的开发利用等提出具体的实施措施和量化指标,土地利用规划要和国土规划相衔接(刘艳中和陈勇,2014)。中国现行的土地利用规划是一种限制性规划,出发点是保护耕地、提高土地利用效率,由国家、省、市、县、乡(镇)五级的土地利用总体规划(15年)、中期土地利用计划(5年)和年度土地利用计划构成(图4-2)。村一级目前并未纳入正式土地计划利用规则体系,但主管部门鼓励有条件的村编制土地利用计划。每一级的长期总体规划都会对土地利用总量、结构以及空间范围提出指令性指标,对土地战略提出指导性指标,并向下一级行政单位分解,下级单位根据上级单位长期总体规划的要求,结合本地区情况制订自己的长期总体规划[①]。各级建设用地供给在保证总量和结构约束的情况下,倾向性地照顾本地区重点产业和建设项目。土地利用总体规划从国家到乡(镇)逐层细化,乡(镇)级为土地利用总体规划的最低层次,要求精确确定每一块土地的用途,规划成果以规划图为主(《土地管理法》)。各级行政单位根据土地利用总体规划编制中期土地利用计划和年度土地利用计划,将总体规划中的各项任务分步骤具体执行。

土地利用规划由国土资源管理部门负责,城市总体规划由住建部门负责,两个规划体系各有侧重分工,但也有所重叠,部分地区将这两个部门合并为一个部门(如上海市规划和国土资源管理局[②])。城市总体规划涉及对城市建设用地的具体安排,其中涉及的建设用地规模要与土地利用总体规划相衔接,在土地利用总体规划确定的建设用地总量规模和新增规模以及允许建设空间范围内,城市总体规划需要进一步确定每一块建设用地的具体土地类型和利用方式。

其他涉及建设用地计划利用的体系还有交通发展规划、水利发展规划、旅游发展规划等不同部门的发展规划,这些规划涉及土地的部分都要满足土地利用总体规划和城市总体规划的约束。

虽然我国建设用地供给试图通过层层指标进行严格管理,但实际上规划约束力度有限,建设用地供给总量往往偏离目标甚远,这一来是因为土地利用计划编制的历史较短,规划的编制审批和执行细节以及监督惩处规定存在一定疏漏,导

[①] 《土地管理法》规定,各级人民政府需编制土地利用总体规划,下级土地利用总体规划应当依据上一级土地利用总体规划编制。土地利用总体规划实行分级审批。省、自治区、直辖市的土地利用总体规划,报国务院批准。省、自治区人民政府所在地的市、人口在一百万以上的城市以及国务院指定的城市的土地利用总体规划,经省、自治区人民政府审查同意后,报国务院批准。

[②] 2018年上海组建规划和自然资源局,不再保留规划和国土资源管理局。

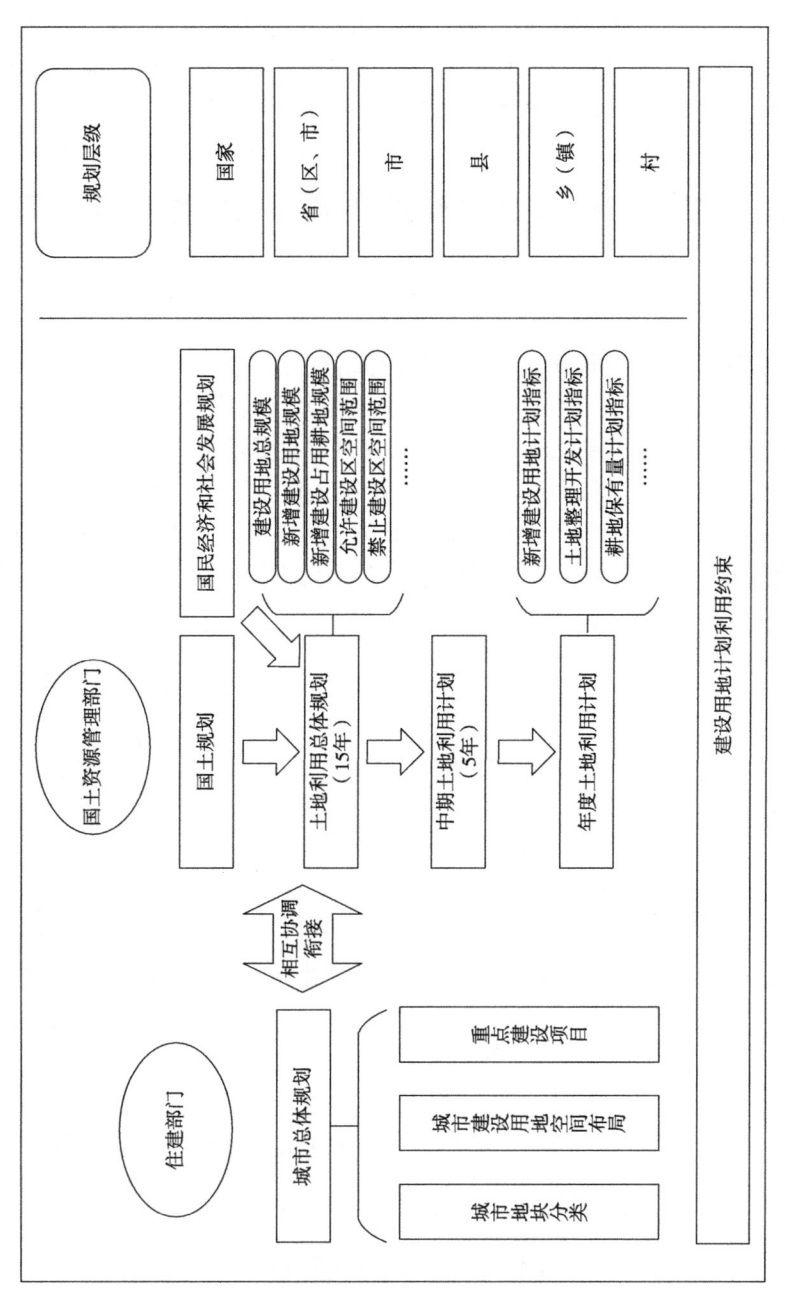

第4章 中国工业用地市场的特征事实：协调失灵的市场

图 4-2 建设用地计划利用

致难以严格按照规划指标层层执行，二来规划编制过程尚缺乏足够的科学性，自上而下的指标分解也往往不切合地区发展的实际需要，因此其权威程度大打折扣（王博，2016）。尤其是改革开放早期，各项规划和监督制度不甚健全，各地出于经济发展的需要盲目批准建设用地供给，建设用地总量飞速增长，随着相关立法和监督措施完善，近年来土地利用计划得到越来越严格的执行。

4.1.3 地方政府的土地操作逻辑："以地引资"与"以地生财"

地方政府以远低于建设用地市场价格的标准征收集体用地，这些经由廉价征收获取的建设用地加上从市场收购或回收的已出让/已划拨存量建设用地，构成了地方政府的土地储备（宋涛，2015）。由于工业具有投资量大、就业容量大等特点，地方政府为了谋求投资，拉动经济和就业、凝聚人口、促进本地商业服务业发展，往往以非常低廉的价格出让工业用地，同时为了获得财政收入而以高价出让商服和居住用地，形成了"廉价征收，分割出让"的土地市场操作逻辑（陶然等，2009）（图 4-3）。

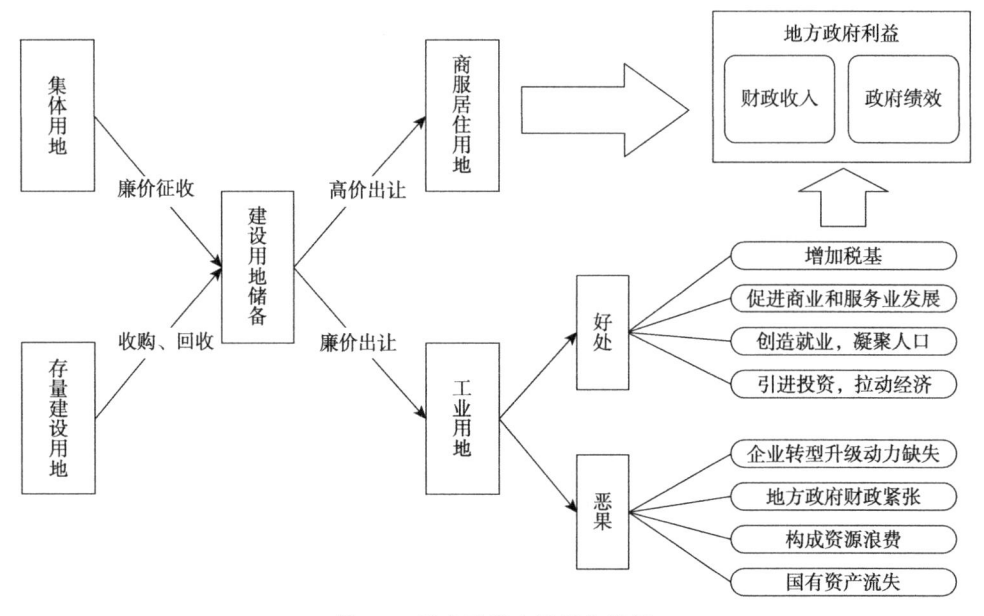

图 4-3 地方政府土地操作逻辑

4.1.4 "分层管理"的建设用地供给决策体系

我国的城市建设用地供给为"分层管理"模式（图4-4），即中央和省级政府根据宏观经济运行状况进行总量和结构调控，市县级政府作为出让主体亦有相当大的自主支配权，国家的经济政策和土地政策以及各级政府意志之间的互相博弈共同决定了建设用地的供给规模和供给结构（曲波，2011）。

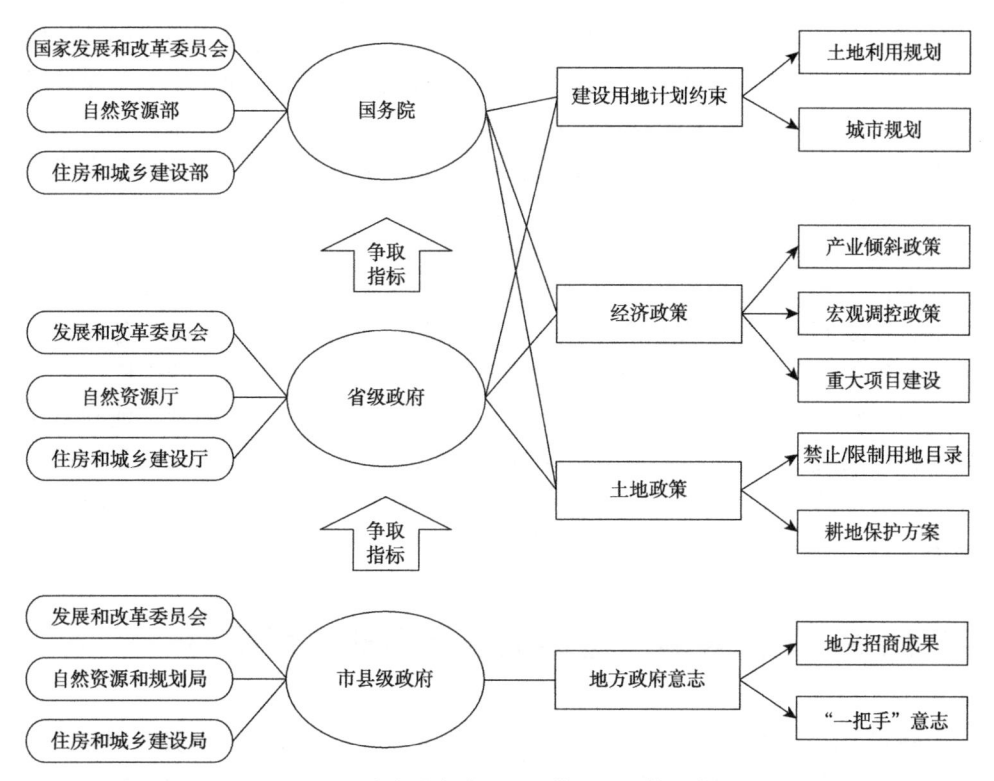

图 4-4 决定城市建设用地供给的具体因素

建设用地出让首先要满足土地利用规划对建设用地规模的约束，其次要满足住建部门对城市内部不同土地类型的具体分配要求，在出让具体地块时，建设项目的审批还要考虑《限制用地项目目录》《禁止用地项目目录》《产业结构调整指导目录》[①]等规定，对某些项目和产业加以倾斜或限制，建设用地的用地审批权基本上由各级发展和改革委员会、自然资源部门、住建部门掌握。

---

① 经济政策会影响到土地供给，按照《产业结构调整指导目录》，凡采用明令淘汰的落后工艺技术、装备或者生产明令淘汰产品的建设项目，各级国土资源主管部门和投资管理部门一律不得办理相关手续。

编制土地利用年度计划时，各级行政单位先自下而上提出建议计划，层层汇总之后由自然资源部和国家发展改革委参考各省建议制订全国土地利用年度计划，提出各项总量指标和结构指标，由国务院批准、全国人民代表大会审议通过之后下达各地执行，各级自然资源管理部门将上级下达的年度计划指标分解，制订本级年度计划。各级自然资源管理部门的建议会对最终的年度计划产生相当大的影响，但整个土地利用规划的决策体系本质上是自上而下的集中决策，重在制约和控制。

城市总体规划的编制并不涉及上级指标的约束，各个城市结合自身的具体情况，按照市场经济客观规律提出发展目标，并报上级主管部门批准，只要建设用地的总量和增量规模以及建设空间范围满足土地利用总体规划的约束，在具体建设用地类型决策方面，各个城市拥有较大自主权，上级住建部门也会对城市建设用地结构做出一定的要求。

各级发展和改革委员会、自然资源和住建主管部门虽然实现了部分职能垂直管理，但土地资源作为地方经济最重要的生产要素投入，其配置决策权必然在很大程度上体现出地方政府意志，实际上城市建设用地规模已成为各项规划编制过程中地方政府和上级审批部门之间博弈的主要焦点，最终的规模指标在多方博弈和妥协中产生。作为土地出让主体的市县级政府，在编制土地利用规划和城市规划，以及决定具体地块如何出让时，"一把手"的意志往往起决定性作用，而市县级政府招商的力度和招商成果也是决定建设用地出让情况的重要因素。

4.1.5 国际经验：土地天然拥有非市场属性

随着人口增加和城市扩张，土地日渐成为稀缺资源，由于土地具有明显区别于一般商品的特定属性，包括数量固定、区位特定以及对周围土地有强烈外部性等，因此世界上绝大多数国家/地区都对城市土地施以较强的管制，而不会实行完全的市场化（Buurman et al., 2001）。

（1）日本施行土地私有制度，但其土地的利用要遵循自上而下编制的国土利用计划，由国土交通省统一管理全国土地，对土地交易进行严格的控制，包括：敏感地域交易实地调查，监督交易去向；划定闲置地，实行许可证制度；审查土地交易，劝告和强制叫停违规交易；发布土地基准价格，严格管理地价；严格控制城市建设用地供应量，鼓励建设高层住宅，鼓励充分利用土地资源（罗永泰和赵艳华，2010）。

（2）美国整体上实行彻底的市场经济，私人所有土地占全国土地的6成左右，联邦政府的内政部下设土地管理局负责土地管理事务，其特点为：严格控制城市规模，对城市建筑许可进行总量控制，对工业和商业用地制定单位用地限额标准，整体上比较注重市场在土地资源配置中的作用。

（3）英国土地名义上为英王或国家所有，实际上私人和公共部门拥有土地的永久占有权和使用权。英国没有统一的土地管理部门，但拥有完善的土地登记制度和强力的土地规划约束，任何土地上的开发行为都要向地方规划主管部门申请许可证，主管部门则根据相关政策和公共利益等考量决定是否发出许可证，且开发过程有完善的制度保证民意充分参与监督和决策。

（4）新加坡曾经的工业用地成本高企问题一度成为其国民经济发展的重大威胁，在相当长的一段时间内，新加坡政府将"保障工业用地在企业可承受成本条件下充分供应"作为基本国策推行，政府垄断工业用地供应权。通过赋予政府强制征地的法律地位而保证廉价土地来源，进而保证充分的工业用地供应，最终成功稳定了工业用地价格（陈立定，2007）。

由上述分析可知，在全世界范围内，城市建设用地供给都受到政府的强力监管和约束，任何建设用地的配置都不可能完全由价格因素决定。在中国土地产权全民所有的环境下，更难以将工业用地视为普通商品，让价格发挥完全作用。

4.1.6 小结

工业用地的配置和开发并非简单的"工业企业区位选择"问题，而是企业意志和政府意志的博弈问题。无论是工业用地的权属界定，还是计划利用体系，乃至具体到某一块工业用地的出让，政府意志都发挥着强大作用。中国的工业用地二级市场空间非常狭窄，一级市场成为工业用地交易的主要市场。作为工业用地一级市场的垄断供给者，地方政府在出让工业用地时往往要通盘考虑城市规划、环境保护、本地产业战略、就业带动性等一系列因素，从而选择合适的出让对象，其内涵丰富程度远非"价高者得"可以概括。以往对于工业用地的讨论往往从商品市场的原则出发，实际上轻视了地方政府作为土地代理人发挥的重要作用。基于此，纯粹的价格原则并不能很好地适应土地市场特性，而类似于美国NRMP所采取的基于双边匹配的集中清算机制，则有利于工业用地出让中的政府意志进行制度化表达。

4.2 工业用地出让空间的不均衡特征

4.2.1 工业用地市场的空间不均衡性

工业用地市场空间格局的研究方法为标准差椭圆（standard deviation ellipse，SDE），该方法由 Lefever 在 1926 年提出，能够从中心性、展布性、方向性、密集性、空间形态等多个方面较为精确全面地定量揭示地理要素在二维空间中的分布特征，目前已在社会科学的各个领域得到广泛应用（Gong，2002；赵作权，2014；赵璐和赵作权，2014）。该方法针对一组空间点要素计算空间分布椭圆，椭圆的中心为要素空间分布的算数平均中心，椭圆的方位角和轴长根据空间要素在 X 方向和 Y 方向的标准差确定。主要计算公式如下：

$$\text{SDE}_x = \frac{\sum_{i=1}^{n} w_i x_i}{\sum_{i}^{n} w_i} \ ; \ \text{SDE}_y = \frac{\sum_{i=1}^{n} w_i y_i}{\sum_{i=1}^{n} w_i} \tag{4-1}$$

$$\tan\theta = \frac{\left(\sum_{i=1}^{n} w_i^2 \tilde{x}_i^2 - \sum_{i=1}^{n} w_i^2 \tilde{y}_i^2\right) + \sqrt{\left(\sum_{i=1}^{n} w_i^2 \tilde{x}_i^2 - \sum_{i=1}^{n} w_i^2 \tilde{y}_i^2\right)^2 + 4\left(\sum_{i=1}^{n} w_i^2 \tilde{x}_i \tilde{y}_i\right)^2}}{2\sum_{i=1}^{n} w_i^2 \tilde{x}_i \tilde{y}_i} \tag{4-2}$$

$$\sigma_x = \sqrt{2} \sqrt{\frac{\sum_{i=1}^{n}\left(w_i \tilde{x}_i \cos\theta - w_i \tilde{y}_i \sin\theta\right)^2}{\sum_{i=1}^{n} w_i^2}} \tag{4-3}$$

$$\sigma_y = \sqrt{2} \sqrt{\frac{\sum_{i=1}^{n}\left(w_i \tilde{x}_i \sin\theta - w_i \tilde{y}_i \cos\theta\right)^2}{\sum_{i=1}^{n} w_i^2}} \tag{4-4}$$

其中，$\left(\text{SDE}_x, \text{SDE}_y\right)$ 表示椭圆中心坐标；θ 表示方位角，表示从正北方向顺时针旋转到椭圆长轴所形成的夹角；σ_x 和 σ_y 分别表示 x 轴和 y 轴标准差；$\left(x_i, y_i\right)$ 表示空间要素的坐标；$\tilde{x}_i$、$\tilde{y}_i$ 表示空间元素到椭圆中心的坐标偏差；w_i 表示权重。

第4章 中国工业用地市场的特征事实：协调失灵的市场

椭圆的中心点刻画了要素分布的中心性，长轴、短轴及方位角刻画了要素分布的展布性与方位，要素之和与椭圆面积之比刻画了要素分布的密集性（赵作权，2014）。通过分析椭圆各个指标的逐年变化，可以探查近年来工业用地出让的整体格局变迁。

1. "东南重、西北轻"的空间格局

将2007~2016年全国33.4万宗工业用地出让信息按照经纬度导入ArcGIS中成为点数据，以宗地面积为权重计算2007~2016年工业用地出让标准差椭圆，主要参数见表4-1：工业用地出让的空间格局在2007~2010年无明显变化，保持半短轴约950km、半长轴约1260km、方位角约35度，椭圆长轴与胡焕庸线近似平行，为"东北-西南"走向，椭圆主要覆盖范围在胡焕庸线东南方，以东部地区和中部地区为主，与人口和经济活动的空间分布格局基本吻合（王彦博等，2018b；赵璐和赵作权，2014）。

表4-1 2007~2016年中国工业用地出让标准差椭圆主要参数

年份	中心点坐标	半短轴/km	半长轴/km	方位角/度	密集指数	中心所在城市
2007	115.06° E, 33.05° N	915.9	1289.8	26.7	3.0	阜阳市
2008	115.02° E, 34.02° N	981.4	1295.9	32.0	2.4	周口市
2009	115.09° E, 34.24° N	963.0	1254.8	39.7	2.9	商丘市
2010	115.13° E, 33.73° N	1023.0	1242.6	41.7	3.7	周口市
2011	113.03° E, 34.40° N	1493.1	1174.1	93.5	3.4	郑州市
2012	111.98° E, 34.35° N	1667.4	1138.4	103.3	3.1	洛阳市
2013	112.85° E, 34.29° N	1522.8	1167.7	99.8	3.1	平顶山市
2014	112.48° E, 34.04° N	1539.7	1153.2	101.9	2.2	洛阳市
2015	112.64° E, 33.55° N	1466.4	1128.0	101.8	1.7	南阳市
2016	112.51° E, 33.35° N	1494.4	1112.2	110.0	1.4	南阳市
2007~2010	115.08° E, 33.75° N	980.2	1266.8	34.3	11.9	周口市
2011~2013	112.71° E, 34.35° N	1564.4	1162.5	99.7	9.6	洛阳市
2014~2016	112.54° E, 33.71° N	1504.8	1138.1	104.0	5.3	平顶山市

注：密集指数=（工业用地出让面积/标准差椭圆面积）×10 000

2. 出让重心西扩趋势

2011年之后（进入"十二五"后）工业用地出让的空间格局发生突变：椭圆展布范围大幅向西扩展，半短轴显著增长，长轴方向由近似平行于胡焕庸线变为近似垂直于胡焕庸线；2007～2010年工业用地出让的全国平均中心主要分布在河南省东部周口、商丘等地，在东西方向几乎没有变化，在南北方向上移动也并无规律；2011年之后椭圆中心大幅向西移动，主要在河南省西部南阳、平顶山、洛阳等地，且逐年向南移动（王彦博等，2018b）。

采用线性趋势分析法发现，密集指数在2008～2010年以5%水平显著上升，2011～2016年则以1%水平显著下降，这与工业用地出让总面积的变化模式基本吻合。值得一提的是，2011～2013年出让总面积为2007～2010年的1.19倍，但密集指数却仅为0.81倍，即2011年之后工业用地出让朝"大范围、低密度"方向发展（王彦博等，2018b）。

分区域绘制各阶段的标准差椭圆，发现2011年后，中部和东部地区展布范围只在南北方向上略有收缩，东北地区则略微向东北方向扩展，而西部地区的展布范围和重心皆大幅向西北移动，由此可知2011年之后全国格局变化主要由西部地区变化引起。

3. 格局形成机理

综上可知，我国工业用地出让空间格局不均衡：在全国尺度具备"东南重、西北轻"的格局；中国工业用地出让热点集中在华北平原、长江中下游平原以及南方沿海城市，2011年之后出让重心西移，这一格局及其变化主要有如下几点原因。

（1）历史依赖：20世纪80年代开始设立的4个经济特区和14个沿海开放城市作为内陆与外部世界贸易的地理承载，由于临近国际市场，以及外资税收减免、以土地换股权等政策的推行，其工业部门获得率先发展的历史机遇，完成了资本和人才积累，路径依赖使这些地区的工业部门至今仍保持优势和活跃，并不断辐射带动周边工业发展（王彦博等，2018b；文玫，2004）。

（2）区域比较优势改变：随着中国经济发展，近年来东部发达地区土地价格、平均工资、租金等各方面成本不断上升，加之"承接产业转移示范区""内陆自贸区"等内陆优惠政策削弱了沿海地区政策优势，促使技术和资本依赖性较弱的工业企业不断从东部沿海向内陆迁移，华北平原和长江中下游平原部分次发达地区由于交通便利、劳动力丰富、存在区域性经济优势等，自然成为承接移出产业的主力,形成了工业用地出让热点(王彦博等,2018b;胡安俊和孙久文,2014)。

(3)土地资源约束:东部发达地区土地开发强度较大,近年来新增用地资源趋紧,地方政府亦不再盲目出让工业用地,导致其工业用地可获得性急剧下降,而中部和西部地区土地资源相对充足,有形成新出让热点的资源余量(王彦博等,2018b;黄志基和贺灿飞,2017)。

(4)区域政策推动:在东部地区实现率先发展之后,我国区域经济战略越来越强调区域间均衡。国家在"十二五"期间大力支持成渝经济区、关中-天水经济区、北部湾等西部地区的发展。"十二五"期间国家先后批准建立了甘肃兰州、陕西西咸、贵州贵安、四川天府等一批国家级新区以及宁夏、贵州内陆开放型经济试验区,新开工建设了127项西部大开发重点工程,并推动西部地区建设能源、资源深加工、装备制造业和战略性新兴产业基地[①]。这些政策支持既加大了西部工业用地供给力度,又刺激了相关企业在西部落地的需求,供需两方面原因共同导致2011年之后西部地区工业用地出让新热点的出现,推动SDE展布范围扩大、方向角改变、中心向西移动(王彦博等,2018b)。

总之,我国工业用地出让空间格局不均衡,在全国尺度具备"东南重、西北轻"的格局;进入"十二五"之后,工业用地利用更加节约,不均衡格局显著改善,SDE展布范围西扩、中心向西移动,全国出让格局明显趋于均衡化,由"东北-西南"走向变为"东南-西北"走向(王彦博等,2018b)。

4.2.2 工业用地出让的空间集聚特性

工业用地出让的研究方法为核密度估计法。为了避免参数估计中必须引入先验知识可能导致的偏误,Rosenblat(1956)提出了核密度估计方法,Parzen(1962)对该方法进行了完善。核密度估计是一种非参数估计方法,不需要先验假设,完全从数据本身出发,从一组采样点重建概率密度函数,其最初目的在于根据观测值获得单变量或多变量的平滑估计(Silverman,1984)。本书使用ArcGIS进行核密度估计,估计某一点 x 处密度的具体公式为

$$f_n(x) = \frac{1}{nh}\sum_{i=1}^{n}k\left(\frac{x-x_i}{h}\right) \qquad (4\text{-}5)$$

[①] 详见《财经界》文章,《国家发展改革委负责人就〈西部大开发"十三五"规划〉答记者问》。

其中，x_i 表示样本点坐标；h 表示带宽；$k(\cdot)$ 表示核函数，通常选取以 0 为中心的对称单峰概率密度函数作为核函数。通过估计工业用地出让的密度函数并绘制灰度图，可以观察不同时期出让热点的分布位置、范围及移动情况，从而对工业用地出让的空间不均衡性及格局变迁有直观清晰的认识。

1. 整体空间集聚性

东部地区工业用地出让总面积占全国的比例较大（表4-2），2007~2010年维持在44%左右，2011年之后维持在36%左右，2011年之后东部和东北地区出让面积占比较之前大幅下降，中部、西部出让面积占比较之前上升，工业用地出让重心向中西部地区偏移（王彦博等，2018b）。采用线性趋势分析法发现2011年后东北地区和东部地区出让每一宗地的平均面积以 1%置信水平呈显著下降趋势，即出让地块趋于碎片化（王彦博等，2018b）。2007~2010年、2011~2013年、2014~2016年三阶段全国区县出让面积的 Moran's I 分别为 0.37、0.30、0.31，皆在1%置信水平显著，说明我国工业用地出让有明显的空间集聚性（王彦博等，2018b）。

表4-2　2007~2016年各地区工业用地出让面积和宗数统计

项目	地区	2007年	2008年	2009年	2010年	2011年	2012年	2013年	2014年	2015年	2016年
出让面积/公顷	东北	10 559	8 575	11 141	13 314	18 597	12 170	13 270	8 447	4 931	3 182
	东部	46 468	36 993	45 535	60 476	60 625	61 477	57 660	39 748	30 221	26 034
	中部	27 469	23 575	22 374	32 955	43 945	41 685	42 838	31 688	20 903	15 872
	西部	19 828	18 006	24 086	29 257	49 339	56 606	48 262	36 044	24 016	20 880
	全国	104 324	87 149	103 136	136 002	172 506	171 938	162 030	115 927	80 072	65 968
出让数量/宗	东北	2 687	2 436	2 558	3 551	4 544	3 273	3 471	2 666	1 520	1 077
	东部	13 978	9 036	13 193	17 378	17 961	19 038	19 604	15 102	12 013	9 806
	中部	6 906	5 560	5 115	7 411	9 771	11 617	11 052	8 767	6 424	4 469
	西部	4 403	3 483	4 239	5 473	7 716	8 146	8 278	6 683	4 689	3 614
	全国	27 974	20 515	25 105	33 813	39 992	42 074	42 405	33 218	24 646	18 966

2. 多核心集聚式分布模式

对全部33.4万宗出让数据分阶段进行核密度估计，以宗地面积为权重，带宽取 ArcGIS 默认值 164.5km（大约为一个地级市的空间范围）。随后，将不同阶段核密度值相减以观察阶段变化情况。发现中国工业用地出让呈现多核心集聚分布模式，2007~2010 年全国共形成 9 大主要出让热点，分别为天津周边地区、长三角地区、珠三角地区、成渝经济区、长江中游城市群、鲁中西地区、皖江城市带、郑州周边地区、沈阳经济区，除此之外还有宁夏北部、吉林中部、闽三角等零星次热点地区，各热点以区域经济龙头城市为核心，出让密度由内向外圈层式递减[1]；2011~2013 年东部除江苏和山东部分地区出让密度显著提高外，其余热点如天津、长三角、珠三角出让密度皆有所降低，而中部和西部大片区域出让密度提高，尤其以河南、湖北、贵州、甘肃及新疆西北部地区最为显著，这一阶段甘肃中西部、宁夏北部、新疆西北部多个城市形成了新的出让热点，其受让方以煤炭、石油等资源的开采、加工及相关装备制造类企业为主；2014~2016 年少有新的出让热点形成，整体出让密度大幅降低，尤其以东部地区降幅最大，天津、沈阳等热点范围缩小，郑州、武汉、重庆、银川等热点范围有所扩张；2011 年之后东部和中部地区层次差异减小，工业用地出让呈现绵延融合趋势（王彦博等，2018b）。

总之，我国工业用地出让在区域尺度呈现出多核心集聚分布特征，全国形成 9 大主要出让热点，各热点出让密度以区域经济龙头城市为核心向外圈层式递减。2011 年之后中西部地区格局改变较大，东部和东北地区则相对稳定（王彦博等，2018b）。

4.3 工业用地市场交易网络的"核心-边缘"特征

4.3.1 工业用地供需的本地性

将中国土地市场网上公示的 2007~2016 年全部商服用地、居住用地和工业用地记录中受让方为企业（非个人）的记录抽取出来，通过企业名称中的省、市信息确认受让企业所在地，企业名称中没有省市信息的则尝试与全国经济普

---

[1] 例如，珠三角地区以广州和深圳为核心，长江中游城市群以武汉为核心。

查数据[①]中的企业数据库比对,从而查询这些受让企业所在省市。最终数据包括商服、住宅、工业三类建设用地每一宗地出让的省市和每一宗地受让企业所在省市,结果如表4-3所示。表4-3中"跨省购地"的情况是指出让省份和受让企业所在省份不属于同一省份的情况,"跨市购地"是指出让城市和受让城市不属于同一城市的情况。

表4-3 国有建设用地跨省市出让情况

项目	工业用地	商服用地	居住用地
数据总量/宗	334 044	219 522	648 921
受让方为企业/宗	277 030	120 950	201 078
跨省购地/宗	1 867	1 849	3 717
跨市购地/宗	4 196	5 651	9 011
跨省比例/%	0.69	1.57	1.88
跨市比例/%	2.02	5.68	5.44

居住用地的出让宗数远远大于工业用地和商服用地,但居住用地中涉及大量私人住宅建设,因此受让方为企业的比例很低,只占全部出让宗地的约30%,商服用地的受让方中企业的比例为约55%,工业用地受让方企业比例则接近83%。由于部分企业名称中不包含所在省市信息,也无法在第二次全国经济普查数据库中查到,因此部分宗地的受让企业无法确认其归属地。三种类型的土地中,能够确认受让企业所属省份的比例皆达到97%以上,能够确认受让企业所属城市的比例分别为:工业用地,75.2%;商服用地,82.3%;居住用地,82.4%。总体来看,缺失数据较少,可以反映土地出让的基本情况。

很显然,无论是何种土地类型,跨省和跨市购地的比率都非常小,绝大多数土地都是出让给本市、本省企业。异地购地比例最高的居住用地,跨省和跨市购地比例也仅有1.88%和5.44%,而异地购地最少的工业用地,其跨省和跨市比例则分别只有0.69%和2.02%,可见土地市场仍然以本地市场为主,市场分割非常明显,一个企业进行异地购地面临极大的困难。三种土地类型中,工业用地的异地购地比例最低,这很可能是因为工业建设项目本身就是各地政府争相抢夺的对象,工业建设项目的本地保护和地方限制比商业和居住建设项目更加严苛。

---

① 由于数据可得性的限制,此处使用的经济普查数据主要为第二次全国经济普查数据。

4.3.2 省域间出让网络的"核心-边缘"特性

为了度量 B 区域所属企业到 A 地区购地的强度,定义区域间出让强度指数:

$$S_{AB} = \sqrt{area_{AB} \times num_{AB}} \quad (4\text{-}6)$$

其中,$area_{AB}$ 表示 A 区域出让给 B 区域企业的土地面积;num_{AB} 表示 A 区域出让给 B 区域企业的土地宗数。面积和宗数的综合考虑,可以避免单独使用出让面积衡量时部分地块过大,以及单独使用出让宗数衡量时部分地块过小所带来的数据偏差。

同样,为了度量 A 区域整体对外部区域的出让强度,定义 A 区域的综合外向度:

$$Out_A = \sqrt{area_A \times num_A} \quad (4\text{-}7)$$

其中,$area_A$ 表示 A 区域出让给所有其他区域企业的土地面积;num_A 表示 A 区域出让给所有其他区域企业的土地宗数。

统计各省区市之间的出让强度指数,生成二维出让强度矩阵,详情见表A-1。由于篇幅所限,只将工业用地的省域间出让强度指数矩阵编入附表展示,商业和居住用地原始数据不做展示。

根据省域间出让强度矩阵,分别为工业用地、居住用地和商服用地构建带权有向图(weighted directed graph),每一个顶点(vertex)对应一个省(区、市),每一对顶点 (V_i, V_j) 之间有一条弧 $\langle V_i, V_j \rangle$,该弧的权值(weight)即为 V_i 到 V_j 的出让强度指数 S_{ij}。

三种土地类型的省域间出让网络皆呈现出明显的核心-边缘结构,整体上珠三角、长三角、京津冀地区处于网络核心,中部地区形成零星次核心,西部地区处于网络边缘。使用 UCINET 中的 Categorical 工具估计三个网络的核心-边缘结构,结果见表4-4。

表4-4 省域间土地出让网络核心-边缘结构估计结果

土地类型	核心区域	校正后的拟合度
商服用地	安徽,江苏,浙江,上海,北京,广东	0.598
居住用地	江苏,浙江,上海	0.527
工业用地	上海,山东,北京,安徽,河南,广东,湖北	0.484

商服用地的核心-边缘估计拟合度最高,其网络最不均衡,整个网络重心集中在东部经济发达地区,中西部地区除了河南与四川形成了局部次核心点之外,

其余省区市的对外联系皆比较弱，在网络中处于从属地位；与商服用地相比，居住用地省域间出让网络明显更为均衡，其核心-边缘估计的拟合度也较商服用地略低，除了东部发达省市中心性明显之外，四川、陕西、河南、湖北等多地都呈现出局部中心的特点；工业用地网络的均衡度最高，网络联系密度也最高，核心-边缘估计的拟合度低于商服和居住用地，在东部、中部、东北、西部地区都形成了各自的局部中心点，各中心点之间有较为紧密的联系（王彦博和沈体雁，2018）。

工业用地网络分布比商服用地和居住用地更加均衡化、分散化，这在很大程度上是由于工业企业与商服和住宅开发类企业的区位流动性不同。工业企业，尤其是对特定要素不敏感的中低端工业企业，缺乏区位特质（location non-specificity）。这类企业对于区位没有个性化的需求，区位流动性较高。原因在于：就产出品来说，相对于商业和服务业来说，工业产品往往是较为标准的可贸易产品（tradable goods），其目标消费者并不特定于本地人群；就工业企业的投入要素来说，目前中低端制造业为主流的中国工业部门并不需要特殊的人才和技术，因此往往对特定于区域的要素并不敏感，较容易进行区位调整，可以在全国范围内寻找成本最低的地方进行生产（陶然等，2009）。

按照式（4-7）的定义，分别针对居住用地、商服用地、工业用地三种土地类型统计各省区市的综合外向度，结果见附表（表 A-2，表 A-3，表 A-4），将各省区市的土地出让综合外向度从大到小排列，并绘制成折线图（图 4-5）。可以看出，居住用地整体上出让外向度高于商服用地和工业用地，商服用地和居住用地的各省区市出让外向度序列形成了较为明显的梯队，江苏、浙江、安徽、河北为第一梯队，与第二梯队差距明显，而工业用地各省区市出让外向度序列则并未形成明显梯队，序列走势较为平缓。

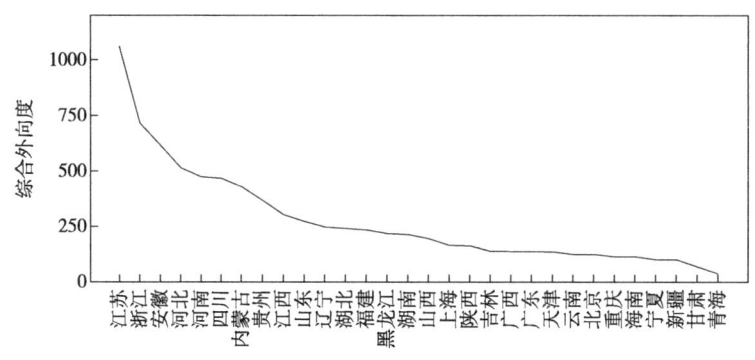

(a) 各省区市居住用地综合外向度

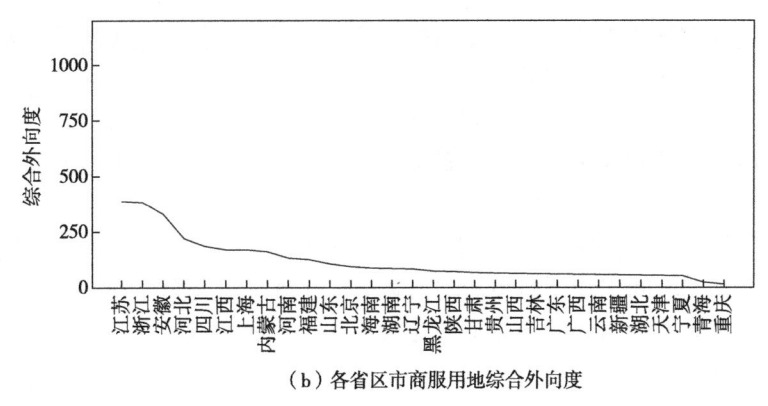

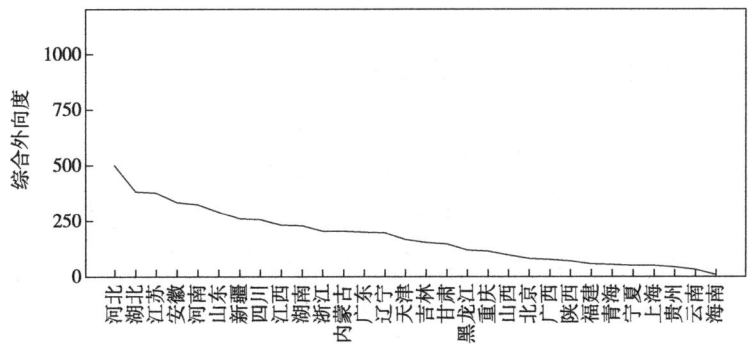

第4章 中国工业用地市场的特征事实：协调失灵的市场

（b）各省区市商服用地综合外向度

（c）各省区市工业用地综合外向度

图 4-5 各省区市土地出让综合外向度
不含西藏数据

为度量不同土地类型综合外向度序列的差异，定义 A 序列和 B 序列的"序列差异指数"：

$$\text{diff}_{A\&B} = \sum_{i=1}^{n} |\text{Order}(A_i) - \text{Order}(B_i)| \tag{4-8}$$

其中，$\text{Order}(A_i)$ 表示 A 序列中第 i 个省区市在序列中的排名；$\text{Order}(B_i)$ 表示 B 序列中第 i 个省区市在其序列中的排名。对于任意 i 都有 $A_i = B_i$。$\text{diff}_{A\&B}$ 即各省区市在 A、B 两个序列中排位之差的绝对值求和，该值越大意味着 A、B 两个序列差异越大。

计算商服用地、居住用地、工业用地的各省区市出让综合外向度序列差异，结果为：$\text{diff}_{\text{工业\&居住}} = 176$，$\text{diff}_{\text{商服\&工业}} = 208$，$\text{diff}_{\text{商服\&居住}} = 118$。可见商服用地和居住用地综合外向度序列近似度较高，而工业用地序列与商服和居住用地序列相差较大。商服用地和居住用地序列前两位省份为江苏、浙江，是传统上的经济发达地区，而工业用地序列前两位则是河北、湖北两个紧邻传统经济发达地区的新兴工业大省。

由上述分析可知，省域间工业用地市场与商服和居住用地市场是相差较大的不同市场，呈现出迥然不同的网络结构特征。

（1）各省区市工业用地出让综合外向度较居住用地更低，意味着在省级层面上，工业用地市场的区域间壁垒比商服和居住用地更强，反映了地方政府在"留住本地工业企业"方面的努力。

（2）工业用地省域间市场网络的"核心-边缘"特质比商服和居住用地市场更不明显，其省域间出让网络更加均衡扁平，体现了工业企业在区位选择方面的高流动性，有能力走出去的企业不必局限于空间邻近的市场，而可以在全国范围内更广泛地进行区位选择。

4.3.3 城市间出让网络的层次性

运用 4.3.2 节中同样的方法，构建城市[①]之间居住用地、商服用地和工业用地的出让网络，构建结果为三个带权有向图。图中每一个顶点对应一个城市，若 V_i 出让过土地给注册地在 V_j 的企业，则 V_i 和 V_j 之间即存在一条弧 $\langle V_i, V_j \rangle$，该弧可视化表现为从 V_i 指向 V_j 的一条有向线段，该弧的权值为 V_i 到 V_j 的出让强度指数 S_{ij}。

由于城市数目过多，难以可视化展示该有向图的全景，仅以与杭州市有关联的顶点构成的子图（图 4-6）为例说明。图中顶点大小与顶点的度（degree）成正比，顶点的度衡量顶点的中心性，在图 4-6 中，所有顶点都与杭州市发生联系，因此杭州市的度最大。图中每一条带箭头的有向边都意味着与该边相接的两个顶点之间发生过土地出让，例如图 4-6 中存在一条由阿克苏地区指向杭州市的边，该边权值为 3.8，代表阿克苏地区出让给归属地为杭州的企业的工业用地出让强度指数为 3.8［按照式（4-7）计算得出］。最终构建出的三个城市间土地出让网络中，工业用地网络有 340 个顶点，商服用地网络有 343 个顶点，居住用地网络有 341 个顶点，基本包含了全部的地级单位和直辖市，有极个别城市没有能够确认的与其他城市之间的交易，这些城市成为孤点，没有包含在网络中。

[①] 此处的城市包括地级市、地区、自治州、盟和直辖市。因为一个城市内部的土地管理相对统一，因此没有必要将直辖市下辖的区做进一步拆分。

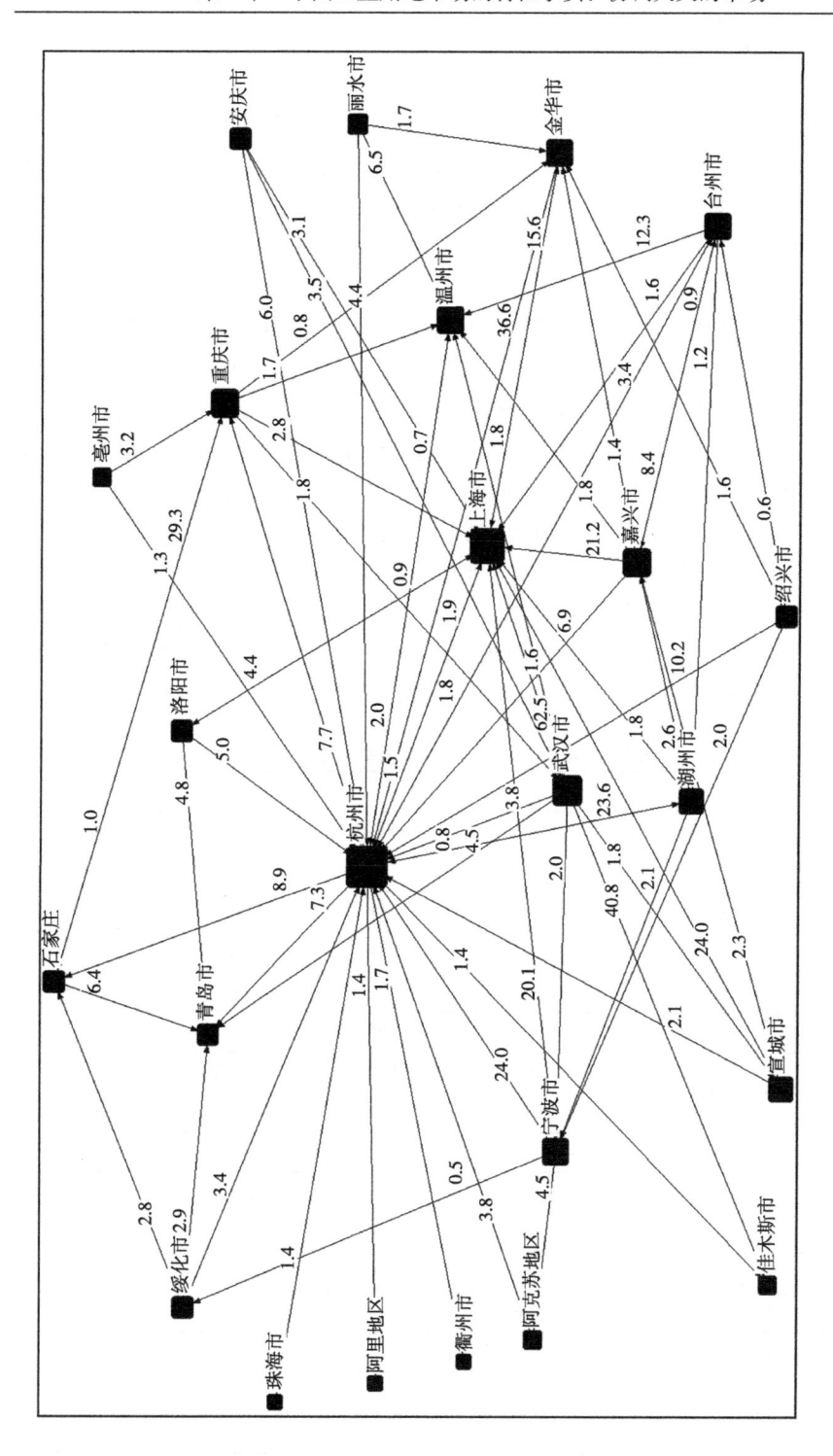

第4章 中国工业用地市场的特征事实：协调失灵的市场

图 4-6 城市间工业用地出让网络——以杭州为中心的子图

1. 外向程度分析

统计全国城市向异地企业出让土地的宗数和面积，并按照式（4-7）定义，计算每个城市的综合外向度 Out_A，商服、居住和工业用地综合出让外向度排名前 15 名的城市见表 4-5。不同土地类型的综合外向度排名，反映了各个城市在居住、商服、工业方面的对外吸引力和开放包容程度。居住用地中排名前两位的杭州市和苏州市以及商服用地中排名第一的杭州市，都与后续城市拉开了巨大差距，呈现出明显的梯度特征和集聚倾向，而工业用地市场则并无远超其他城市的"超级外向"城市，各个城市综合外向度指数有序排列、平滑下降。居住用地出让综合外向度较高的城市大多属于宜居城市，如杭州、苏州、三亚、成都、无锡等，体现出稀缺的人文环境和生态因素对外地房地产企业的强大吸引力；商服用地出让综合外向度较高的城市多属于经济发达的全国知名城市或区域中心城市，如杭州、上海、合肥、成都、苏州等；工业用地出让综合外向度较高的城市则以传统工业强市和新兴工业大市为主，如鄂州市、成都市、孝感市、天津市、武汉市等。整体来看，商服用地和居住用地出让综合外向度排名前 15 的城市构成有一定相似度，杭州、苏州、三亚、成都、无锡、南通、上海等多个城市共同出现在两份榜单中，而工业用地排名则与居住用地和商服用地完全不同，仅有成都、南通两个共现城市。

表4-5　城市土地外向出让指数排名

居住用地出让		工业用地出让		商服用地出让	
城市	综合外向度	城市	综合外向度	城市	综合外向度
杭州市	373.81	鄂州市	233.27	杭州市	229.10
苏州市	290.58	成都市	201.51	上海市	141.22
三亚市	212.68	孝感市	179.83	喀什地区	140.06
成都市	208.04	咸阳市	165.41	合肥市	113.35
无锡市	177.93	天津市	161.06	成都市	108.08
镇江市	177.45	武汉市	152.00	苏州市	101.65
邢台市	176.77	昌吉回族自治州	133.14	秦皇岛市	100.38
乌兰察布市	171.01	沧州市	125.03	三亚市	99.49
承德市	170.72	咸宁市	120.85	无锡市	90.36
南通市	169.16	黄冈市	119.20	北京市	88.78
绥化市	160.83	巢湖市	118.49	黄山市	85.64
沧州市	155.48	驻马店市	117.49	六安市	78.13
张家口市	153.41	营口市	117.01	南京市	72.52
湖州市	147.05	南通市	110.81	南通市	69.90
上海市	145.89	巴音郭楞蒙古自治州	108.95	延边朝鲜族自治州	69.57

统计各个城市注册企业在外地获取土地的情况,一个城市的外出购地指数定义为 $\sqrt{\text{num} \times \text{area}}$,其中 num 和 area 分别为注册地在该城市的所有企业,从外地获取土地的宗数和面积。这一指数度量了不同城市所属企业在全国土地市场的开拓意志和竞争力,排名前 15 的城市如表 4-6 所示。

表4-6 各城市注册企业外出购地指数排名

居住用地		工业用地		商服用地	
城市	外出购地指数	城市	外出购地指数	城市	外出购地指数
上海市	1303.054	武汉市	1059.3030	北京市	510.1230
北京市	1158.1210	北京市	926.2337	上海市	495.9059
重庆市	577.5321	上海市	768.9346	深圳市	295.4402
深圳市	500.6475	深圳市	357.1882	乌鲁木齐市	250.5026
昆明市	476.0477	乌鲁木齐市	331.9689	武汉市	217.7001
武汉市	451.6858	西安市	286.0437	大连市	217.0606
郑州市	439.3013	广州市	273.4948	郑州市	199.3571
广州市	410.6008	沈阳市	236.3165	呼和浩特市	182.9356
成都市	344.0720	昆明市	219.8707	南京市	180.2881
杭州市	339.5151	郑州市	182.0676	成都市	165.7505
石家庄市	337.7379	长沙市	170.8374	长沙市	161.7049
合肥市	319.5136	成都市	170.2452	合肥市	156.8620
南京市	289.5930	杭州市	149.3549	西安市	156.8329
鄂尔多斯市	259.6449	青岛市	148.2302	广州市	152.8994
大连市	254.7195	合肥市	147.6641	杭州市	141.1120

与城市土地出让综合外向度排名不同,城市外出购地指数排名在商服、居住和工业用地市场上展现出高度的一致性,外出购地指数前 15 名的城市除鄂尔多斯之外,全部为直辖市、省会城市或计划单列城市,其中北京、上海、深圳、武汉、杭州、广州、郑州、成都、合肥 9 座城市共同出现在了三种土地类型的榜单中。表 4-7 展示了不同类型土地市场中,跨市购地最多的前 15 个城市占全国跨市购地的比例,比例越大说明这一市场的竞争优势更集中。工业用地市场上,排名前 15 的城市占全国跨市购地比重超过 50%,体现出大城市的企业在全国工业用地市场中极强的竞争力和开拓性。商服用地和居住用地市场上,这一比例虽然小于工业用地市场,但城市外地购地面积数占比仍有 40% 以上,体现了大城市的企业在全国土地市场中的惊人影响力。

表4-7 前15名城市所属企业外出购地占全国的比例（单位：%）

项目	工业用地	商服用地	居住用地
前15名城市外地购地宗数占比	52.23	43.71	36.80
前15名城市外地购地面积数占比	51.32	49.00	47.32

值得一提的是，广州、深圳、青岛、重庆、西安、郑州、大连等城市没有出现在表4-5中，却都在表4-6中占有一席之地，体现出这些城市的企业在本地拥有极强的统治力，外地企业很难进入本地市场，而本地企业却能够在全国形成竞争优势。

2. 中心性分析

在城市间工业用地出让网络中，计算各个节点的带权入度和带权出度的和，构成中心性指数，以此度量城市网络的中心性。工业用地市场中主要城市的中心性指标如表4-8所示。

表4-8 全国主要城市的工业用地中心性指标

城市	中心性指标	城市	中心性指标	城市	中心性指标
武汉市	1118.84	天津市	212.49	巢湖市	120.26
北京市	876.75	咸阳市	187.78	保定市	118.11
上海市	709.20	重庆市	185.41	南通市	117.97
深圳市	340.55	孝感市	183.53	济南市	116.13
成都市	335.05	杭州市	172.95	黄冈市	115.14
西安市	311.18	合肥市	165.64	营口市	113.94
乌鲁木齐市	290.14	昌吉回族自治州	165.03	驻马店市	113.73
广州市	271.32	青岛市	160.14	石家庄市	109.00
郑州市	267.38	哈尔滨市	153.30	太原市	107.16
沈阳市	259.33	兰州市	136.01	佛山市	103.79
鄂州市	233.11	云浮市	135.77	贵阳市	100.18
长沙市	229.64	沧州市	121.86	贵阳市	100.18
昆明市	225.86	咸宁市	121.16	鞍山市	97.00

由表4-8可知，工业用地市场中有6个全国中心性城市（武汉、北京、上海、深圳、成都、西安），16个区域性中心城市（乌鲁木齐、广州、郑州、沈阳、鄂州、长沙、昆明、天津、咸阳、重庆、孝感、杭州、合肥、昌吉、青岛、哈尔滨）。

这些中心城市的分布有如下三个特点。

22个中心城市中有10个（西安、乌鲁木齐、鄂州、昆明、咸阳、孝感、合肥、沈阳、昌吉、哈尔滨）不属于2017年全国GDP前22强城市，可见工业用地市场的空间分布结构与经济总量的空间分布结构存在较大差异性。

全国性中心城市和区域性中心城市主要分布在胡焕庸线以东，只有乌鲁木齐和昌吉两个区域性中心城市在胡焕庸线以西。

在胡焕庸线以东地区，中心城市分布较为均衡。在华北地区、东部沿海、珠三角、中部地区、西北地区和西南地区各有一个全国性中心城市，形成菱形结构，构成了中国城市间工业用地市场的主要骨架。区域性中心城市也呈现出分散化、均衡化的分布特点。

4.3.4 小结

本节通过整理全国范围内工业用地和商住用地出让的宗地数据，构建了省域间和跨城市的出让网络，对出让网络进行了核心-边缘分析、外向程度分析、中心性分析等研究，得到如下结论。

（1）土地市场有明显的区域分割特征。体现在：①城市的绝大多数土地都是出让给本市企业，说明企业从异地获取土地面临较大困难。其中又以工业企业的异地购地率最低，体现了地方政府力图阻止本地工业企业外流的努力。②在跨城市出让网络的凝聚子群划分中，相近的城市更容易组成凝聚子群，省边界尤其发挥强大的阻断作用。说明地理邻近的城市更容易形成一体化的土地市场，而地理距离较远的城市，其土地市场则呈现更明显的分割特点。

（2）工业用地市场和商服、居住用地市场是两个独立性较高的不同市场。体现在：①商服和居住用地网络的核心-边缘特性更加明显，而工业用地网络则更加均衡化、分散化。②无论是省域间网络还是城市间网络，商服用地和居住用地市场的外向度排名序列都较为相似，而工业用地市场的外向度排名则自成体系。例如，省域间市场的外向度排名中，商服和居住用地的前四位相同，皆是江苏、浙江、安徽、河北，而工业用地的前四位则是河北、湖北、江苏、安徽。③凝聚子群划分中，商服用地和居住用地网络的划分结构呈现出类似特点，明显区别于工业用地网络的划分结果。

（3）各个城市在居住、商业、工业方面的对外吸引力和开放包容程度各不相同：杭州、苏州、三亚、成都、无锡等宜居城市更能吸引外地的房地产企业；杭州、上海、合肥、成都、苏州等发达城市更能吸引外地的商服类企业；鄂州、成都、孝感、天津、武汉等工业发展较快的城市更能吸引外地的工业企业。各个城市的企业在居住、商服、工业类型土地市场上的对外开拓意志和竞争力却保持高度一致,北京、上海、深圳、广州等大城市的企业在外地获取的土地最多。

(4)城市间土地出让网络呈现出明显的层次性,各个城市拥有不同地位。工业用地市场有6个全国中心性城市、16个区域中心性城市。其中,全国中心性城市的地理分布形成菱形结构,构成中国城市间工业用地市场的主要骨架;区域性中心城市主要分布在胡焕庸线以东,呈现出分散化、均衡化的分布特点,各个区域性中心城市主要辐射其周边小城市。

4.4 工业用地市场交易结构的"局部垄断、全局竞争"特征

4.4.1 凝聚子群划分

由前文论述可知,工业用地的城市间出让市场与居住用地和商服用地有着较大的差异,但我们对于更具体的市场结构形态仍然缺乏足够了解,本节使用社会网络分析方法中的凝聚子群概念,对城市间工业用地出让网络进行子群划分,并将其与居住和商服用地的划分结果对比,以此加深对土地市场网络的理解。

1. 凝聚子群的划分方法

"凝聚子群"(cohesive subgroups)是社会网络研究领域一个常见概念,这一概念外延丰富,是多种更加严格的概念的统称。大体上说,一个网络中的凝聚子群满足如下特征:子群内部的节点之间互相联系较强,子群之间的联系较弱,一个子群是网络中一系列内联紧密而外联松散的个体集合(刘军,2014)。

具体到操作层面,有多种定义凝聚子群的方法,包括基于互惠性的凝聚子群定义如派系(cliques)等,基于可达性的定义如 n-派系(n-cliques)、n-宗派(n-clan)等,基于节点度数的定义如 k-丛(k-plex)、k-核(k-cores)等,基于子群内外关系的定义如成分(component)、LS集合、Lambda集合等(刘军,2014)。由于派系定义过于严格、n-派系划分结果的不稳定性,k-核不适用于节点数目较多的情况等,本节使用由Amorim等(1992)提出的基于塔布搜索(Tabu search)算法的子群划分方法。该方法需要事先指定欲划分的子群数目,根据此数目设定成本函数(cost function),成本函数设定为子群内部顶点之间缺失的边与子群之间存

在的边之和，然后使用塔布搜索方法寻找使得成本函数最小的子群划分。

2. 凝聚子群划分结果

用上述方法，将工业用地、居住用地、商服用地的城市间出让网络进行凝聚子群划分，子群数目从 3 到 15 一一试验。由于商服用地和居住用地网络的划分结果具有较高相似性，因此本节只探讨工业用地和居住用地划分结果之异同，受篇幅所限，仅介绍具有代表性的 3 子群、7 子群和 15 子群划分结果，并总结出如下几个特点。

（1）无论工业用地市场还是居住用地市场，空间距离都发挥明显作用。上述结果完全由跨城市交易的强度决定，在划分时并未考虑地理邻近性，但显然相邻近的城市更容易组成凝聚子群，省边界尤其发挥强大的阻断作用。例如，山西和陕西的城市由其省界隔开，被划入不同的子群中，山西的全部城市被划入同一子群；甘肃和宁夏被划入同一个子群，该子群几乎完全以省界与其余子群相隔；山东的全部城市单独构成一个子群。

（2）工业用地市场受到地理邻近因素的影响远弱于居住用地市场，工业用地网络中同一子群内的城市分布呈现出更加分散的状态。例如，东北、内蒙古、京津冀等接壤地区，与地理位置相距甚远的江苏、福建、湖南、重庆等地被划入同一子群，河南、安徽等接壤地区与新疆和广西、广东大量城市被划入同一子群。各个子群基本上以地理邻近的城市为主组成，"飞地"很少。当子群数目增加时，这一趋势更加明显，会出现大量相隔甚远的城市被划分到同一子群，如山西、云南各城市与甘肃西北部城市组成子群，而吉林、辽宁多个城市与陕西各城市组成子群，但也会有零星小块"飞地"，子群内城市多连绵成片分布的情况。当子群数量上升到 15 个时，工业用的子群分布更加零散交错，没有规律可循。

（3）不同省份的省界约束力不同，省内联系紧密程度各异。例如，在工业用地市场网络中，无论设置几个凝聚子群，山西省内的城市基本上都被划分在同一子群，说明该省内的城市间有很强的市场联系，而与外界联系较少，该省的省界展现出强有力的约束。广东省界的约束力则较弱，当子群数为 3 时，其省内城市被分入三个不同的子群中，子群数为 7 时，省内城市被分入 4 个不同子群中，子群数为 15 时，其省内城市则被分入了 5 个不同子群中，说明广东省内各个城市之间的联系相对较弱，而与外省城市的联系则更加紧密。

（4）经济越发达的地区，城市间的经济联系越趋向于复杂化。从居住用地市场的子群划分结果来看，东北地区和西部地区的子群受到地理邻近性约束较强，"飞地"现象较少，而东南沿海地区则更容易出现子群分布交织错乱的现象，"飞地"情况较多。

（5）存在"亲密城市"现象。例如，工业用地市场中，无论设置几个子群，南阳市和洛阳市都会被划入同一个子群中，说明这两个城市的联系非常紧密，将这种城市称为"亲密城市对"。工业用地市场网络中的"亲密城市"有942对，而居住用地市场网络中"亲密城市"有2389对，说明工业用地市场网络的规律性远远弱于居住用地市场。

4.4.2 市场分割度量

学者普遍认为，中国国内市场存在着相当强的地域分割，这一方面是由于地方政府对本地企业的保护，另一方面，流通渠道和地区习惯差异等非政府因素也对统一的市场构成了阻碍（Wong，2012；王晓东和张昊，2012）。目前对于市场分割的研究，多以可贸易货物为研究对象，研究方法以"一价定律"（law of one price）最为常见，核心思想是同样的货物在可自由贸易的不同地区之间，价格应基本无差异，这类研究主要关注分割指标的构建和测算，从而对分割程度给出量化结果（张德钢和陆远权，2017；邓明，2014；黄新飞等，2014；王彦博和沈体雁，2018）。但土地区别于一般商品，其独特的区位特性完全不适用于"一价定律"，不同区位的土地价格千差万别，因此研究工业用地市场的空间分割，不能沿用传统市场分割研究方法。

基于4.4.1节的子群划分结果，从市场分割概念的本质出发，以城市间出让网络中各个子群之间联系的强度来定义市场分割指数，具体定义如下：

$$\text{SegIndex} = \frac{\text{totalNum}}{\sum_{i=1}^{n}\sum_{j=1}^{n}\text{Linkage}_{ij}} \quad (4\text{-}9)$$

其中，n表示市场中划分出来的子群数目；totalNum表示该市场中出让地块的总数量。Linkage_{ij}度量了子群i和子群j之间的联系紧密程度，定义为这两个子群中每个城市与另外一个子群中每个城市之间边的权值之和，该值越大说明子群i和子群j的联系越紧密。$\sum_{i=1}^{n}\sum_{j=1}^{n}\text{Linkage}_{ij}$是所有子群两两之间联系的加总，度量了市场上全部子群与其他子群的联系，该值越大，意味着整体上子群之间的联系越强，说明市场的分割程度就越小。市场中出让的总数量越多，会导致$\sum_{i=1}^{n}\sum_{j=1}^{n}\text{Linkage}_{ij}$越大，为了消除市场规模对分割指数的影响，将分子乘以totalNum进行标准化（王彦博和沈体雁，2018）。

SegIndex越大说明市场分割越严重，当网络中的每个顶点都只和子群内部的顶点发生联系，而不与其他子群中的顶点发生联系时，市场呈现完全的分割状态，此时 SegIndex 为无穷大。

分别针对工业用地、商服用地、居住用地的城市间出让网络，计算子群数目从 4 到 15 变化时的市场分割指数，结果见图 4-7，商服用地市场的分割程度最大，其次是居住用地，工业用地的市场分割程度最小，说明工业企业在全国范围内调整区位时所面临的壁垒远弱于商业、服务业和房地产开发企业（王彦博和沈体雁，2018）。

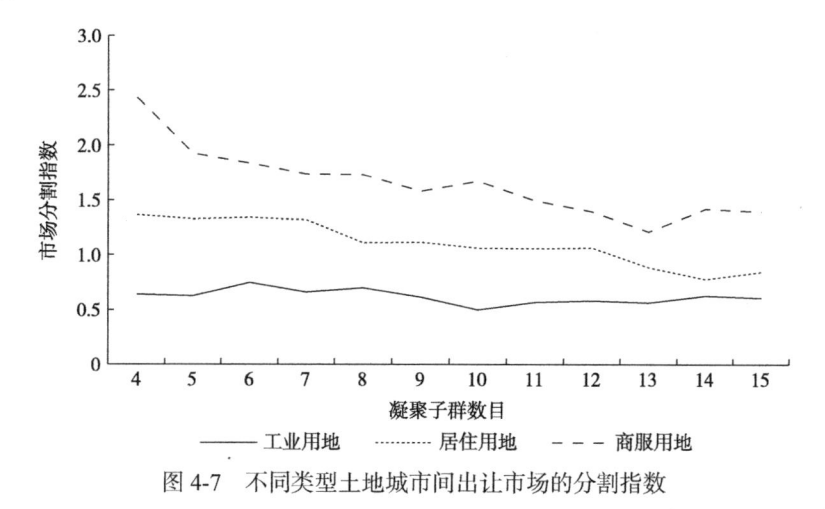

图 4-7　不同类型土地城市间出让市场的分割指数

一个可能的解释是，工业企业多属于被地方政府争夺的对象，其打破区域壁垒的能力较强。而商业和住宅地产行业则是资金密集、利润极高的行业，这类企业的核心竞争力往往体现在土地和资金的获取能力上，在中国的管理体系下，这些能力又与社会关系网络密不可分，因而政企关系成为这类企业生存的核心（曹春方等，2015）。除了少数大型房地产企业拥有在全国布局的能力外，大多数市场仍被拥有良好本地关系网络的中小地产企业占据，"到外地获取土地"超出了大部分地产开发类企业的能力范围，导致商业和住宅地产行业集中度较低，在全国形成了多个地方性的局部市场。

4.4.3　小结

本节通过对城市间土地出让网络进行凝聚子群划分，并度量其市场分割程度，得知工业企业与其他类型企业相比拥有更强的区位流动性，受到地理距离的制约更小，有能力在全国范围内选择区位。体现在：在跨城市出让网络的凝聚子群划分中，工业用地市场网络的划分结果更加散乱无序，受到地理邻近因素的影响远小于商住用地市场，意味着"走出去"的工业企业能够比商服和房地产类企业走得更远。工业用地市场的分割指数小于商服用地和居住用地市场，说明工业企业在全国范围内调整区位时所面临的壁垒远弱于商业、服务业和房地产开发企业。正是工业企业较高的区位流动性，导致地方政府必须在税收、财政补贴、土地价格等方面做出巨大让步以吸引企业入驻，工业用地一级市场在全国范围内成为买方市场。

第 5 章 工业用地市场双边匹配算法与平台设计

本章首先定义了我国工业用地出让的基本模型——开发区与工业企业的双边匹配模型。其次,针对传统双边匹配算法单边占优、缺乏最低保障以及无法精细调控个体优先级等问题,提出可通用于一对一、一对多、多对多双边匹配的 WYS 算法。WYS 算法通过外生给定优先级,使得每个参与主体都有机会遍历自身偏好序中全部对象,从而显著提高匹配结果中最差群体的效用以及全体总效用,并能够对个体效用进行精确调控。再次,按照 Roth 提出的"经济工程学"范式设计实验对 WYS 算法的性质进行了深入探讨,大量随机实验表明 WYS 算法匹配结果稳定,能够给予参与主体某种程度的最低保障,且不存在单边占优问题。WYS 算法对于维持市场厚度、兼顾效率与公平有重要意义,拓宽了匹配理论的应用范围。最后,在 WYS 算法的基础上,设计工业用地出让的具体流程,并建立一个便捷迅速的软件平台作为支撑,更好地发挥匹配机制的现实作用。

5.1 工业用地市场模型:开发区与工业企业的双边匹配

我国工业用地出让一般集中在各式各样的开发区/园区(经济技术开发区、高新技术产业开发区、工业园区、出口加工区、保税区、自贸区等),开发区管委会是实质上的政府意志代理人,而进驻园区的企业成为工业用地的最大受让群体。因此,工业用地出让问题本质上是开发区(development zones)和企业(companies)的一对多双边匹配问题。

在开发区和工业企业的双边匹配模型中，存在两类主体集合，即企业集合 $C=\{C_1,C_2,\cdots,C_n\}$ 和园区集合 $Z=\{Z_1,Z_2,\cdots,Z_m\}$，每个企业 C_i 试图进驻一个园区，每个园区 Z_i 试图招商 q_j 个企业。每个企业对其可接受的园区，以及每个园区对其可接受的企业，都有一个完备的、可传递的、严格的偏好序。匹配结果为 $C\times Z$ 的一个子集 M，M 中的每个元素是一个企业和一个园区的匹配对，在 M 中每个企业只出现不超过 1 次，每个园区出现不超过 q_j 次。

匹配算法将企业和园区都视为实体（entity），全体企业和园区构成的集合称为实体全集 ES。对于任一实体 E 来说，与 E 不同类型的实体称为对手实体。例如，对一个园区实体来说，所有的企业实体是对手实体。每个实体 E 拥有以下属性（实体的属性可以使用"E.属性名"的方式来表示）。

（1）优先级 R：外生给定 ES 一个全序，用正整数表示，$E.R$ 为实体 E 对应的正整数，$E.R$ 越大意味着 E 的优先级越高。

（2）偏好序 P：每个实体 E 都有一个描述自己对于对手实体偏好程度的严格序列，在偏好序中越靠前则意味着越希望与对方匹配。例如，某企业 C_1 最心仪的园区是 Z_3，其次是 Z_5，再次是 Z_1，该企业只考虑与该偏好序中的园区签约，不考虑其余园区，则该企业 C_1 对园区的偏好序为 $C_1.P=\{Z_3,Z_5,Z_1\}$。用 $E1.P(E2)>E1.P(E3)$ 表示在实体 $E1$ 的偏好序中 $E2$ 排在 $E3$ 之前。

（3）匹配容量 C：实体能够匹配的对手实体数量。例如，某园区 $E1$ 欲招商 4 个企业，则 $E1.C=4$。在本模型设定中，企业类型实体的容量恒为 1，园区类型实体的容量由每个园区根据招商计划自定。

（4）已匹配列表 M：目前暂时与 E 匹配的对手实体列表。在算法运行过程中每个实体 E 的 $E.M$ 都会不断迭代更新，算法停止时 $E.M$ 中的实体即为 E 的最终匹配对象。当 $E.M$ 中的实体数量等于 $E.C$ 时，称"E 已匹配满"。

（5）最差匹配实体（worst matched entities，WME）：$E.M$ 中最不被 E 偏好的实体。算法运行过程中 $E.$WME 会随着 $E.M$ 的变化而不断更新。

5.2 WYS 匹配算法设计

5.2.1 设计目标：稳定、公平、高效

对于中国工业用地市场来说，双边匹配算法需要达到如下目标。

(1)匹配结果稳定:稳定性在任何匹配算法中都处于核心地位,若匹配结果不稳定,则参与主体将有动机绕开匹配机制而进行私下交易,削弱市场厚度。

(2)匹配结果公平:匹配结果不应产生系统性的偏向,在无产业政策和地区政策倾斜的情况下应尽可能地平衡所有参与者的利益。不能出现为了追求总体效用而使得某一方或者某个参与者效用极低的情况。

(3)尽可能高的总体效用:在公平的前提下争取全部参与者的福利最大化,这是任何社会机制的应有之义。

(4)产业政策和区域经济政策有可施展空间:我国国土面积广阔,区域发展不平衡,倾向性的区域政策和产业政策在所难免,因此匹配算法要给政策施展留下空间,要使政府能够倾向性地对某些企业/园区予以照顾。

5.2.2 传统双边匹配算法的缺点

无论是 G-S 算法,还是 NRMP 采用的 Roth-Peranson 等算法,都存在以下问题:①单边占优问题,率先发出申请的一方总体效用优于被动接受申请的一方;②缺乏最低保障,部分参与者效用可能会极差;③缺乏灵活调控空间,算法最多只能产生两个稳定匹配结果,即参与双方某一方占优的结果,而无法细致调节每一个参与主体的优先顺序(Roth,2008a,2008b,1984;Roth and Peranson,1999;王彦博等,2018a)。

以 G-S 算法为例,该算法必须选择企业或园区中的某一方作为申请方,申请方按照自己的偏好顺序从优到次向心仪的对象发出申请,收到申请的一方选择接受或者拒绝,这种设计能够保证得到稳定匹配结果,但匹配流程优先照顾申请方的偏好,因此导致申请方整体效用比被申请方高(Gale and Shapley,1962;王彦博等,2018a)。模拟 100 个企业和 100 个园区的一对一匹配,为每个企业和园区随机生成长度为 100 的偏好序,图 5-1 展示了 G-S 算法匹配结果的偏好位序累积情况,图中横坐标表示最终被匹配到了偏好序中第几位的对象,纵坐标表示累积的匹配数量,例如企业匹配结果曲线中的一个点($X=3, Y=12$)表示有 12 个企业最终被匹配到了其偏好序中前 3 位的园区,曲线越凸意味着效用越高。当设定企业为申请方时[图 5-1(a)]大多数企业都匹配到了其偏好序中前 15 位的园区,全部企业都匹配到了其偏好序中前 40 位的园区,该算法对于企业是最优的稳定匹配;但有相当一部分园区匹配到了其偏好序中 40 位之后的企业,甚至部分园区匹配到其偏好序中 70 位之后的企业,该算法对于园区来说是最差的稳定匹配;反之当设定园区为申请方时[图 5-1(b)],结果对园区最优,对企业最差,可见 G-S

算法会使得整体上某一边比另一边更占优,且部分参与主体的效用极差(王彦博等,2018a)。

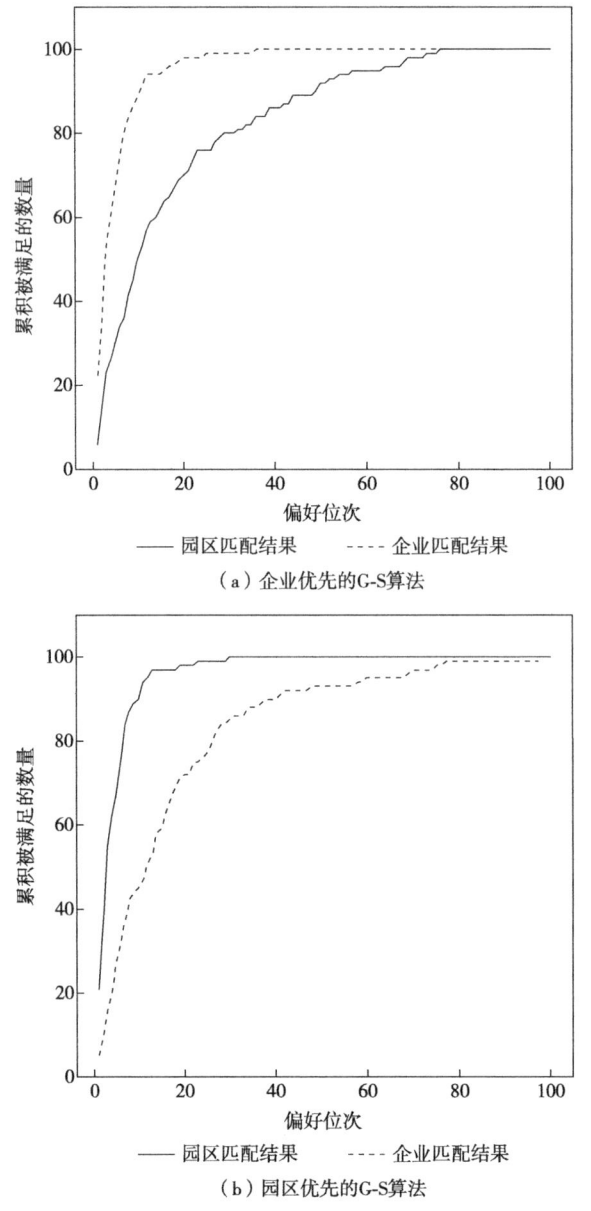

（a）企业优先的G-S算法

（b）园区优先的G-S算法

图 5-1　G-S 算法的偏好位序满足累积曲线

Roth 和 Peranson（1999）发现住院医生实习市场中稳定匹配集合的基数很小，即无论哪方率先发出申请，得到的匹配结果相差不大，这主要是因为该场景中参与主体对于各自的优劣排名认知较为一致，即每个园区对毕业生的偏好相似度很高，同时每个毕业生对于园区的偏好相似度也很高（Itai et al.，2016）；但是在园区和企业匹配问题中，参与主体的偏好差异性很大，稳定匹配集合的基数也会随之增大，G-S 算法的单边占优以及缺乏最低保障等问题就会凸显，使得匹配结果较差的参与者积极性下降，降低市场厚度，进而导致市场设计失败（Itai et al.，2016；王彦博等，2018a）。实际上即使在单边占优问题并不严重的住院医生实习市场，NRMP 采用园区优先的匹配算法也曾招致大量企业表达不满甚至退出 NRMP 匹配系统，因此如何提高效用较差者的满意度成为决定市场设计成败的关键问题（Roth，2002；王彦博等，2018a）。李铭洋等（2013）关注到这一问题并提出了解决方案，将双方主体匹配序值之和最小作为目标构建了多目标优化模型，使得结果不再偏向于某一方，解决了单边占优问题，但该方法并不能给予效用最差者以最低保障，仍然可能有个别参与主体效用过差，因此在维护市场厚度方面尚存在改进空间，另外其方案也只能调整参与匹配某一方整体的优先级，而无法针对某个参与个体做出调整（王彦博等，2018a）。

5.2.3 可调整个体优先级的 WYS 算法

为了更好地解决单边占优问题、最低保障问题以及提供灵活调控个体优先级的机制，从而达到 5.2.1 中提出的设计原则，本节提出了全新的 WYS 算法。

WYS 算法维护一个无序集合 L 和一个有序队列 T：L 在初始时包含全集 ES 中的所有实体，初始时为空，然后启动第一轮外层循环；循环过程中会不断调用 Apply 函数，每次调用 Apply 函数都意味着某个实体向另一个实体发出了匹配申请；在 Apply 执行过程中有可能解除某些暂时的匹配，被解除匹配的实体会被放入 T 中，下一轮循环优先让 T 中的实体发出申请（王彦博等，2018a）。算法框架参考图 5-2，算法具体细节参考伪代码及注释（王彦博等，2018a）。

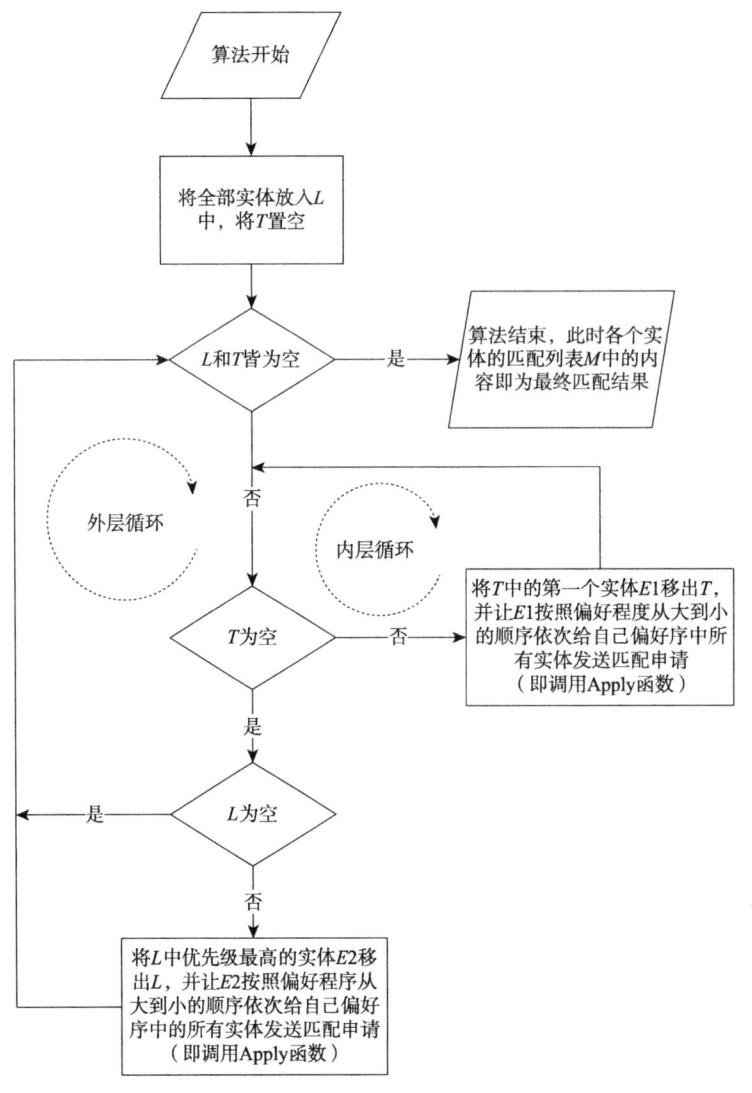

图 5-2 WYS 算法框架

WYS 算法伪代码	
1:	add all entities into L
2:	while (L not empty) OR (T not empty) do
3:	while T not empty do
4:	$E1 = T.\text{popFirstEntity}$
5:	for Ei in $E1.P$
6:	Apply($E1,Ei$)
7:	end for

第 5 章　工业用地市场双边匹配算法与平台设计

8：	end while
9：	if L not empty then
10：	$E2 = L.popMaxREntity$
11：	for Ei in $E2.P$
12：	Apply($E2,Ei$)
13：	end for
14：	end if
14：	end while
15：	Algorithm End

WYS 算法注释

2：	只要 L 和 T 任何一个非空，就不断进行外层循环。
3：	只要 T 非空，就不断进行内层循环，每次循环都从 T 中取出一个实体处理。
4：	将 T 中排第一位的实体移出 T，并将该实体作为变量 $E1$。
5~7：	$E1$ 按照偏好程度从大到小的顺序依次向其偏好序中的实体发出申请，即调用 Apply 函数，Apply 函数的具体定义见下文伪代码。
9：	判断 L 是否为空，若不为空就从 L 中取出一个实体处理。
10：	将 L 中 R 值最大的实体移出 L，并将该实体作为变量 $E2$。
11~13：	$E2$ 按照偏好程度从大到小的顺序依次向其偏好序中的实体发出申请。
15：	算法结束，此时每个实体 E 的匹配列表 $E.M$ 中的结果即为最终匹配结果。

Apply($E1,E2$)函数定义伪代码

1：	if　($E1$ not in $E2.P$) OR ($E2$ not in $E1.P$) then
2：	return
3：	end if
4：	if　($E2$ not prefer $E1$ more than $E2.$WME) OR ($E1$ not prefer $E2$ more than $E1.$WME) then
5：	return
6：	end if
7：	create an empty tmp_list
8：	if the length of $E1.M$ equals $E1.C$ then
9：	$w1 = E1.$WME
10：	remove $w1$ from $E1.M$
11：	remove $E1$ from $w1.M$
12：	if ($w1$ has at least applied one time) AND ($w1$ not in T) then
13：	add $w1$ into tmp_list
14：	end if
15：	end if

16:	if the length of *E*2.*M* equals *E*2.*C* then
17:	*w*2 = *E*2.WME
18:	remove *w*2 from *E*2.*M*
19:	remove *E*2 from *w*2.*M*
20:	if (*w*2 has at least applied one time) AND (*w*2 not in *T*) then
21:	add *w*2 into tmp_list
22:	end if
23:	end if
24:	sort the tmp_list by *R*, put entity with bigger *R* in front of the tmp_list
25:	for *Ek* in tmp_list
26:	add *Ek* into *T* before the last entity of *T*
27:	end for
28:	add *E*1 into *E*2.*M*
29:	add *E*2 into *E*1.*M*

Apply 函数注释	
1~3:	若 *E*1 不在 *E*2.*P* 中，或 *E*2 不在 *E*1.*P* 中，则 *E*1 和 *E*2 不可能匹配，直接结束函数。
4~6:	若 *E*1 对于 *E*2 来说还不如 *E*2 已匹配的最差者，或 *E*2 对于 *E*1 来说还不如 *E*1 已匹配的最差者，则 *E*1 和 *E*2 不可能匹配，函数直接结束。
7:	创建一个空的、有序的临时队列变量，命名为 tmp_list。
8:	若 *E*1 已匹配满，则解除 *E*1 和 *E*1.WME 的暂时匹配状态，并进行其他相关处理。
10~11:	解除 *E*1 和 *E*1.WME 的暂时匹配状态。
12~14:	若实体 *w*1 曾发出过至少一次申请且 *w*1 目前不在 *T* 中，则将 *w*1 放入临时队列 tmp_list 中。
16:	若 *E*2 已匹配满，则解除 *E*2 和 *E*2.WME 的暂时匹配状态，并进行其他相关处理。
17~19:	解除 *E*2 和 *E*2.WME 的暂时匹配状态。
20~22:	若实体 *w*2 曾发出过至少一次申请且 *w*2 目前不在 *T* 中，则将 *w*2 放入临时队列 tmp_list 中。
24:	按照 *R* 值从大到小的顺序对 tmp_list 中的实体进行排序。
25~27:	将 tmp_list 中的实体依序插入 *T* 中，插入每一个实体时若 *T* 非空，就将该实体插到 *T* 中现存的最后一个实体之前（这是为了保证最新被踢掉的实体在 *T* 中排在最前列，从而下一轮循环中可以率先尝试发出申请）。
28~29:	将 *E*1 和 *E*2 互相加入对方的暂时匹配列表中，*E*1 和 *E*2 暂时成为互相匹配的实体。

5.2.4　WYS 算法评价

进行与 5.2.2 中相同的随机实验 10 次，分别用园区优先的 G-S 算法、企业优先的 G-S 算法和 WYS 算法对 100 个企业和 100 个园区在随机偏好序下进行匹配，其中 WYS 算法需要预先设定优先级 R，优先级高的实体会优先发出申请并在最终匹配结果中相对占优，实验中参考对手实体的偏好序来确定优先级 R：将企业和园区按照被偏好程度从大到小排序，占据园区偏好序中第一名最多的企业为企业队列的第一位，若两企业占据园区偏好序中第一名数量相同则根据占据园区偏好序中第二名的数量排位，以此类推，对全体企业进行优先级排序，园区排序采用同样方法操作（王彦博等，2018a）。企业队列排序结果为 $\{C_{R1},C_{R2},\cdots,C_{R100}\}$，园区队列排序结果为 $\{Z_{R1},Z_{R2},\cdots,Z_{R100}\}$，设定优先级结果为 $C_{R1}.R>Z_{R1}.R>C_{R2}.R>Z_{R2}.R>\cdots>C_{R100}.R$。理论上优先级可以随意设置，优先级越高的实体最终越占优，不同的优先级设定可能会产生不同的匹配结果，上述设定方式符合"最受欢迎者优先"的一般常理。通过实验可知 WYS 算法解决了 5.2.2 节中提出的传统算法存在的三个问题，得到如下结论。

（1）WYS 算法非单边占优。图 5-3（a）展示了 10 次随机实验园区的平均匹配结果：G-S 算法中优先发出申请一方的效用明显好于另一方，而 WYS 算法的结果对于园区和企业没有明显倾向性，多数参与主体都匹配到了其偏好序中前 30 位的对象，不会使某一方达成最差的稳定匹配（王彦博等，2018a）。G-S 等传统算法中的劣势一方由于只能被动选择接受或拒绝，其自身偏好序中的部分对象永远没有机会尝试匹配，理论上有改善其效用的空间（Kojima et al., 2013），WYS 算法为参与匹配的双方主体设定一个外生优先级，让全部主体按照优先级依次发出申请，每个主体都有机会遍历自身偏好序中的全部对象，只要设置合理的优先级，就可使得匹配双方被同等对待（王彦博等，2018a）。

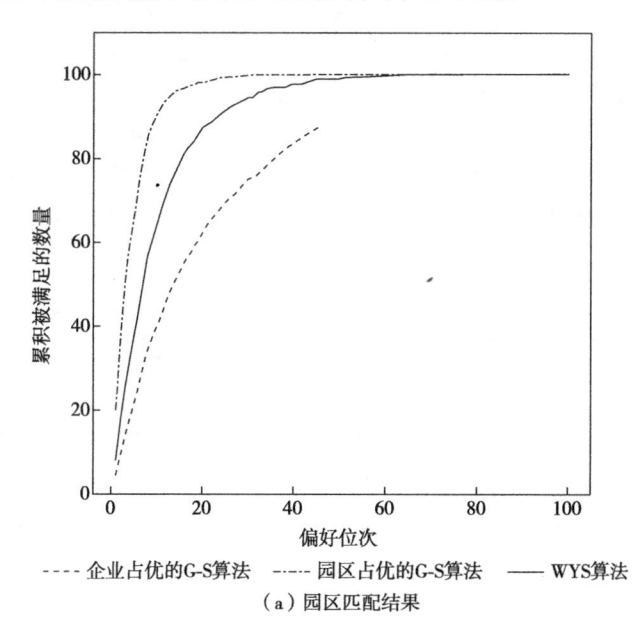

---- 企业占优的G-S算法   ---- 园区占优的G-S算法   —— WYS算法

（a）园区匹配结果

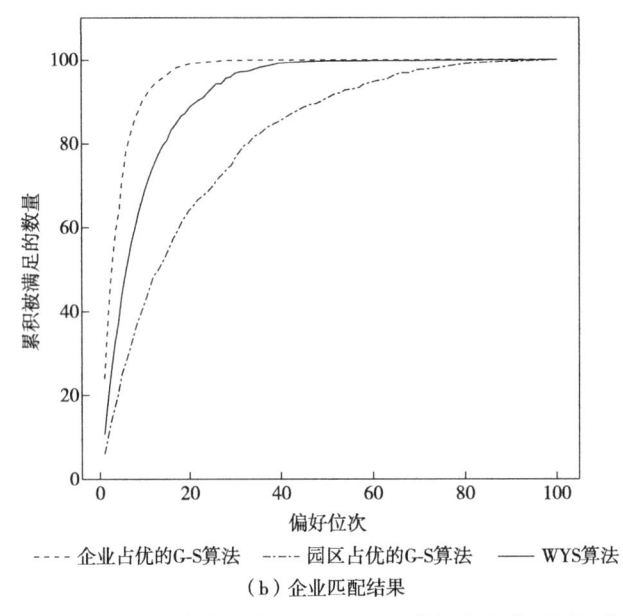

```
                                   累积被满足的数量
                    100
                     80
                     60
                     40
                     20
                      0
                        0     20     40     60     80    100
                                       偏好位次
                ---- 企业占优的G-S算法   -·-· 园区占优的G-S算法   —— WYS算法
                              (b) 企业匹配结果
```

图 5-3　10 次随机实验平均的园区与企业偏好位序满足累积曲线

（2）WYS 算法提高了 G-S 等传统算法中效用最差者的满意度。如表 5-1 所示，10 次随机实验中 WYS 算法的 2000 个参与主体没有任何一个匹配其偏好序 67 位之后的对象，而 G-S 算法匹配到偏好序 67 位之后的主体数量为 41（企业优先）和 33（园区优先），WYS 算法在偏好序位次 30～100、40～100、50～100 范围内匹配成功的主体数量也都明显少于 G-S 算法，即效用过差者的数目有显著减少（王彦博等，2018a）。图 5-4 展示了 10 次实验中 2000 个主体匹配结果的偏好位序分布情况，相对于 G-S 算法，WYS 算法的过大异常值数目明显较少且异常值的整体位序值不高，箱线图上边缘和上四分位较低，下四分位和中位较高，整体来看 WYS 算法上下四分位之间的分布较为集中，WYS 算法相对于 G-S 算法来说牺牲了很少一部分效用极高者的利益，换取了效用最差者结果的显著提升（王彦博等，2018a）。

表5-1　10次实验中2000个主体匹配结果的偏好位序统计

匹配总数量	偏好位序范围					
	0～29	30～100	40～100	50～100	67～100
企业优先的 G-S 算法匹配总数量	1736	264	171	107	41
园区优先的 G-S 算法匹配总数量	1743	257	152	98	33
WYS 算法匹配总数量	1896	104	35	14	0

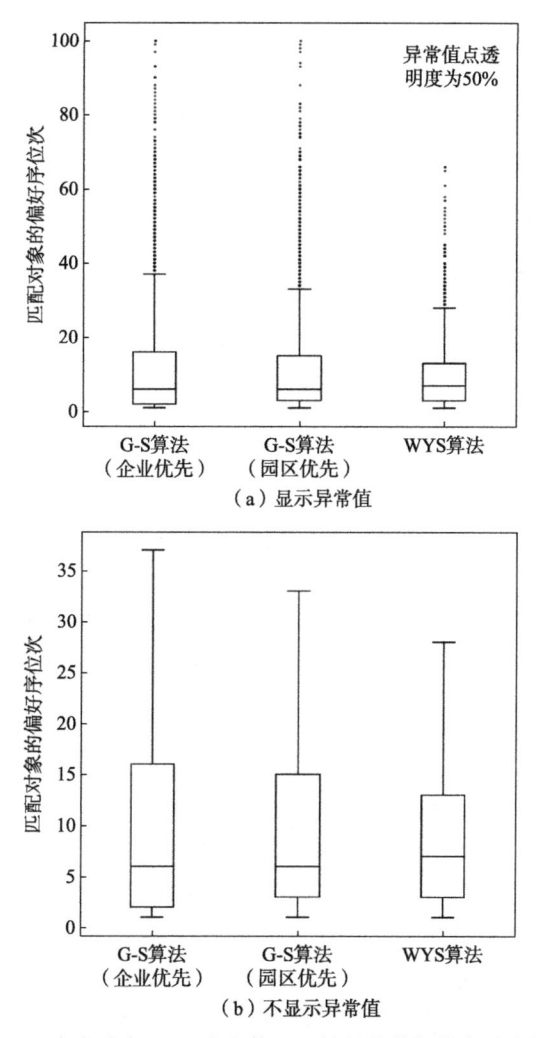

图 5-4　10 次实验中 2000 个主体匹配结果的偏好位序分布箱线图

（3）WYS 算法提升了参与者的总体效用。图 5-5 为 10 次实验平均之后的企业和园区整体匹配结果偏好位次累积曲线，其中 WYS 算法曲线最凸，两种 G-S 算法的曲线几乎重合，较 WYS 算法更为平缓，意味着 WYS 算法的整体效用比 G-S 算法更高（王彦博等，2018a）。WYS 算法平均有 191 个主体匹配到了其偏好序中前 30 位的对象，有 196.8 个主体匹配到了其偏好序中前 40 位的对象，优于 G-S 算法的匹配结果，实验过程中生成偏好序的方式为 0~1000 随机打分，打分高者在偏好序中排名靠前，若以匹配对象的打分值作为主体获得的效用，则 WYS 算法、企业优先的 G-S 算法和园区优先的 G-S 算法给出的每个参与主体的平均效用分别为 902.5、877.4 和 878.9，WYS 算法的总体效用更高

（王彦博等，2018a）。

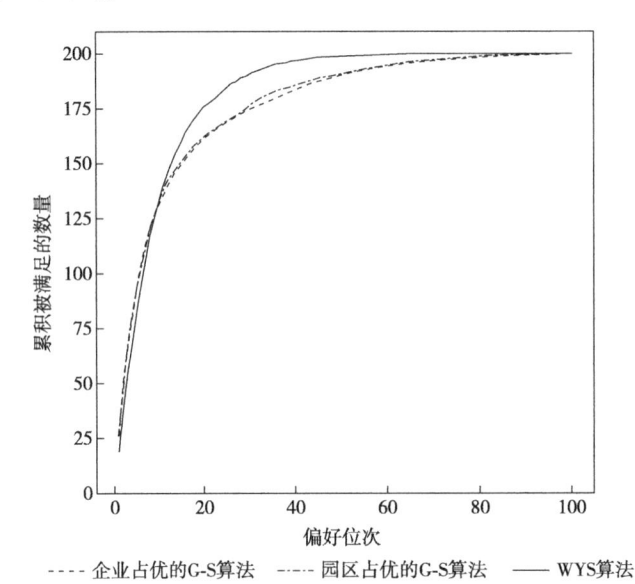

图 5-5　10 次随机实验平均的企业和园区整体偏好位次满足累积曲线

（4）大量随机偏好序的一对一、一对多实验发现，随着优先级设定不同，WYS 算法总能产生不同于经典 G-S 算法的多种稳定匹配结果，即 WYS 算法产生的结果不存在阻碍对（王彦博等，2018a）。

在进行了多轮 10 次一组的实验之后，发现上述（1）~（4）结论在每一轮实验中都成立，另针对一对多、多对多匹配进行了实验，上述（1）~（4）结论仍成立，说明算法具有相当的稳健性。

基于上述实验结论可知，WYS 算法能够达成稳定匹配、双边公平、某种程度的最低效用保障、整体效用较高等设计目标。同时 WYS 算法可以通过外生指定参与主体的优先级而对特定主体或群体给予倾向性的照顾，产生多种不同的稳定匹配，而非如传统算法只能选择照顾参与双方中的某一方，为匹配机构的宏观调控和精细干预提供了可操作空间，由此可以认为 WYS 算法适用于中国工业用地的双边匹配市场。

不可否认，算法仍存在诸多局限性，例如该算法没有内生地包含货币因素，而仅将价格作为影响参与者偏好的外生因素考虑，且该算法仅适用于严格偏好、参与者理性的情况，对于非严格偏好序以及个体心理行为有限理性的情况讨论不足，仍有可改进的空间。

5.3 出让流程与软件平台设计

在 WYS 算法的基础上，还需设计出工业用地出让的具体流程，并建立一个便捷迅速的软件平台作为支撑，才能发挥匹配机制的现实作用。

5.3.1 出让流程设计

参考以往的双边匹配集中清算平台实践，设计如下 7 个匹配流程。

1. 信息上传与信息披露

欲参与匹配的企业在平台注册，并填写相关信息。企业所填写的信息可供感兴趣的开发区检索、查看，这些信息将直接影响开发区的偏好序设置，因此此类信息应是开发区招商时最为关心的信息。

欲参与匹配的开发区同样需要先在平台注册，完善开发区基本信息，上传相关证件并通过审核之后，可以填写本次招商的相关信息。开发区所填写的信息供感兴趣的企业检索、查看，进而影响企业的偏好序设置，因此此类信息应是企业进行区位选择时最为关心的信息。

根据以往对开发区招商行为的研究以及关于企业区位选择的研究，总结开发区招商过程和企业选址过程中考虑的最重要因素，指定表 5-2 和表 5-3 中的内容为双方需要披露的信息。

表5-2 开发区信息披露字段

因素	指标
基本信息	开发区情况简介
	开发区类型/等级
	所在城市等级
地理位置	铁路、港口、机场等重要交通设施建设水平
	最近港口距离
	机场/火车站繁忙度
基础设施	区域内公路、物流等重要基础设施建设水平
	石油、煤炭、天然气、电力等能源动力供应情况
	电信、通信等邮电通信网络建设和收费水平

续表

因素	指标	
经济因素	市场潜力	区域人口
		区域近 5 年生产总值
		区域近 5 年人均收入
		城镇化率
		创新孵化器数量
	成本考虑	财政补贴情况
		优惠税率
		土地价格区间
		劳动力平均工资
	产业关联	区域优势产业
		产业专门化系数
	技术水平	区域研发投入额
		区域技术市场成交额
		区域近 5 年来专利数量
社会因素	区域内市/县医院数目	
	区域内大学数目	
	区域获得国家财政教育经费	
风险因素	犯罪率	
	与开发区相关的重大政策	
	近 10 年重大自然灾害	

表5-3 企业信息披露字段

因素	指标
企业基本信息	是否上市
	经营业务范围
	行业内排名
	注册资本
	资产规模
经济因素	预期投资额
	项目占地面积
	达产后年纳税额
	预期吸纳就业
	预计投资回收期
产业信息	产业所属类别
	上下游产业
环保因素	废水、废气等污染物排放水平
	可再生资源利用率
	万元产值能耗（水电煤气）
企业信用	企业纳税信息
	国家企业信用信息公示系统登记状态
	中国人民银行征信系统征信报告

2. 填写匹配要求

企业和开发区登录系统之后，可以在系统中填写自身关于本次匹配的要求。例如，某开发区本次希望匹配笔记本电脑产业中注册资本在 1000 万元以上，行业排名前 20 位，预期吸纳就业大于 1000 人的企业入驻，即可在系统中填写这些要求。同样，企业也可对意向开发区的各项属性提出要求。

3. 确认候选名单

当开发区和企业的基本信息及匹配要求都确认完毕之后，企业和开发区负责人登录系统，会看到符合其要求的所有潜在匹配对象，并可以查看这些潜在匹配对象的基本信息，然后从这些潜在匹配对象中选出有意愿进一步接触的对象，放入自己的候选名单中。

当一个企业被选入某开发区的候选名单时，该企业会收到通知，系统要求该企业确认是否接受该开发区的候选名单请求，若接受则该企业和开发区互相进入对方的候选名单，若拒绝则双方都不会进入对方候选名单。

4. 线下沟通谈判

确认候选名单之后，参与匹配的企业和开发区便可以联系自己候选名单上的对象，就具体出让事宜进行更深度的沟通，就具体出让价格、出让宗地范围等条款进行谈判和确认。

5. 确认偏好序

上述环节结束之后，各个参与者对于其候选名单上的潜在匹配对象都已有充分了解，对出让的各项细节也已充分确认，此时要求参与双方正式填写偏好序。参与者给自己候选名单上的对象一一打分，分数越高意味着越希望与该对象匹配，此打分仅注重排序，因此具体分数值可以任意设定。因为要求偏好序严格，故不能对不同对象打出同样分数。

6. 管理机构调整优先级

在所有参与者确认其最终偏好序之后，管理员可根据既定的产业政策和区域政策，调整某些个体和某些群体的优先级。对于没有手动调整的个体，其优先级按照 5.2.3 中所述的方法自动计算生成。

7. 运行匹配算法，生成匹配结果

当上述环节皆进行完毕，管理员启动算法匹配程序，系统将运行 WYS 算法，根据参与双方的最终偏好序生成稳定的匹配结果。系统将匹配结果发送给各个企业和开发区，企业和开发区按照匹配结果和事先商定的具体出让协议完成后续出让流程。

5.3.2 基于 Web 的软件平台设计

本书系统使用 Python、Django 等技术完成了企业与开发区双边匹配原型系统的构建，该系统能够完成前文所述的出让流程。系统整体架构如图 5-6 所示，一共包括 5 个技术模块，分别是用户管理模块、偏好管理模块、算法模块、用户通知模块和数据交互模块。由于本书主旨并非软件的具体编码实现，因此对原型系统仅做简略展示。

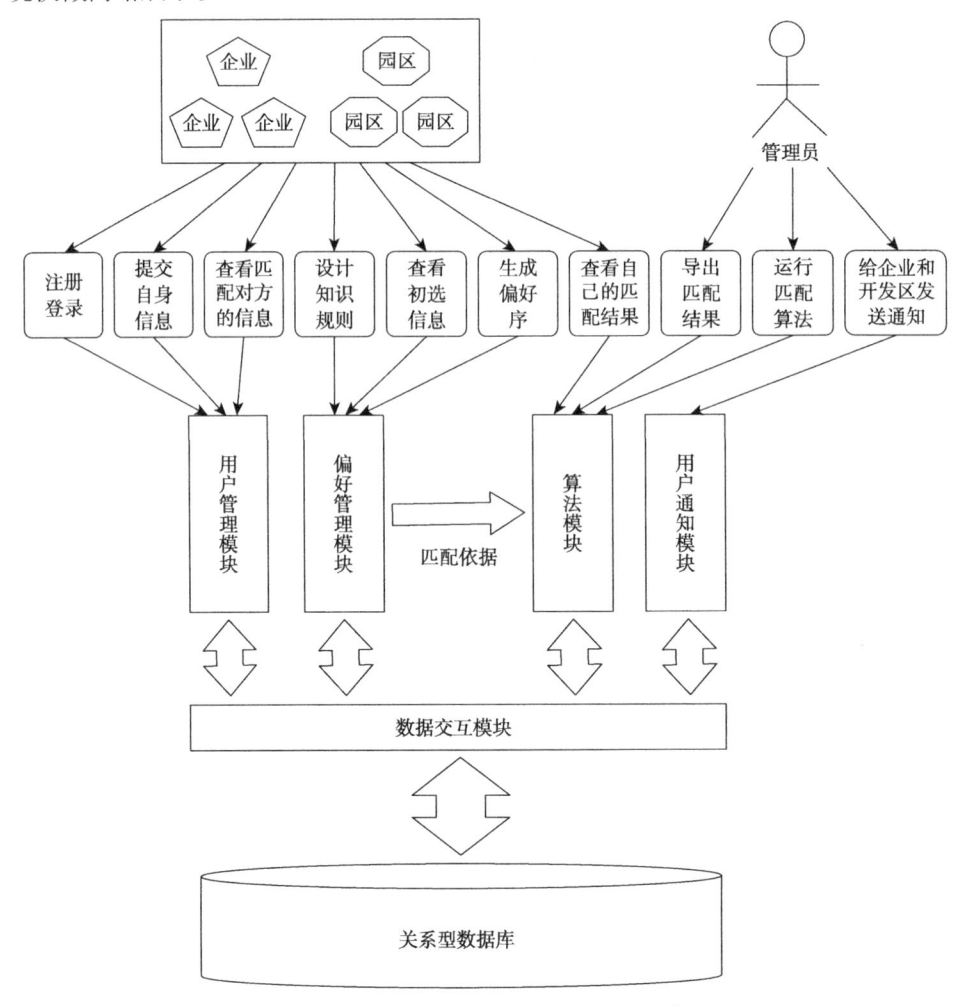

图 5-6 企业与开发区双边匹配系统架构

1. 用户管理模块

该模块负责管理用户的信息录入和信息披露。工业企业和开发区通过该模块进行注册、登录、信息填报和检索，其中个体信息填写的软件界面如图 5-7 所示。

小米科技有限责任公司	
年份	2007
企业介绍	
注册资本(万元)	5000.0
资产规模(万元)	20000.0
预期投资额(万元)	100000.0
达产后年纳税额(万元)	60000.0
经营范围	智能手机，移动互联网
占地面积（亩）	50.0
工业用地报价(元/米^2)	5000.0
最近三年专利授权总数量(件)	200
预期吸纳就业人数(人)	200
上年废水排放总量(吨)	0.0
上年二氧化硫排放总量(吨)	0.0
上年工业污染治理完成投资额(万元)	0.0
限高情况	0.0
容积率	0.0
建筑密度	0.0

图 5-7 用户管理模块的网页界面–个体信息填写

图中数据均为模拟数据

2. 偏好管理模块

该模块负责维护用户偏好序，包括了筛选规则设定和偏好确认等交互界面。注册的开发区和企业登录之后，可以进入偏好确认界面，该界面会展示通过了筛选规则的潜在匹配对象，企业和开发区能够对这些潜在匹配对象进行打分，系统通过分值排列自动生成各自偏好序清单。规则筛选界面如图 5-8 所示，偏好确认界面如图 5-9 所示。

请填写对企业的基本要求

最小注册资本(万元)	1000.0
最小预期投资额(万元)	0.0
经营范围	
最少吸纳就业人数(万元)	0
上年废水排放量上限(吨)	0.0
上年二氧化硫排放量上限(吨)	0.0
最大占地面积(亩)	0.0
最大高度(米)	0.0

图 5-8　偏好管理模块的网页界面-填写匹配要求

图中数据均为模拟数据

打分	企业名称	企业简介	经营范围	注册资本	资产规模	预期投资额	达产后年纳税额	工业用地范围	预期吸纳就业人数	占地面积(平方公里)
0	北京光华五洲纺织集团公司		棉及纤维制品	69844.0	185003.0	10000.0	320.0			10.0
0	北京金隅水泥厂		商品混凝土	32998.0	343106.0	50000.0	2000.0			100.0
0	燕山石化		炼油产品、合成树脂、合成橡胶、有机化工产品、聚苯乙烯、丁基橡胶	500000.0	3000000.0	500000.0	150000.0			500.0
0	北京北方阳光太阳能设备有限公司		全玻璃太阳能真空集热管	1200.0	4411.0	5000.0	120.0			20.0
23	北京双鹤制药装备有限责任公司		制药	17778.0	69244.0	20000.0	1700.0			50.0
0	北京宝龙伟业物流有限公司		仓储物流	1000.0	3000.0	500.0	60.0			200.0
0	北京兴普精细化工技术开发公司		特种润滑油、炼厂化学助剂	20085.0	61672.0	5000.0	250.0			30.0
25	北京大北农动物保健科技有限责任公司		新型高效饲料	5000.0	39185.0	7000.0	1000.0			30.0

图 5-9　偏好管理模块的网页界面-潜在匹配对象打分

图中数据均为模拟数据

3. 算法模块

算法模块是核心技术模块，该模块实现了 WYS 算法和 G-S 算法，针对同一套偏好序可以分别运行不同匹配算法，并自动对匹配结果进行效用统计，以便比对不同算法效果，同时会自动运行程序检查匹配结果是否存在阻碍对。

这一模块由系统管理员控制，管理员可选择使用哪一种算法进行匹配，算法运行结束后管理员可以查看全部匹配结果，开发区和企业用户则只能查询自己的匹配结果。其中开发区的结果查看界面如图 5-10 所示。

中关村科技园，以下是您的匹配结果

请选择年份 2007

匹配结果：
大唐电信科技股份有限公司
北京绿色农华植保科技有限责任公司

图 5-10 算法模块网页界面-开发区匹配结果查看

图中数据均为模拟数据

4. 用户通知模块

系统管理员可通过该模块给开发区和企业用户发送通知。开发区和企业会收到通知提醒。

5. 数据交互模块

该模块用于管理和维护关系型数据库，存储系统数据，并为其他各个模块提供数据支持的接口和服务。

第 6 章 多地区引资竞争模拟

前文设计了工业用地出让的双边匹配机制,并验证了该机制的核心算法——WYS 算法拥有良好性质,但前文的讨论缺乏"区域"概念,其出让机制的设计仅针对开发区和工业企业两个均质化的集合。而现实中工业用地市场的问题主要是由地区间的引资竞争所致,因此必须进一步探讨双边匹配机制是否适用于多地区的引资竞争问题。尤其要讨论区域经济学所关心的,价格机制和双边匹配机制在出让结果、社会总效用、工业区企业空间布局、城市发展均衡性等方面究竟存在何种差异,以此更加详细地评判不同出让机制的利弊。按照 Roth 等的市场设计范式,应当运用真实偏好数据对新设计的匹配机制进行检验,但我国缺乏工业企业区位选择的真实偏好数据积累,本书不得不退而求其次,尝试建立多地区工业用地出让市场的模拟模型,运用模拟方法研究上述问题。

本章首先构建多地区工业用地出让市场模拟模型,然后基于该模型进行模拟实验,以达到两个目的:①研究多地区引资竞争情景下,价格机制和双边匹配机制在社会总效用、企业效用、城市发展均衡性等多个方面的表现间的异同,以此更加详细地探讨不同机制的利弊;②探讨在双边匹配机制下,一些具有重要现实意义的政策变量变化对交易结果会产生何种影响,并给出合理的政策建议。

6.1 多地区引资竞争模拟模型构建

6.1.1 模型假设

模型尝试模拟真实的全国工业用地出让市场。省级政府较少涉及招商的具体事宜,政府机构中也没有专门的招商部门,县级政府虽然有独立的招商局,但往往服从市级政府安排,中国的招商竞争一般以城市之间竞争为主。因此,模型中的地方政府应以城市为最小单元。模型中应包含若干省份，每个省份下有若干城市，每个城市有若干注册企业，每个企业拥有一个工业建设项目，建设项目要寻找合适的城市落地，城市则试图寻找合适的项目入驻，建设项目和城市之间形成一个双边匹配市场（图6-1）。模型中城市和企业的基本属性通过一系列含有一定随机性的程序外生指定，而城市和企业的偏好则根据基本属性内生得出。

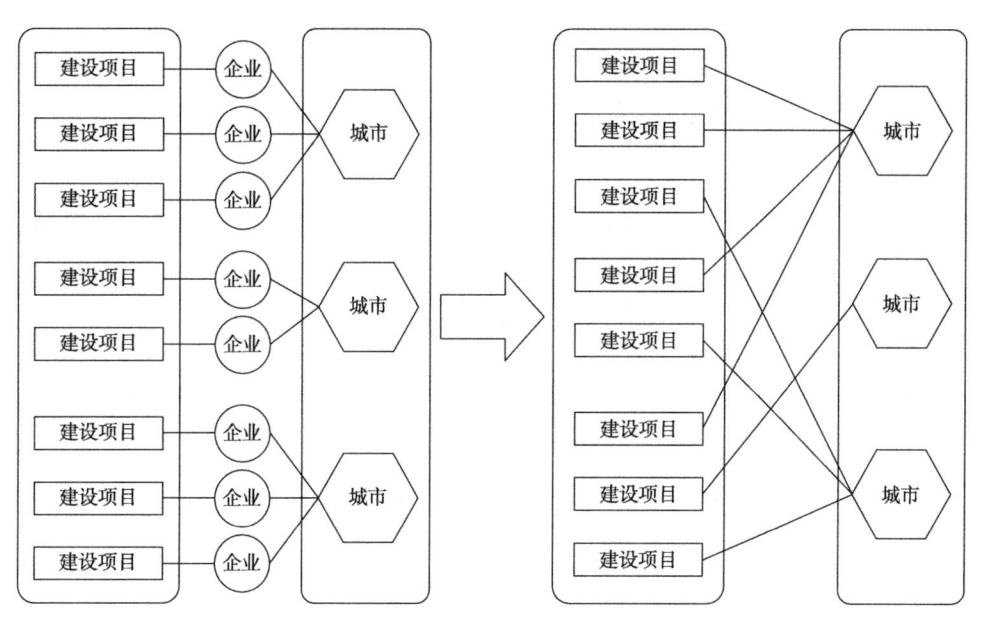

图 6-1　建设项目和城市的双边匹配市场

基于前文实证结论，以及经济学基本常识，提出如下七个假设，模拟模型的设定依据这些假设进行。

假设一：引资竞争以城市为单位展开，市和省的边界存在壁垒。

假设二：全国工业用地出让格局东南重，西北轻，整体上东部地区处于工业用地市场网络核心，西部地区处于边缘。

假设三：东部地区、中部地区、西部地区的工业用地出让形成梯度，每个区域都有其区域热点和区域冷点城市。

假设四：大多数企业仍在本地获取土地，较少的企业能够跨地区购地，其中跨省购地比跨市购地更少。

假设五：对于能够跨省、跨市购地的工业企业，它们可以在全国范围内选择区位，而较少地受到地理因素的限制。

假设六：在城市间出让的网络中具有层次性，存在部分影响力较大的全国中心城市、部分区域中心城市和许多非中心城市。

假设七：中心城市对于工业企业更具吸引力，中心城市本身也会产生更多的外向型企业。

6.1.2 城市属性设定

模型中存在三个省，分别是西部省、中部省和东部省，每个省有三个城市。城市可分为三个等级，东部省拥有一个三级城市和两个二级城市，中部省拥有一个二级城市和两个一级城市，西部省拥有三个一级城市（图 6-2）。等级越高的城市经济越发达，面积越大，本地企业越多，营商环境越好，当然企业在此的经营成本也越高。这一设置可以较好地反映出中国工业用地市场的三个阶梯，既符合整体上东南重、西北轻的特点，也很好地将城市体系的层次性抽象化。三级城市代表全国性中心城市，二级城市代表地区中心城市，一级城市代表一般小城市。

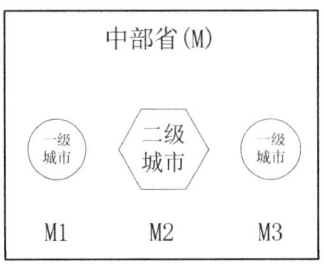

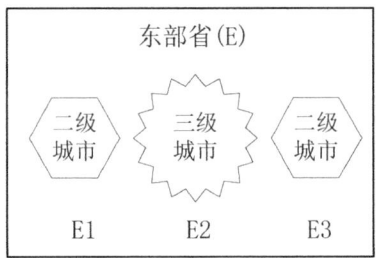

图 6-2 模型中省份和城市设置

每一个城市 C_i 都拥有如下属性，属性根据城市等级确定，具体数值见表 6-1。

表6-1 不同级别城市的属性设置

城市	城市级别	注册企业数（Num）	可出让工业用地面积（Area）	经营成本系数（Cost）	项目质量敏感度（QS）	经营环境系数（Env）	优势产业类型（MI）
W1	1	100	100	0.2	0.3	1	1
W2	1	100	100	0.2	0.3	1	2
W3	1	100	100	0.2	0.3	1	3
M1	1	100	110	0.2	0.4	1.2	2
M2	2	200	150	0.3	0.6	1.5	1、2
M3	1	100	110	0.2	0.4	1.2	3
E1	2	200	150	0.3	0.7	1.5	1、3
E2	3	300	200	0.4	0.9	2	1、2、3
E3	2	200	150	0.3	0.7	1.5	2、3

第6章 多地区引资竞争模拟

（1）注册企业数 C_i.Num：一个整数，代表注册地在 C_i 的企业数量，城市级别越高，拥有的企业就越多。

（2）可出让工业用地面积 C_i.Area：一个整数，代表该城市能够出让的工业用地面积，城市级别越高，C_i.Area 越大。

（3）经营环境系数 C_i.Env：一个实数，是当地能够提供的高端人才、技术、金融服务以及规范化管理等经营环境的抽象化表示。C_i.Env 越大意味着 C_i 提供的经营环境越好。

（4）经营成本系数 C_i.Cost：一个实数，代表着企业在该城市经营所需要付出的成本，是劳动力、交通、能源等各项成本因素的抽象化表示。城市级别越高，C_i.Cost 越大。

（5）项目质量敏感度 C_i.QS：一个实数，是 C_i 当地政府对于企业的污染排放、科技属性等项目质量因素重视程度的抽象化表示，C_i.QS 越大则意味着当地政府越注重项目质量，质量较差的项目会有更大概率被当地政府拒绝。

（6）优势产业类型 C_i.MI：一个实数，代表当地优势产业类型。将产业类型抽象为一个环，环上的任一点都可以对应 0~3 的实数，环中 0 和 3 为同一点。两个产业在环上的距离越近，意味着产业类型越相近。例如图 6-3 中，有三种产业类型 A、B 和 C 落在环上，B 和 A 的距离 $\widehat{AB}$ 比 B 和 C 的距离 $\widehat{BC}$ 更近，因此 B 和 A 的产业关联度比 B 和 C 的产业关联度更大。城市的优势产业类型为外生给定的 0~3 的实数。两个实数 m 和 n 的距离即两个数对应的点在环上构成的最短弧长，定义为：$\text{Distance}_{n\&m} = \min\{n+3-m, m-n\}(n<m)$。城市级别越高，其产业类型越丰富，一级城市拥有一个优势产业，二级城市有两个优势产业，三级城市有三个优势产业。

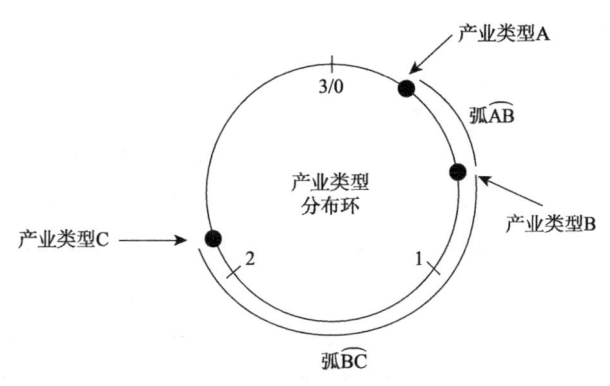

图 6-3 产业类型分布环

6.1.3 工业建设项目属性设定

每个城市 C_i 拥有 $C_i.\text{Num}$ 个注册企业，每个企业有一个工业建设项目，工业建设项目的全集为 $P=\{P_1,P_2,\cdots,P_i,\cdots,P_n\}$。每个工业建设项目拥有项目规模、项目质量、产业类型、经营环境敏感度等属性。

1. 项目规模

项目 P_i 的规模 $P_i.\text{Size}$ 是一个 0~8 的正实数，该实数是项目的投入资金、占地面积、预期年产规模等各项规模指标的抽象化表示。项目规模会影响到项目的成本和收益，规模越大的项目，预期收益和预期成本都越高，项目为地方政府和企业带来的效用也越高。

$P_i.\text{Size}$ 外生给定，每一个项目的规模都使用正态概率密度的随机数生成器随机生成。级别越高的城市所属的项目倾向于越大，具体生成规则如下：

$$P_i.\text{Size} = \text{random}\left(N\left(2+0.2\text{citylevel}_i,1\right)\right)|0<\text{value}<8| \qquad (6\text{-}1)$$

其中，citylevel_i 表示 P_i 所属的城市级别。按照期望为 $1+0.2\text{citylevel}_i$，方差为 1 的正态分布概率密度生成一个随机数，若该随机数在 0 到 8 之间，则将其值赋给 $P_i.\text{Size}$，若该随机数不在 0 到 8 之间，则重新生成随机数，直至满足条件，将该数赋给 $P_i.\text{Size}$。

2. 项目质量

项目 P_i 的质量 $P_i.\text{Quality}$ 是一个 1~2 的实数，衡量与项目规模无关的其他影响因素，是环境污染、科技含量、龙头企业示范效应等多方面因素的抽象化表示。企业在区位选择时并不考虑项目质量问题，项目质量对企业效用无影响，但会对地方政府的效用造成影响，影响的大小视地方政府的质量敏感性而定。

$P_i.\text{Quality}$ 外生给定，并加入一定随机因素，级别越高的城市所属的项目倾向于质量越高，具体生成规则见式（6-2），各变量解释与式（6-1）相同。

$$P_i.\text{Quality} = \text{random}\left(N\left(1.4+0.1\text{citylevel}_i,0.3\right)\right)|1<\text{value}<2| \qquad (6\text{-}2)$$

项目的质量和规模，在很大程度上决定了地方政府对待该项目的态度。一个高质量、大规模的项目，往往被各地政府争抢，地方政府常常会成立"大项目办"，对这类明星项目在各个方面开通快速便捷的"绿色通道"，尽力争取落地，而规模越小、质量越低的项目，则相应越不被地方政府重视（图 6-4）。

```
        低      项目质量      高
大   ┌─────────────────┬──────┐
     │                 │ 明星 │
项   │   传统重大项目    │ 项目 │
目   ├─────────────────┼──────┤
规   │                 │ 优质 │
模   │    普通项目       │ 项目 │
小   └─────────────────┴──────┘
```

图 6-4 项目类型示意

3. 产业类型

建设项目在选择区位时要考虑产业关联的影响，产业的集聚会提高企业和地方政府双方的效用，因此项目应尽量选择优势产业与本项目产业类型相近的城市落地。

本模型将产业类型抽象为一个连续的分布环，每个项目 P_i 都拥有产业类型属性 $P_i.\text{IT}$ ，该属性是一个 0~3 的实数，对应了产业分布环上的一个点，两种产业类型的相近程度由两点在环上的最小弧线距离度量，具体解释见 6.1.2 节。

企业的产业类型外生给定，使用随机数生成器随机生成，生成方法如下。

（1）若一个城市没有优势产业，则在该城市注册的企业以均匀分布 U(0,3) 的概率密度函数随机生成其 $P_i.\text{IT}$ 属性。

（2）若一个城市拥有优势产业，则在该城市注册的企业在随机生成产业类型时应满足距离优势产业越近的地方概率密度越大，按照式（6-3）生成企业的产业类型。

$$P_i.\text{IT} = \text{random}\left(N(\text{cityMainIndustry}_i, 0.5)\%3\right) \quad (6-3)$$

其中，$\text{cityMainIndustry}_i$ 表示 P_i 所在城市的优势产业类型；% 表示取模运算（modulo operation）。

（3）若城市拥有多个优势产业，则每次随机生成企业的产业类型时，都循环按照不同的优势产业类型运用式（6-3）生成。

4. 经营环境敏感度

部分企业，尤其是高新技术类企业和资本密集型企业，对于人才、技术、金融、管理规范化等经营环境非常敏感，较差的经营环境会带来严重的效用损失，因此这些企业更倾向于选择在经营环境较好的大城市落地。而以低端制造业为代表的很多工业企业，对于高端要素的需求并不强烈，经营环境敏感度较低，这些企业并不太看重大城市所能够提供的良好环境，而更倾向于以生产成本来决定区位选择。

本模型中，项目 P_i 的经营环境敏感度 $P_i.\text{ES}$ 是一个 0～1.5 的实数，该实数是企业对于高端生产要素和良好经营环境敏感程度的抽象化表示，该数值越大表示项目对经营环境的敏感度越高。每一个项目的经营环境敏感度，都使用正态概率密度的随机数生成器按照式（6-4）生成，式（6-4）的解释同式（6-1）。

$$P_i.\text{ES} = \text{random}\big(N(0.3+0.1\text{citylevel}_i,1)\big)|0<\text{value}<1.5| \qquad (6-4)$$

使用 Python 语言编写程序，按照上述方法生成全部 9 个城市的属性，并为每个城市生成其注册企业的建设项目属性。以城市 M2 为例，该城市为二级城市，注册企业有 200 家，共计 200 个工业建设项目。200 个建设项目的规模在 0 至 8 之间呈现正态分布特征[图 6-5（a）]，规模主要在 2 左右分布，规模大于 4 的"大项目"有 15 个，最大项目规模为 6.13，规模小于 1 的"小项目"有 13 个，最小项目规模为 0.074。项目质量在 1 至 2 之间呈现正态分布特征[图 6-5（b）]，质量高于 1.8 的"高质量项目"有 34 个，质量小于 1.3 的"低质量项目"有 22 个。大规模、高质量的"明星项目"有 2 个。由于 M2 有两个主导产业（产业 1 和产业 2），因此该城市项目的产业类型呈现双峰正态分布特征，在 1 和 2 分别达到一个高峰[图 6-5（c）]。而经营环境敏感度由于生成时所用的概率密度函数方差较大，因此其分布比其他三个属性更加均匀[图 6-5（d）]。其余城市注册企业的建设项目属性分布根据城市的级别和优势产业类型，呈现与城市 M2 类似的特点。

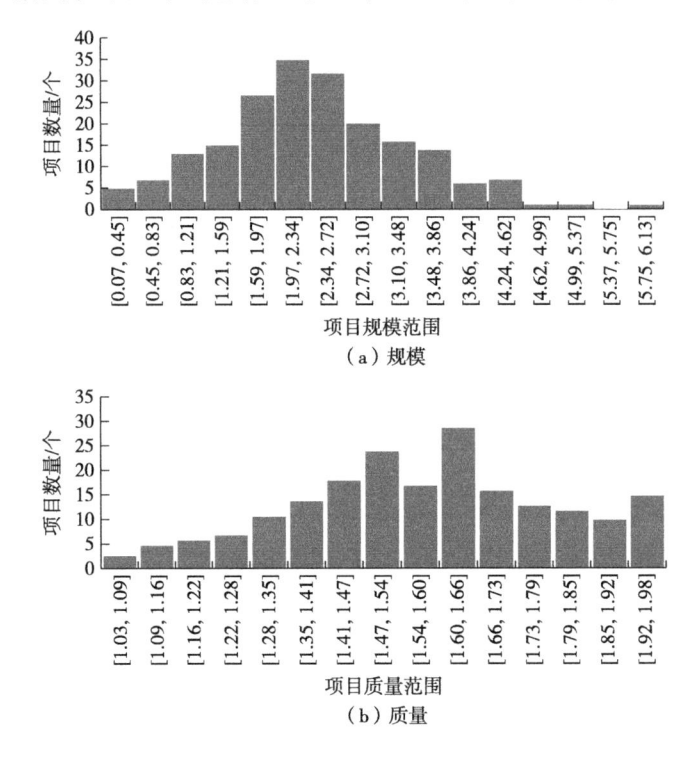

（a）规模

（b）质量

(c) 产业类型

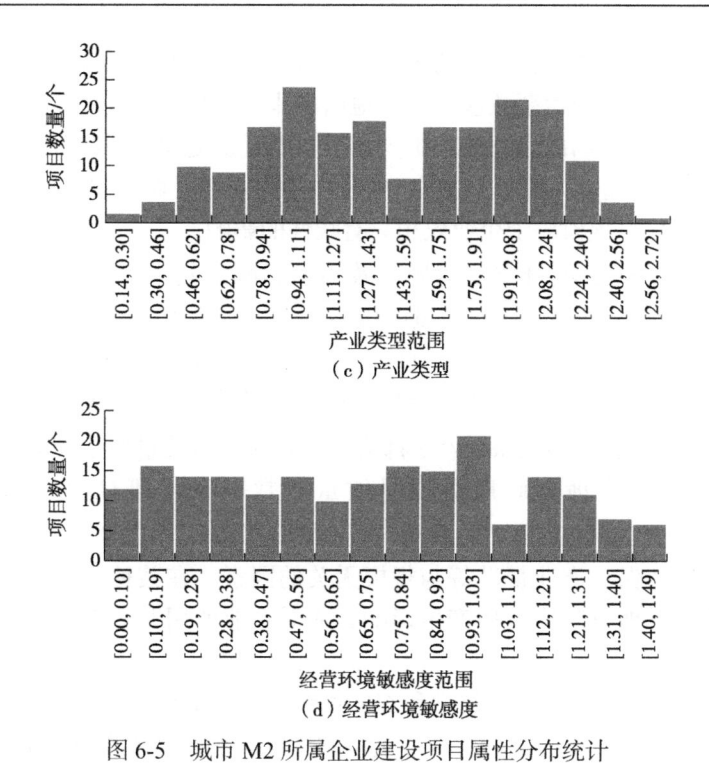

(d) 经营环境敏感度

图 6-5　城市 M2 所属企业建设项目属性分布统计

6.1.4　地方政府和工业企业的效用函数及偏好序设定

当一个项目在某城市落地,就会为这个城市的代理人——地方政府带来效用,效用大小取决于地方政府的效用函数和项目的关键属性。地方政府根据项目为其带来的效用值从高到低的顺序来排列各个项目在其偏好序中的位置。

项目的落地也会为企业带来效用,企业的效用由其效用函数和落地城市的相关属性计算得出。企业根据项目落地不同城市所产生的效用值从高到低的顺序,排列各个城市在其偏好序中的位置。

地方政府和企业生成偏好序的关键步骤,是给出地方政府和企业关于项目的效用函数。假设项目 P 在城市 C 落地,给当地政府带来的效用为 U_C,给企业带来的效用为 U_P,定义 U_C 和 U_P 如下:

$$U_C = \left(P.\text{Size} + 0.3 P.\text{Size}^2\right) P.\text{Quality}^{C.\text{QS}} \left(2.5 - \text{Difference}_{P\&C}\right)^{0.3} + \theta_C \quad (6-5)$$

$$U_P = P.\text{Size}\left(1 - C.\text{Cost}\right) U_P$$
$$= P.\text{Size}\left(1 - C.\text{Cost}\right) C.\text{Env}^{P.\text{ES}} \left(2.5 - \text{Difference}_{P\&C}\right)^{0.6} - \text{OutCost}_P + \theta_P \quad (6-6)$$

$P.\text{Size}$ 为项目规模,对于企业来说,项目规模应与企业收益成正比。对于地方政府来说，大项目的入驻带来的不仅仅是与规模成比例的经济效益，更是"政绩亮点"和"龙头企业示范效应"等其他诸多非经济利益，且大项目意味着同样的经济体量，需要付出的管理成本更少，风险因素也更少，因此政府对于项目规模更加敏感，非常偏爱大项目。故式（6-5）中项目规模对城市效用有二次幂影响，而式（6-6）中项目规模对于企业效用只有线性的影响。

$P.Quality^{C.QS}$ 代表项目质量对城市效用的影响，其中 $P.Quality$ 代表项目质量，$C.QS$ 代表地方政府对项目质量的敏感度，由于管理水平、环保理念和发展阶段的不同，级别越高的城市对于项目质量越敏感。$P.Quality$ 在 1~2 变动，$C.QS$ 在 0~1 变动，当地方政府对于项目质量绝对不敏感时，即 $C.QS$ 为 0 时，则无论 $P.Quality$ 如何变动，$P.Quality^{C.QS}$ 都为 1，此时项目质量对于地方政府的效用没有任何影响。当地方政府对项目质量非常敏感，即 $C.QS$ 为 1 时，则 $P.Quality^{C.QS} = P.Quality$，此时项目质量的任何变动都能线性地影响城市的效用。项目质量涉及环保、产业带动等与规模无关的因素，在某种程度上相当于外部性，因此它只对地方政府效用产生影响，而对企业效用并无影响，没有出现在式（6-6）中。

$Difference_{P\&C}$ 是 P 的产业类型和 C 的优势产业类型在产业类型分布环上的距离。距离越近，意味着 P 和 C 的产业类型越相近，则它们彼此的效用就越高。企业比地方政府更加看重产业关联，因为产业关联意味着项目落地之后能够有更好的市场、供应商、劳动力池等利好因素，帮助企业获得更好发展。对于政府来说，虽然引进产业关联密切的企业落地有助于进一步形成产业集群，但毕竟单个企业对形成产业集群的贡献有限。因此，在式（6-5）和式（6-6）中，给产业关联因子赋予不同指数，以反映地方政府和企业对于产业关联的不同敏感度。

$OutCost_P$ 代表企业的跨地区成本。若企业将建设项目放在外地，则会面临两方面的阻碍：一方面，地方政府希望本地企业尽可能在本地进行项目建设，因此可能会对本地企业在外地的建设设置阻碍；另一方面，外地的陌生环境和不同习惯，以及对企业来说较薄弱的社会关系等因素，都会使得项目在外地建设的成本增加。因此设置 $OutCost_P$ 度量跨地区建设的成本，若 P 的注册地和 C 是同一个城市，则 $OutCost_P$ 设置为 0，若 P 的注册地和 C 是同一个省内的不同城市，则 $OutCost_P$ 设置为 1，若 P 的注册地和 C 不在同一个省，则 $OutCost_P$ 设置为 2。

无论是企业的区位决策还是政府的招商决策，常常并不完全从经济理性出发，还会受到决策者个人感情、人际关系、人生际遇等偶然因素的影响。例如，京东将其客服中心设在江苏宿迁，但宿迁多项经济指标在江苏省都排名靠后，交通和人力资本也很不发达，最开始连招聘客服中心工作人员都面临很大困难，京东的这一决策最大原因是其创始人刘强东为宿迁人[①]。因此在 U_C 和 U_P 中都加入了随机因素，θ_C 和 θ_P 按照式（6-7）的正态概率密度函数随机生成。

$$\theta = \text{random}(N(2,1))|0<\text{value}<10| \tag{6-7}$$

给定上述效用函数之后，每个企业按照自己的效用函数，计算其项目落地到不同城市所能获得的效用，按照获得效用从高到低的顺序在其偏好序中排列各个城市。同样，每个城市的地方政府也针对每个建设项目计算自己的效用，并按照获得效用从高到低的顺序在其偏好序中排列各个建设项目。

各个企业对城市的偏好统计如表 6-2 所示，可以看出，企业对城市的偏好体现出明显的层次性和集中性。同一个省内部，企业对高级别城市偏好高于低级别城市，企业在 E2 的平均效用高于 E1 和 E3，在 M2 的平均效用高于 M1 和 M3，西部省三个城市级别相同，因此企业对 W1、W2、W3 的偏好没有明显倾向性。相同级别的城市之间，发达省份的城市更受企业偏爱：E1、E3 和 M2 同为二级城市，但企业在 E1、E3 的平均效用显著高于 M2；在同为一级城市的 W1、W2、W3、M1、M3 之间，企业偏爱中部省的城市胜过西部省。最受企业欢迎的城市是唯一的三级城市 E2，企业在该城市的平均效用远超其他城市，有 342 家企业将其排在偏好序的第一名，只有 89 家企业将其排在偏好序最后一名。

表6-2 企业对城市的偏好和效用统计

变量	西部省			中部省			东部省		
	W1	W2	W3	M1	M2	M3	E1	E2	E3
城市在企业偏好序中的平均位次	5.91	5.77	5.89	5.23	4.73	5.18	4.28	3.72	4.30
企业在该城市获得的平均效用	2.60	2.67	2.60	2.96	3.23	2.98	3.49	3.85	3.46
排入企业偏好序第一位的次数	96	74	94	121	178	102	210	342	183
排入企业偏好序前两位的次数	178	198	191	257	326	230	427	593	400
排入企业偏好序后两位的次数	468	437	454	341	250	290	192	164	204
排入企业偏好序最后一位次数	244	229	258	151	119	137	96	89	77

由于企业数目过多（共 1400 家企业），城市对企业的偏好无法一一列出，仅展示主要统计结果（表 6-3）。地方对企业的偏好同样呈现出明显的集中性，大项目和高质量项目更受偏爱。"高质量项目"带给地方政府的效用为"低质量项目"的 1.3 倍，而"大项目"带给地方政府的效用则是"小项目"的 6.3 倍，可见模型中地方政府对项目大小的关切程度高于项目质量。

[①] 参考《中国企业家》杂志，2015 年 08 期文章《"大强子"造镇》。

表6-3　各地方政府对建设项目的偏好和效用统计

变量	大项目（规模大于4）	小项目（规模小于1）	高质量项目（质量高于1.8）	低质量项目（质量低于1.3）	明星项目（高质量大项目）
项目数量	84	120	232	218	10
在政府偏好序中平均位次	68.79	1314.26	598.90	815.12	56.48
政府获得的平均效用	21.25	3.37	11.51	8.66	22.53

整体看来，在企业区位选择过程中，经营环境因素的影响大于成本因素，更多的企业倾向于在大城市发展，也有部分成本敏感型企业倾向于在小城市发展，企业对城市的偏好呈现出了有层次的中心集聚倾向；而地方政府进行招商选择时，项目规模因素的影响大于项目质量因素，地方政府集中追求大项目，这些特点基本上符合工业用地市场的真实情况。

6.2 模拟一：引资竞争环境下匹配机制和价格机制的对比

在假设市场参与者拥有完全信息和完全理性的情况下，使用双边匹配的集中清算机制，与依靠市场个体自主决策的价格机制之间究竟会存在何种异同？这一问题在理论上研究较少，既有研究仅得出部分实验性结论，并不具备普适性（Pais et al.，2012）。具体到工业用地市场，由于土地出让总量和结构控制等政府干预措施不可避免，更难以适用以往针对一般商品的研究结论，因此这两种机制所导致的分配结果之间的异同尚需要进一步具体探讨。本节基于前文所产生的9个城市和1400个企业及其偏好序，尝试模拟两种不同机制的交易过程，并对比其产生的交易结果，进而深入探讨这两种机制应用于工业用地市场时的不同特点。

6.2.1 价格机制的决策流程

如前文所述，现行的招拍挂出让制度，本质上是"价高者得"，即一块土地出让给谁，由企业所能够给出的价格高低来决定，地方政府对企业的偏好可能无法在正常的招拍挂流程中得到落实。因此，模拟纯价格机制，实际上是模拟一个单边决策市场。在价格机制中，完全不考虑政府意志，所有企业根据自己对城市的偏好序依次尝试从各个城市购地，企业的效用 U_P 除以项目规模 $P.\text{Size}$ 就是企业所能够给出的最高地价，出价高者获取土地。

价格机制的决策过程是一种分散化的"攻擂"和"守擂"的交互过程，企业首先向自己偏好序中排第一的城市发起购地尝试，所有尝试在同一个城市购地的企业中，出价高者暂时获取土地，出价低者被淘汰，转而寻求在其偏好序中第二位的城市购地。下一轮中，那些在上一轮被淘汰的企业，来到新的城市参与购地竞争，仍然以出价高低决定谁被淘汰。每一轮被淘汰的企业，在下一轮中都有机会向其偏好序中次一位的城市尝试购地。最终，当没有企业再发起新的尝试时，市场交易过程结束，此时留在各个城市的企业，就是最终的"守擂"成功者，而该城市的土地价格，就是该城市所有守擂成功者中出价最高的价格。这一过程的规范化描述如下。

步骤1：每个项目 P_i 在其偏好序中设置一个偏好游标 Cursor_i，该游标初始时指向其偏好序中排第一位的城市。

步骤2：每个项目 P_i 向 Cursor_i 所指的城市 C_j 发出购地申请（若 Cursor_i 标记为 over，则该项目不再发出任何申请），其土地报价即为 P_i 在 C_j 所能够获得的效用 U_P 除以项目规模 $P_i.\text{Size}$。

步骤3：每个城市 C_k 查看向自己发出购地申请的所有项目，若项目 Size 加总超过自身的匹配容量 $C_k.\text{Area}$，则标记出价最高的 $C_k.\text{Area}$ 个项目在 C_k 暂时购地成功，其余项目的偏好游标都向后移一位，若某项目的偏好游标已移动到其偏好序最后一位，则将其偏好游标标记为"over"，然后重复步骤2。

如此不断循环步骤2和步骤3，直至所有未被标记为"over"的游标都不再移动，此时在各个城市暂时购地成功的项目，即为最终购地成功的项目。

6.2.2 供地总量不变时的对比

使用 Python 语言编写程序，分别模拟分散化价格决策机制和 WYS 双边匹配机制，将多地区出让模型中的建设项目和城市进行匹配，并计算在不同机制下企业和地方政府各自获得的效用，统计结果见表6-4。由于效用函数设置数值时具有较大随意性，因此具体效用值并不具备货币意义，本节不讨论效用绝对值，主要关注 WYS 机制相对于价格机制的效用提升百分比。另外地方政府和企业的效用函数设置并不具备同一性，故将双方效用简单加总所得到的"社会总效用"意义也不明确，仅做参考。

表6-7 基于WYS机制的城市匹配结果统计

变量	W1	W2	W3	M1	M2	M3	E1	E2	E3
市政府效用	869.49	858.01	880.27	1104.24	1928.53	1087.98	2102.84	3768.56	2114.13
落地项目数	100	100	100	110	150	110	150	200	150
产业集聚度	1.97	1.94	1.97	1.98	2.22	1.97	2.21	2.28	2.21
落地项目平均质量	1.51	1.52	1.52	1.53	1.56	1.52	1.57	1.60	1.57
大项目数	3.60	2.10	3.20	5.50	9.00	4.10	9.80	29.70	11.00
小项目数	0.00	0.20	0.00	0.00	0.00	0.10	0.00	0.00	0.00
高质量项目数	15.10	15.00	14.30	17.70	26.00	16.80	28.70	47.20	30.00
明星项目数	0.40	0.10	0.60	0.90	1.40	0.30	1.60	5.50	2.10
低质量项目数	20.30	18.60	20.90	21.80	22.90	21.20	22.70	21.70	21.60
外流项目比例	0.55	0.59	0.58	0.56	0.53	0.53	0.62	0.61	0.62
引进项目数	55.20	58.80	57.60	65.50	56.40	62.80	74.00	84.10	73.40

注：10次实验平均结果

表6-8 WYS机制相对于价格机制的提升度（单位：%）

变量	W1	W2	W3	M1	M2	M3	E1	E2	E3
市政府效用	−2.70	−5.92	−1.24	9.57	25.51	11.18	33.66	55.61	33.41
产业集聚度	−0.51	−1.02	−0.51	−2.46	−0.45	−0.51	−0.45	−0.44	−0.45
落地项目平均质量	−0.66	0.00	0.00	1.32	0.65	0.00	0.64	0.63	0.00
大项目数	−2.70	−40.00	−11.11	61.76	136.84	86.36	157.89	285.71	243.75
小项目数	−100.00	−97.62	−100.00	−100.00	−100.00	−99.20	−100.00	−100.00	−100.00
高质量项目数	4.86	8.70	−0.69	12.74	3.59	4.35	10.81	10.02	5.26
低质量项目数	1.50	−7.46	−7.11	−8.79	−4.18	0.00	−2.16	−18.73	−11.84
明星项目数	33.33	−75.00	50.00	28.57	250.00	50.00	300.00	323.08	162.50
外流项目比例	25.00	25.53	28.89	27.27	8.16	32.50	10.71	1.67	10.71
引进项目数	26.61	25.11	27.72	21.52	18.49	25.10	20.52	6.46	17.07

注：10次实验平均结果

相比于价格机制，WYS机制对各个城市的影响主要呈现以下几个特点。

（1）西部各城市效用下降。相比于价格机制，WYS机制虽然提升了地方政府总体效用，但也造成西部城市效用下降。这主要是因为西部城市项目外流严重，其项目外流比例提高了25%~28.89%（表6-8）。虽然引进项目数也有类似比率的提升，但流出项目的规模、质量总体上高于流入项目。大规模、高质量项目在价格机制下，受制于大城市的土地价格竞争，有时不得不选择在西部城市落地，而匹配机制下由于这些项目受到各地政府的青睐，它们有能力在全国范围内进行区位选择，因此会有更多项目在经营环境更好的大城市落地，使得西部城市效用受损。

（2）城市间的不平衡加剧，"马太效应"凸显。城市级别越高，则在市政府效用、落地项目质量以及吸引外部项目方面的提升百分比越大（表6-8）。唯一的三级城市 E2 各项指标提升都最为明显，落地大项目数量提高了约 3 倍，市政府整体效用提升 55.61%。二级城市也普遍获得较大提升，市政府效用提升了 25%～34%，而一级城市效用则有升有降，中部的两座一级城市 M1 和 M3，由于邻近二级城市 M2，受到 M2 的溢出效应影响大于自身项目外流造成的损失，所以市政府总体效用略有提升（10%左右），而西部城市则全部形成净损失。表 6-9 统计了价格机制和 WYS 机制下的城市效用标准差，用以度量不同城市效用的均衡性，易知 WYS 的匹配结果无论在省域间、省内城市之间还是在全国城市之间，都显著加剧了市政府效用的不平衡。这主要是因为地方政府由土地分配的"旁观者"变成了参与博弈的"竞争者"，大城市的地方政府表现出更强的竞争力，能够获取更好的项目。

表6-9 价格机制和WYS机制下的城市效用标准差

机制类型	西部省内	中部省内	东部省内	三省间	全部城市
价格机制	11.33	314.08	486.66	1484.54	517.26
WYS 机制	11.13	480.67	958.46	2773.27	963.52

（3）全国市场联通度加强，企业跨地区建设比例全面提升。各个城市的外流项目比例和引进项目数都得到显著提升，平均提升比例在 20%左右，可见 WYS 机制大大促进了市场交流，使得省市间的土地市场壁垒更加容易被突破。

3. 结果评述

相比单边决策的价格机制，基于双边匹配的中央清算机制能够充分考虑地方政府和企业双方的意志，因此可以提升地方政府的总体效用和企业的总体效用，达到更优的社会总效用。同时必须认识到，双边匹配机制也会导致企业和政府的"马太效应"：对企业来说，高质量、大规模的建设项目效用提高，低质量、小规模的项目效用降低；对地方政府来说，西部落后城市的效用降低，中部、东部城市效用提高，最终使得全国经济分布不均衡程度加大（图 6-6）。因此，在采用 WYS 机制时，要尤其注意保护小规模、高质量的项目，并给予西部城市适当的政策优惠。

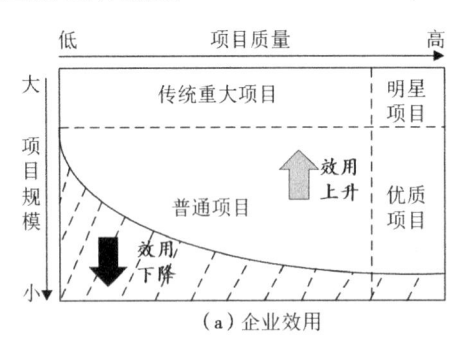

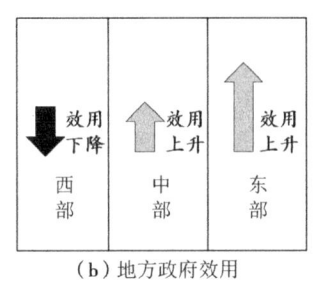

图 6-6 WYS 机制相比于价格机制所导致的企业和地方政府效用改变

另外，本节的实验基于以下两个较强的假设。

（1）所有地方政府和企业都能获得充分信息。在模型中体现为各个市场参与者都能充分了解潜在匹配对象的各项属性，例如地方政府了解所有建设项目的规模、质量、产业类型等信息。

（2）所有参与者都是完全理性的。在模型中体现为参与者完全按照自身的效用函数来设定偏好序。

在真实的工业用地市场中，分散化的决策体系不可能使双方参与者都拥有完全信息，较高的搜寻成本会使得真实市场中的价格机制所产生的结果远远劣于上述实验结果，中央清算机制在信息披露、促成理性决策方面将更具优势。然而即使在完全信息和完全理性的假设下，中央清算机制在总体效用方面仍然优于价格机制，且 WYS 算法能够保证形成稳定的匹配结果，而价格机制下却很容易产生阻碍对导致市场配置结果不稳定，存在帕累托改进的可能性。双边匹配机制对于工业用地市场的现实意义不言而喻。

6.2.3 供地总量可变时的对比

随着土地资源日渐稀缺，工业用地的总供给量不可避免地会受到抑制。如第 4 章所述，2013 年之后，我国工业用地出让总量已呈现连年下降趋势。当经济从粗放增长向高质量增长转型，国土管理部门对于工业用地总量的调控也会更加严格和精细，供给总量应如何调整才能达到提升经济效益和经济质量的目的，是本节的研究主题。

1. 供给总量改变对社会效用的影响

以表 6-1 中给出的城市可供出让工业用地面积为基准情景，通过对基准情景下各个城市的供地面积等比例缩放，来观察不同供地面积对社会效用的影响。图 6-7 中，x 轴是城市供地面积系数，例如 $x=0.5$ 则意味着基准情景下各个城市的供地面积都乘以 0.5，即所有城市供地面积缩小一半。x 在 0.1 到 2 之间每隔 0.1 取一个点，按照变化系数得出的供地面积重新运行价格机制和 WYS 匹配机制模拟程序，得到新的匹配结果，并统计不同机制下企业和地方政府的总效用。

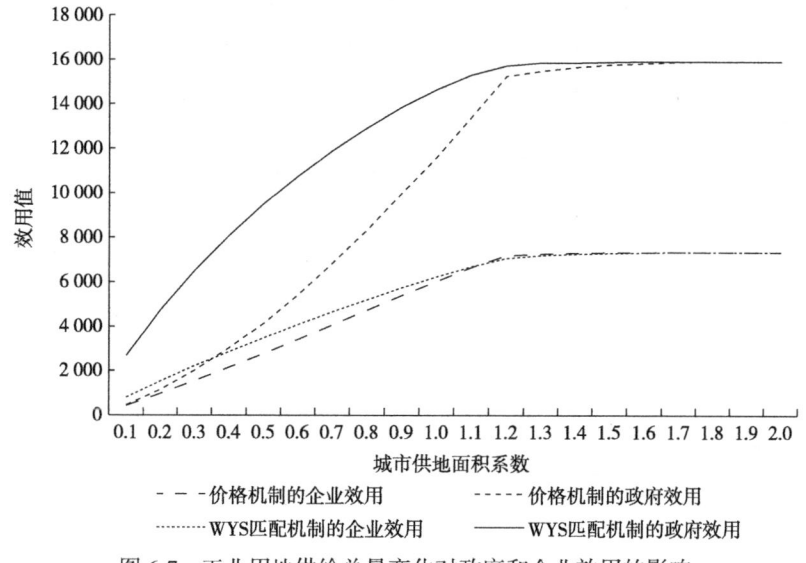

图 6-7　工业用地供给总量变化对政府和企业效用的影响

可以看到，在两种机制下，随着工业用地供给面积增加，企业和地方政府的效用都逐渐增加，这是因为模型中土地本身的使用开发并没有被计入社会成本，土地供给越多，能够落地的建设项目就越多，社会效用当然随之增加。当供地面积系数超过 1.8 时，全部效用曲线变为水平，此时相当于土地"无限供给"的状态。在"无限供给"状态下，企业的任何区位选择都能被满足，工业用地"按需分配"，地方政府的意志不再发挥任何作用，所有的建设项目都可以匹配到其偏好序中第一位的城市。但这种"按需分配"的情景不可能真正发生，在真实的经济活动中，对于大多数建设项目来说获取土地仍是不小的挑战。

当 x 在 0.1 到 1.8 之间变化时，总有部分建设项目因土地资源约束而无法落地，但无论 x 为何值，双边匹配机制下的政府效用都大于价格机制下的政府效用，且随着 x 从 0.1 增加到 1.8，两种机制下的政府效用差距经历了"先增大、后减小"的变化过程。这是因为，当土地供给严重不足时，无论何种机制，都只有明星项目有能力获取土地，因此不同机制的差距并不大；当土地供给充足时，企业意志在土地分配中起到决定性作用，土地分配机制能够发挥的作用很小。大部分情况下,土地供给并非处于"严重不足"或"无限供给"两个极端,不同的土地分配机制会对最终结果造成较大影响。

2. 供给总量改变对经济质量的影响

统计 x 取不同值时,全部落地项目的平均质量(图6-8)。双边匹配机制下的项目质量始终高于价格机制下的项目质量,这是因为地方政府对高质量项目的追求影响了最终的土地分配结果。双边匹配机制下,随着工业用地供给总面积由少到多,项目平均质量不断下降,这是因为当可用土地余量充足时,地方政府对政绩的追求不再受到建设用地总规模的约束,便没有动力对入驻的项目精挑细选。随着工业用地供给越来越充足,地方政府意志在企业区位选择中发挥的作用会不断减弱,最终两种机制所导致的项目质量趋同。

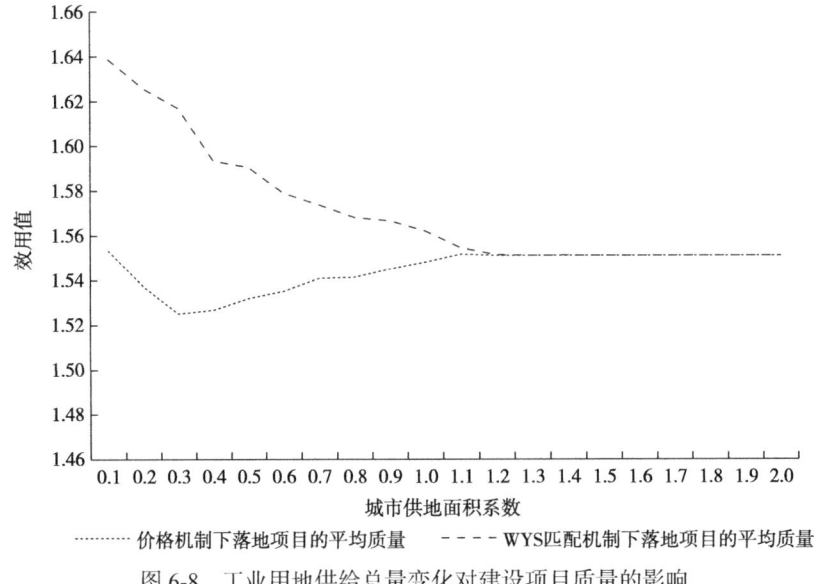

图6-8 工业用地供给总量变化对建设项目质量的影响

3. 小结

由上述分析可知,价格机制和双边匹配机制下,随着工业用地供给总量的变化,社会总效用和项目平均质量都会变化,且双边匹配机制总是优于价格机制,因此采用双边匹配机制出让工业用地更加合理。但双边匹配机制也面临着效用和质量之间的矛盾,当供给总量上升时,社会效用会随之增加,同时项目质量也会随之降低。在制定工业用地总体规模指标时,应兼顾社会总效用和建设项目质量,避免出现极端情况。目前,低质量过度供给仍是我国工业用地市场的主要问题,管理部门应进一步加强管控,下调工业用地出让总量,从而促进经济质量提升。

6.2.4　待解决的问题：克服城市发展的"马太效应"

由前文实验可知，双边匹配的出让机制，会放大城市之间的"马太效应"，从而不利于欠发达地区的经济发展。然而从国家区域发展战略的角度讲，我国已经历了"沿海先富起来"的阶段，目前正处于"沿海带动内地发展"的新阶段，这一阶段还远远没有完成，欠发达地区政府招商仍然面临极大的困境（杜宁让，2014）。在此背景下，为了使得双边匹配的出让机制更具可行性，理应研究如何最大限度地从土地政策角度促进中西部发展，以抵消双边匹配机制对欠发达地区的遏制作用。

6.3　模拟二：落后地区的发展策略

本节从发展特色产业、供地指标倾斜、控制经济质量门槛和区域壁垒四个角度讨论土地政策对促进区域经济均衡的影响。

6.3.1　发展特色产业

中国幅员辽阔，很多城市都拥有独特的历史文化渊源或稀缺的资源禀赋，对于中小城市来说，发展自己的特色产业，打造独一无二的城市名片，是其与大城市竞争的重要手段。

模型基准情景中，W1 设定为拥有一个优势产业，现将 W1 的优势产业设定为两个，即产业类型 1 和 1.5，其中 1.5 属于该城市独有的特色产业。对比这两种情况下，企业和政府的效用，随机实验 10 次并求平均值，各个城市的匹配情况如表 6-10 所示。在 W1 拥有特色产业之后，W1 的大项目数量和产业集聚度都有明显提升，W1 市政府效用上升了 6.79%，其余城市除了 M1（效用下降 4.66%）之外，基本没有受到太大影响。整体来看，企业总效用和地方政府总效用几乎没有发生改变（变化率皆在千分之一以下）。这是因为，W1 效用的提升并不全来自对其他城市的剥削，当 W1 拥有特色产业之后，一些原本无法获取土地的项目由于产业类型接近1.5而受到W1的青睐,这些特色企业的建设需求得到了有效释放,而其他城市的产业组成可以在大体上保持原貌。由实验结果可知,单个城市发展特色产业集群,能提高城市本身效用和产业集聚程度,且对社会总效用没有伤害。

表6-10 W1的特色产业对各个城市匹配结果的影响

优势产业设置	变量	W1	W2	W3	M1	M2	M3	E1	E2	E3
W1的优势产业设置为1	市政府效用	889.45	834.69	884.30	1077.01	1928.23	1055.24	2071.71	3816.56	2076.68
	产业集聚度	1.99	1.90	2.00	1.96	2.23	1.96	2.21	2.27	2.21
	项目平均质量	1.53	1.53	1.52	1.52	1.56	1.52	1.57	1.61	1.57
	大项目数	3.90	2.20	3.90	4.80	12.50	6.30	9.70	29.90	10.80
	小项目数	0.00	0.10	0.00	0.00	0.00	0.00	0.00	0.00	0.00
	高质量项目数	14.80	17.10	14.40	16.20	24.60	14.60	29.00	49.70	25.30
	明星项目数	0.70	0.40	0.40	0.30	1.80	0.60	1.40	3.10	1.30
	低质量项目数	16.50	19.70	19.40	16.70	17.50	18.60	23.10	19.20	20.60
	外流项目比例	0.58	0.57	0.58	0.60	0.51	0.55	0.62	0.60	0.58
	引进项目数	57.60	56.90	57.60	69.60	51.20	64.80	73.70	80.20	66.00
W1的优势产业设置为1和1.5	市政府效用	949.81	822.48	868.79	1026.77	1927.57	1045.33	2098.80	3804.39	2082.76
	产业集聚度	2.10	1.89	2.00	1.94	2.23	1.96	2.21	2.28	2.20
	项目平均质量	1.53	1.53	1.53	1.52	1.56	1.52	1.57	1.60	1.58
	大项目数	4.90	3.00	3.30	3.80	13.20	5.80	10.60	30.00	9.40
	小项目数	0.00	0.10	0.20	0.00	0.00	0.00	0.00	0.00	0.00
	高质量项目数	13.70	15.70	17.10	16.60	25.90	12.40	28.10	46.90	28.30
	明星项目数	1.10	0.60	0.40	0.00	1.80	0.30	2.00	3.00	0.80
	低质量项目数	17.00	19.70	19.50	18.30	19.00	17.60	23.10	20.90	18.90
	外流项目比例	0.58	0.58	0.56	0.60	0.51	0.55	0.61	0.60	0.58
	引进项目数	57.80	58.20	55.90	69.70	51.20	65.40	71.40	81.00	65.90

注:10次实验平均结果

将西部省的三个城市W1、W2、W3都增加一个特色产业,即W1优势产业为1和1.5,W2优势产业为2和2.5,W3优势产业为3和0.5,做10次随机实验。发现西部特色产业使得全部企业的总效用提高1.66%,全部城市政府总效用提升

0.58%，各个城市的情况如表 6-11 所示。W1、W2、W3 的特色产业分别为其带来 1.88%、18.62%和 5.12%的效用提升，其产业集聚程度也分别提升了 5.45%、8.25% 和 14.50%，中部城市效用也都有所提升，东部发达城市效用略有下降，因为西部城市特色产业的设立吸引了发达城市的部分项目流入西部。

表6-11 西部城市设立特色产业对各个城市匹配结果的影响

情景	变量	W1	W2	W3	M1	M2	M3	E1	E2	E3
增设特色产业前	市政府效用	957.18	801.75	883.57	1019.03	1817.19	1068.51	2084.35	4017.05	2064.00
	产业集聚度	2.02	1.94	2.00	2.01	2.22	1.92	2.22	2.28	2.20
增设特色产业后	市政府效用	975.14	951.05	928.79	1072.47	1906.41	1152.81	1967.38	3825.22	2018.99
	产业集聚度	2.13	2.10	2.29	1.97	2.24	1.97	2.21	2.27	2.25
提升比例/%	市政府效用	1.88	18.62	5.12	5.24	4.91	7.89	-5.61	-4.78	-2.18
	产业集聚度	5.45	8.25	14.50	-1.99	0.90	2.60	-0.45	-0.44	2.27

注：10 次实验平均结果

总之，无论是落后城市单独开发其特色产业，还是西部城市整体设立特色产业，都有助于这些落后城市的发展，且无损于社会总效用，因此国家在政策上应鼓励支持经济不发达地区深挖本地资源，大力发展其特色产业，打造独一无二的特色产业集群。

6.3.2 工业用地供给指标倾斜

土地政策参与区域经济调控已是一种常态，例如为应对全球金融危机，2009年国土资源部印发了《关于调整工业用地出让最低价标准实施政策的通知》，提出"优先发展产业"和中西部地区工业用地在招拍挂出让中可低于价格标准一定比例执行，放宽了西部地区的出让标准，提升了西部地区的出让面积。

在严控工业用地出让总量的背景下，如果对西部地区的供地指标给予政策性倾斜，会产生何种影响？在模型中，将 W1、W2、W3 的供地面积同时提升 20，将 M2、E1、E2、E3 的供地面积分别减少 10、10、30、10，进行 10 次随机实验，结果如表 6-12 所示。供地指标增加的 W1、W2、W3 三座城市的政府效用都有较大提升，而供地指标缩减的 E1、E2、E3 三座城市政府效用皆有下降。同样被缩减指标的中部城市 M2，以及中部另外两座城市 M1 和 M3 效用却有所提升，原因在于东部城市部分大项目被用地约束挤出，迁移到了中部城市。总效用方面，因为能够留在大城市产生更多效益的企业数量减少，一些企业不得不退而求其次，导致企业总效用下降了1.53%，政府总效用下降了1.04%。

表6-12 工业用地供地指标向西部城市倾斜对各个城市匹配结果的影响

情景	变量	W1	W2	W3	M1	M2	M3	E1	E2	E3
供地指标倾斜前	市政府效用	905.73	832.47	859.82	1038.93	1901.95	1062.73	2117.82	3813.54	2086.60
	大项目数	3.80	2.80	2.80	5.60	11.80	6.60	10.80	30.60	9.20
供地指标倾斜后	市政府效用	1052.44	944.96	993.80	1078.17	1924.93	1072.06	2049.17	3418.50	1933.82
	大项目数	6.00	2.40	3.00	4.60	14.60	5.80	10.60	29.20	7.80
提升比例/%	市政府效用	16.20	13.51	15.58	3.78	1.21	0.88	-3.24	-10.36	-7.32
	大项目数	57.89	-14.29	7.14	-17.86	23.73	-12.12	-1.85	-4.58	-15.22

过去几十年我国涌现出一批飞速建设的大城市，出现了较为严重的城市蔓延现象，"摊大饼"模式使得大城市空间扩张速度过快、城区密度持续下降，严重浪费土地资源（秦蒙等，2016；魏守华等，2016）。同时中西部的部分落后地区尚处经济积累的早期阶段，且其土地开发利用远未达到区域承载能力上限。这种情况下，工业用地供给指标应因地制宜，对大城市的工业用地供给规模做出合理限制，着力提高大城市土地利用集约程度，同时对落后地区适当放宽约束，这既符合区域发展的客观需要，又能够有效促进区域发展的均衡化。但同时要注意，这种供地指标的倾斜有损社会总效用，此类政策手段的运用应适度适量。

6.3.3 提高经济质量门槛

在中国特色社会主义新时代的经济环境下，政府高度重视环境保护，强调"绿水青山就是金山银山"，十九大报告将社会主义现代化强国建设目标冠以"美丽"二字，提高经济发展质量成为当下重要议题，而土地分类中与资源环境关系最为紧密的工业用地，则成为生态国土建设的重要改革目标。

从常识来看，如果提高大城市的建设项目质量门槛，会将一部分项目挤出到其他城市，间接促进落后地区的经济发展水平。但在具体操作时，质量门槛究竟应该对所有城市"一刀切"，还是针对不同的城市级别设置不同门槛，从而在全国形成梯度布局？本模型中地方政府的质量敏感度变量可以用于研究这一问题。

一个城市的项目质量敏感度 C_i.QS，代表了该地政府对于建设项目质量的关注程度，这一变量在很大程度上取决于对政府官员的考核机制。在纯粹以GDP论英雄的考核机制下，地方政府的项目质量敏感度很难提高，如果在考核中对发展质量一项加以强化，则地方政府的项目质量敏感度就会显著提升，可以说地方政府 C_i.QS 的大小基本上掌握在上级政府手中，因此研究 C_i.QS 的变化效果有重要现实意义。

以表 6-1 中设置的城市属性为基准情景，改变不同城市的 C_i.QS 值，运行 WYS 算法进行匹配，三种不同情景运行的总体结果见表 6-13，各个城市的匹配结果见表 6-14。表中情景一是将全部城市的 QS 值都设置为 10；情景二是将全部三级城市 QS 值设置为 10，二级城市 QS 值设置为 5，其余城市 QS 值同基准情景；情景三是只将 E2 的 QS 值设置为 10，其余城市 QS 值同基准情景。表中的"提升度"为不同情景与基准情景进行对比所得数值的提升百分比（为避免随机因素干扰，每种情景都运行 10 次，取平均值）。

表6-13　不同情景下总体效用提升度（单位：%）

情景	城市总效用	企业总效用	高质量项目效用	低质量项目效用
情景一	−4.43	−6.24	15.12	−77.37
情景二	−4.35	−6.23	15.12	−75.01
情景三	−1.01	−3.16	14.84	−25.27

表6-14　不同情景下各个城市匹配结果指标的提升度（单位：%）

情景	变量	W1	W2	W3	M1	M2	M3	E1	E2	E3
情景一	市政府效用	−0.64	3.64	6.25	11.96	−4.78	5.75	−8.02	−11.01	−7.29
	项目平均质量	−0.24	−0.94	−0.36	−1.76	3.84	−0.92	5.77	7.24	3.58
	外流项目比例	−10.34	0.00	−3.70	0.00	−9.68	0.00	−5.81	−11.49	0.00
情景二	市政府效用	1.20	2.33	4.91	7.80	−4.10	1.55	−5.91	−10.27	−7.04
	项目平均质量	−0.61	−0.53	−0.49	−1.61	3.66	−0.26	5.28	7.05	3.46
	外流项目比例	−13.79	−3.70	0.00	3.03	−8.06	3.45	−6.98	−10.14	0.00
情景三	市政府效用	5.35	1.50	1.68	5.45	0.39	4.87	0.43	−8.40	1.49
	项目平均质量	−1.83	−1.08	−0.41	−2.07	1.14	−1.86	2.37	6.08	−0.89
	外流项目比例	10.34	3.70	−7.41	0.00	−3.23	24.14	0.00	−7.43	7.59

由实验结果可知，提高地方政府的质量敏感度，会导致部分大项目由于质量较低而无法落地，进而降低政府和企业总效用。从情景一到情景三，城市总效用和企业总效用下降的幅度递减，即整体上地方政府对项目质量越重视，就会使得经济总规模减少越多，经济质量和总量在短期无法兼得，因此经济转型升级需要做好"阵痛"的心理准备。

比较不同情景下各个城市的匹配结果异同，发现情景一中发达地区城市效用普遍下降，而中部和西部城市效用则升降不一，W1和M2都出现了不同程度的效用下降，这与帮助落后地区的初衷相悖。情景二中则所有的一级城市效用都得到了提升，二级和三级城市效用有所下降。情景三中，只有三级城市效用下降，其余所有城市效用都得到了提升。

若将眼光聚焦在经济发展的均衡化，减小区域差距，照顾落后城市，则情景三的结果更值得关注。不同城市处于不同的发展阶段，小城市如果缺乏足够的经济总量，则揠苗助长的"高质量"也难以持续，因此情景一中对所有城市实行项目质量门槛"一刀切"的政策不切实际，而情景三相比情景二来说，一方面对社会总效用造成的损失较小，另一方面也能有效增加超大城市周边城市的效用，避免在超大城市周围形成经济断崖。

6.3.4 区域壁垒对经济的影响

相比于居住用地和商服用地市场，虽然工业用地市场中那些有能力"走出去"获取土地的企业，可以在更大的市场范围内进行选择，但绝大多数的工业用地仍然只出让给本地企业，工业用地市场的区域壁垒是不可忽视的问题。那么区域壁垒的强弱会对市场结果造成怎样的影响，这是本节要研究的问题。

1. 区域壁垒对企业效用的影响

由前文可知，WYS机制相对于价格机制在社会总效用和提高经济质量方面有明显优势，因此本节只研究WYS机制下的区域壁垒问题。令式（6-6）中代表跨市购地成本的$OutCost_p$变量从0到9变化（跨省成本设定恒为1），对每个$OutCost_p$值，都重新计算企业和政府的效用和偏好，并重新运行WYS算法进行匹配，统计最终的匹配结果。

图6-9展示了当$OutCost_p$从小到大变化时，政府和企业总体效用以及项目跨市建设的情况。随着$OutCost_p$增大，企业的整体效用不断下降[图6-9(a)]，当$OutCost_p$大于4之后，企业总体效用基本保持稳定。这是因为跨市购地成本的高企，限制了企业"走出去"的能力，使得企业倾向于将建设项目放在本地，城市的项目外流和项目引进都随之减少[图6-9(c)，图6-9(d)]，企业失去了在更加广阔的市场中选择区位的能力，因此对于企业来说其匹配的效用理所当然会减少。

(a) 企业总效用

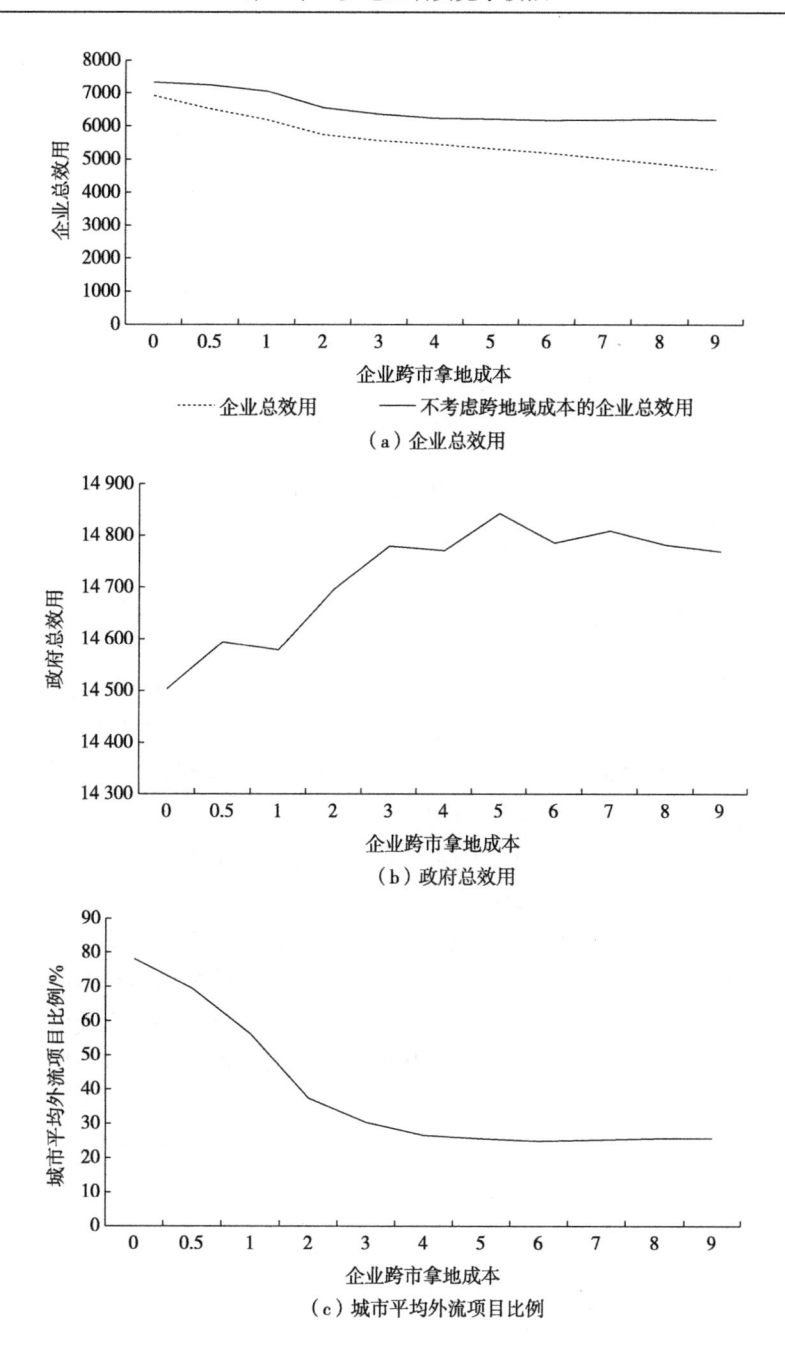

······ 企业总效用　　——— 不考虑跨地域成本的企业总效用

(b) 政府总效用

(c) 城市平均外流项目比例

(d)城市平均引进项目数量

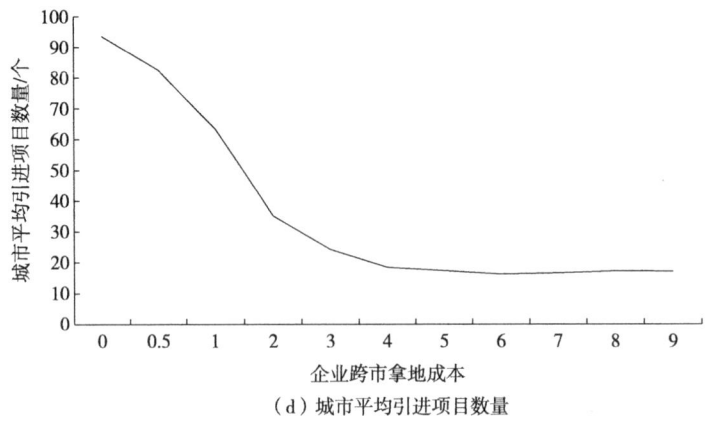

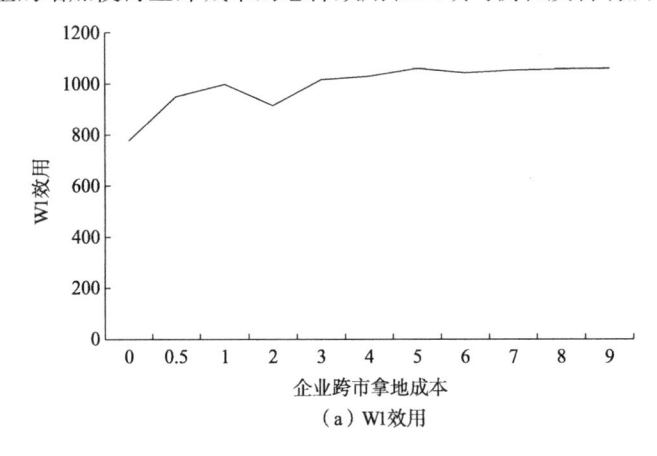

图 6-9 跨市购地成本对匹配结果的影响

2. 区域壁垒对城市效用的影响

当 $OutCost_p$ 不断增大，企业被禁锢在注册地，地方政府效用却为何会随之增加 [图 6-9（b）]，这一现象值得深入研究。统计不同城市的效用变化发现，随着 $OutCost_p$ 增大，低级别城市的效用上升 [图 6-10（a），图 6-10（b）]，高级别城市的效用下降 [图 6-10（c）]，城市之间效用差距缩小，城市发展更加均衡 [图 6-10（d）]。因为大城市对企业更有吸引力，所以当区域壁垒较低时，中小城市难以与大城市进行招商竞争，大量优质项目涌入大城市，造成区域不均衡加剧。而区域壁垒增加时，各地政府能够留住更多的本地企业，此时大城市虽然失去了部分外地引入项目，但由于大城市的本地企业数量多、规模大、质量高，因此失去外地项目之后仍能从本地项目中挑选足够的优质项目进行补充，最终效用下降并不多；而那些原本能够从小城市"走出去"的优质项目，却由于区域壁垒而不得不留在了本地，使得小城市获得了较高的效用提升。大城市效用略有下降，小城市效用大幅提升，因此区域壁垒的增加使得全部城市的总体效用和区域均衡程度皆有所提升。

（a）W1效用

（b）M2效用

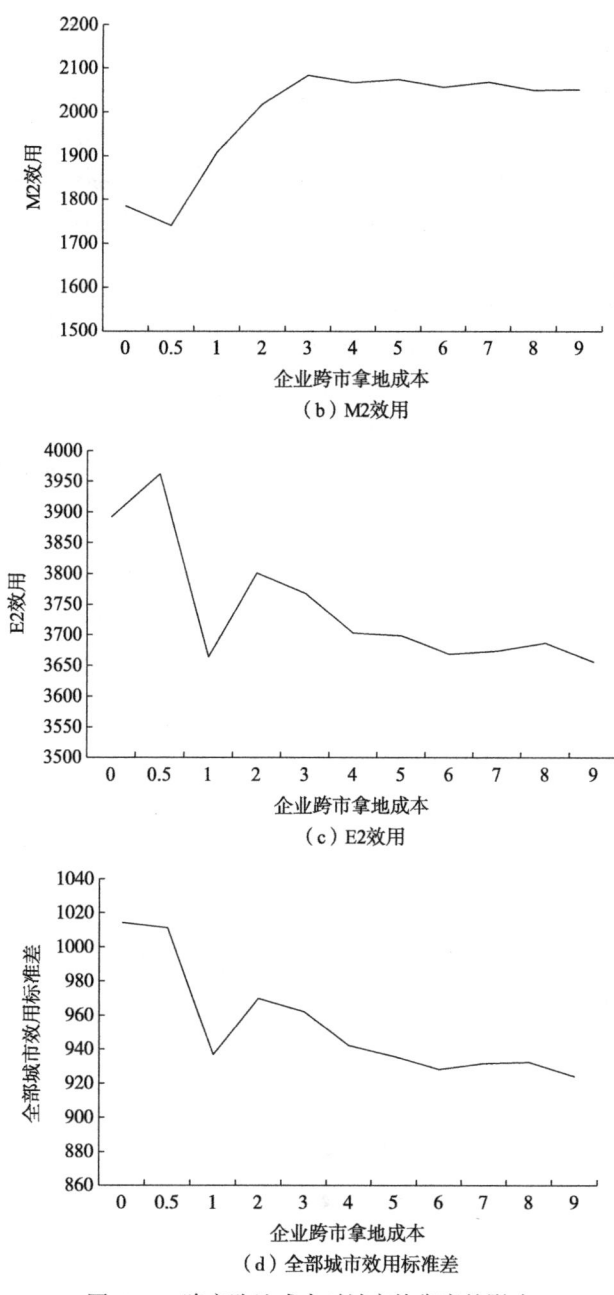

（c）E2效用

（d）全部城市效用标准差

图 6-10　跨市购地成本对城市均衡度的影响

需要注意的是，$OutCost_P$ 的增大导致的政府效用增加很少，$OutCost_P$ 从 0 变化到 9，政府总效用只增加了 1.83%，而企业总效用却减少了 18.39%，因此整体来说，较高的区域壁垒有损社会总效用。

3. 区域壁垒的"囚徒困境"

一个企业面临的区域壁垒，即 OutCost_p 的大小，由两个因素决定：首先，企业进入新城市会面临陌生的环境和薄弱的社会关系网络；其次，企业注册地政府会尽可能阻止企业将建设项目放到外地。这两个因素中能够被地方政府掌控的是后者，即地方政府对本地企业"走出去"所施加的阻力大小是可变的，将这种阻力称为"城市外向壁垒"。

为了考察城市外向壁垒对本地政府效用的影响，在保持其他城市所属企业的 OutCost_p 值不变（设置恒为 2）的情况下，令实验城市所属企业的 OutCost_p 从小到大变化，统计该城市的政府效用和项目外流情况。选取 W1、M2 和 E2 三座城市进行上述实验，结果如图 6-11 所示。图 6-11 中横坐标代表了其他城市的外向壁垒保持不变时，实验城市外向壁垒的取值，黑色点块意味着此时实验城市的外向壁垒与其他城市处于同一水平。

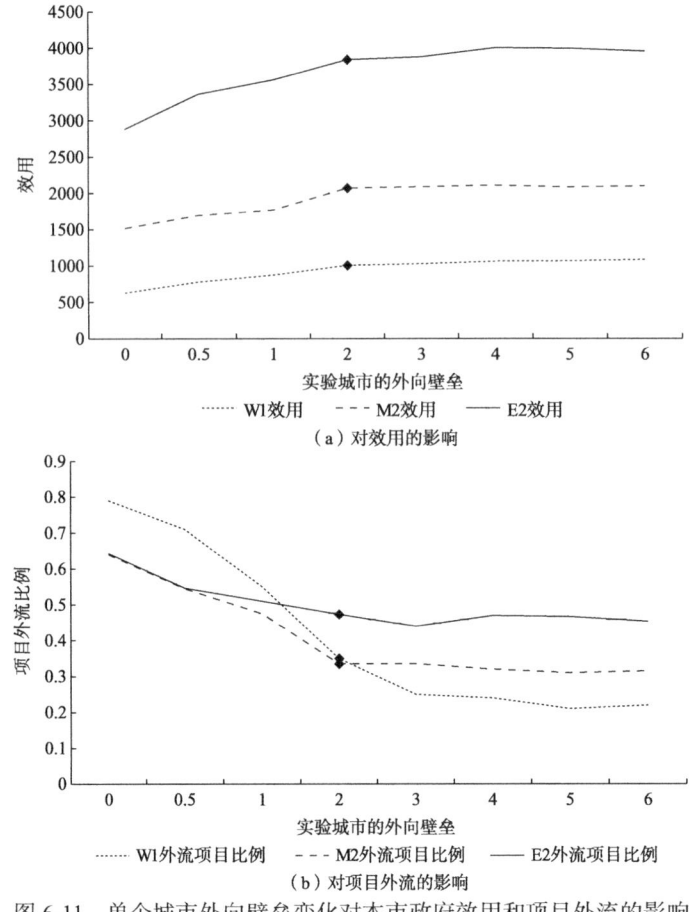

图 6-11 单个城市外向壁垒变化对本市政府效用和项目外流的影响

观察可知，对于任一级别的城市来说，当其他城市外向壁垒保持不变时，单独提高自己的外向壁垒都有利于遏制本地项目外流，并提高当地政府效用。如果一个城市的外向壁垒显著低于其他城市，则该城市会遭到严重的效用损失，且级别越低的城市损失越严重。如表 6-15 所示，当城市外向壁垒从 2 降低到 0 时，三级城市 E2 的政府效用损失了 25%，而一级城市 W1 的政府效用损失高达 37.78%，其项目外流比例也从 35%猛升到 79%。这解释了为何现实中小城市地方政府通常会对于本地企业的项目外迁比较关注，相对来说大城市政府心态则更加开放，根本原因在于城市本身吸引力不同，项目的外流造成的损失也不同。

表6-15　不同等级城市取消外向壁垒时的效用损失和项目外流情况

	实验城市政府效用			实验城市项目外流比例/%		
	W1	M2	E2	W1	M2	E2
城市外向壁垒为2	1007.90	2075.10	3842.51	35.00	33.50	47.33
城市外向壁垒为0	627.09	1515.72	2881.82	79.00	64.00	64.33
损失程度/%	37.78	26.96	25.00			

总之，从单个城市角度来说，选择提高自身外向壁垒是最优选择，但由上文分析可知，如果全部城市都提高外向壁垒，会对社会总效用造成损失，因此在区域壁垒问题上，地方政府陷入了"囚徒困境"，这种博弈困境需要中央政府执行统一的政策，强制降低区域壁垒，以达到社会最优。基于双边匹配的中央清算机制，在统一交易规则、促进交易公平和加强区域间市场联结方面，能够发挥较大的作用。

4. 小结

区域壁垒的降低，能够有效提高企业在全国范围内自主选择区位的能力，从而大大提高企业的总体效用。因此，有必要在全国范围内降低区域壁垒，推进工业用地市场的区域一体化。但这一过程需要注意两个问题。

（1）较低的区域壁垒会加剧大城市的"虹吸效应"，使得优质项目更多地流向大城市，导致城市发展的不均衡，因此在政策制定时，要把握好整体经济发展和区域不平衡的关系，给落后地区适当的政策倾斜。

（2）"囚徒困境"的存在使得地方政府没有激励去主动降低自身的外向壁垒，因此需要统一的中央政策进行协调，从而更好地推进区域市场一体化。

6.4 本章小结

本章首先构建了多地区引资竞争模拟模型，然后模拟了价格机制和双边匹配机制进行工业用地配置的过程，对比不同机制的配置结果，得出如下结论。

（1）相比单边决策的价格机制，基于双边匹配的中央清算机制能够充分考虑地方政府和企业双方的意志，因此可以提升地方政府的总体效用和企业的总体效用，达到更优的社会总效用。

（2）双边匹配机制会导致企业和政府的"马太效应"：对企业来说，高质量、大规模的建设项目效用提高，低质量、小规模的项目效用降低；对地方政府来说，西部落后城市的效用降低，中部、东部城市效用提高，全国经济分布不均衡程度加大。

（3）当土地"无限供给"时，工业用地配置方式成为"按需分配"，所有企业的第一偏好都可以被满足，此时双边匹配机制和价格机制结果无差异。但大多数情况下"无限供给"不可能发生，此时双边匹配机制在提高社会总效用和建设项目质量方面具有优势。

随后，运用模拟模型，探讨了区域壁垒和区域经济均衡性两个在实践中比较重要的政策话题，结论如下。

（1）降低区域壁垒能够有效提高社会总效用，但也会加剧大城市的"虹吸效应"，加剧区域发展的不平衡。同时区域壁垒存在"囚徒困境"，地方政府缺乏降低自身外向壁垒的激励，需要统一的中央政策进行协调，从而更好地推进区域市场一体化。

（2）对于落后地区来说，发展特色产业既有利于提升本地效用，又不会损伤社会总效用，因此是落后地区的最佳发展策略。供地指标向落后地区倾斜，虽然有助于落后地区的发展，但会降低社会总效用。提高发达地区项目质量门槛，有助于提高落后地区效用，也可有效提高经济质量，对长远发展有利，但应注意对不同发展阶段的城市制定梯度的项目质量门槛，而不可"一刀切"，并且由于社会总效用在短期会随着质量门槛的提高而降低，因此应做好"阵痛"的心理准备。

上述结论在多次随机实验中没有太大偏差，说明其具有相当的稳健性。

第 7 章　结论与建议

7.1　主　要　结　论

本书梳理了我国工业用地配置的制度变迁，总结了现有工业用地管理体制，指出目前招拍挂制度存在的主要问题。本书尝试将在国外成功实践的双边匹配理论引入中国工业用地市场。在运用翔实数据对工业用地市场现状和地区间出让网络结构进行深入分析的基础上，提出了适用于中国工业用地市场的双边匹配出让机制，验证了该机制的算法有效性，并建立了多地区工业用地出让市场模拟模型。通过模拟实验，研究了地区间引资竞争情景下价格机制和双边匹配机制的优劣，以及部分具有重要现实意义的政策变量对出让结果的影响。主要结论如下。

7.1.1　工业用地出让本质上是双边博弈，而非单边决策

土地不同于一般商品，无论是工业用地的权属界定，还是计划利用体系，乃至具体到某一地块的出让，政府意志都发挥强大作用。地方政府在出让工业用地时，往往要通盘考虑城市规划、环境保护、本地产业战略等一系列因素，而非仅仅着眼于出让金收入。最终的出让结果是地方政府意志和企业意志博弈所产生的均衡结果，而非企业单方面进行区位选择的结果。

7.1.2　集中清算的双边匹配出让机制优于价格机制

首先，双边匹配机制的最重要特点，就是同时考虑参与市场交易的双方的意志，并能够达成被所有参与者接受的纳什均衡结果。

其次，市场设计的成功经验表明，集中清算机制最擅长处理由分散化决策、

过度竞争、搜寻成本过高、信息不对称而引发的市场失灵,而上述情况正是我国工业用地市场面临的切实问题。

最后,情景模拟结果也证明了集中清算的双边匹配机制在提高社会总效用和改善经济质量等方面都优于价格机制。

7.1.3 笔者设计的 WYS 算法适用于中国工业用地市场

工业用地双边匹配出让机制的设计目标包括:①匹配结果稳定;②对政企双方公平;③尽可能高的总体效用;④给予产业政策和区域经济政策一定施展空间。

然而,G-S 等传统双边匹配算法存在如下问题:①单边占优,即政企双方一方获得最优解,另外一方获得最差解;②缺乏最低保障,个别参与者效用可能极差,导致这些参与者退出匹配系统,从而无法维持市场厚度;③缺乏灵活调控的空间,不能针对某个或某些参与个体给予优先照顾。

WYS 算法弥补了传统双边匹配算法的缺陷,具有如下特点:①非单边占优,对政企双方较为公平;②达成某种程度的最低保障,削减了一小部分效用极高者的利益,换取了效用最差者利益的显著提升;③较高的总体效用;④稳定的匹配结果。

7.1.4 市场现状方面

本书在出让机制设计、模拟模型构建等环节对市场现状进行了大量实证研究,得出如下结论。

(1)土地出让市场有明显的地域分割特征,工业用地的市场分割程度远低于商住用地,工业企业与其他类型企业相比拥有更强的区位流动性。

(2)工业用地市场在局部由地方政府垄断供给,形成卖方市场;但在全国尺度,各个地方政府间存在激烈竞争,形成典型买方市场。

(3)城市间土地出让网络呈现出明显的层次性,工业用地出让网络中,有 6 个全国中心性城市,16 个区域中心性城市,其中全国中心性城市的地理分布呈现菱形结构,构成中国城市间工业用地市场的主要骨架,区域性中心城市亦在胡焕庸线以东呈现出分散化、均衡化的分布特点。

(4)工业用地出让空间格局不均衡,全国尺度"东南重、西北轻",近年来出让重心有向西移动趋势。

(5)我国工业用地出让呈现多核心集聚分布模式,全国形成 9 大主要出让热点，各热点出让密度以区域经济龙头城市为核心向外圈层式递减。

（6）市域工业用地出让经历了"均匀外扩-重点收缩"的变化过程，城市建设"摊大饼"趋势近年来得到有效遏制。

7.2 政策建议

7.2.1 助力产业有序转移，化解产能过剩

产业转移意味着厂商重新选址，企业开始新的区位选择；同时意味着开发区将迎来新的企业。在我国，开发区由地方政府管委会主导；地方政府的招商引资行为实际上也就是开发区这一特殊"区位"对企业的选择问题。一言以蔽之，产业转移实质上是企业与开发区一次新的双向选择，对于产业结构转型升级、促进区域梯级联动发展、化解产能过剩、推动区域经济一体化意义重大。本书通过将企业与开发区双边匹配的市场设计，推动制造业产能梯度转移、有序扩散，通过政府"搭台"，企业"唱戏"的市场设计，促进生产要素自由流动，产业链条合理延伸，助力国家整体经济体制升级。

7.2.2 创新地方政府招商引资模式，优化我国产业空间布局

当前，地方政府的招商引资模型是"各自为战"，在未充分挖掘自身区位优势和资源要素禀赋的情况下，通过降低工业地价、减税、补贴等扰乱正常市场秩序的手段与其他地方政府恶性竞争，争夺优势企业，引致府际关系恶化、国家资源浪费。区位市场设计由单边盲目搜寻变为双边有效匹配，将企业区位选择与地方政府招商引资有机结合；由各地分散市场变为全国集中交易，政府可以通过全国统一的信息发布和匹配交易平台改变中小企业信息不对称的结构性扭曲，通过窗口指导和道义劝告调整我国产业布局模式；区位市场设计使得地方政府的比较优势得到自我挖掘和自我实现，帮助地方政府认清本区域的发展潜力，从而使其更加理性地选择地区主导产业，防止区际恶性竞争、产业同构。

7.2.3 规范工业用地市场出让行为

"土地财政"假说认为分税制改革使财政收入上移和地方财政支出增加，促使地方政府寻求新的财政收入来源，而土地出让金从1994年起不再上缴中央财政，由此土地出让金收入成为地方政府预算外收入的主要来源，成为地方政府的一致经营对象。"土地财政"假说强调地方政府倾向于通过高地价获得高额土地出让金，减轻分税制对地方财政的压力。土地作为一种稀缺的资源，出让工业用地（张莉等，2011）成为地方政府官员竞相招商引资发展区域经济的重要手段。因此，地方政府官员有可能出于对政绩的强烈追求而出让土地，这种行为可称为"土地引资"。具体而言，在一个增长主要靠投资拉动的经济体里，地方政府官员为增长而竞争自然就转换为引资竞争。地方政府是辖区内唯一的土地出让方，且可以低价获得土地。因此，土地引资推动本地经济快速增长，以求在以经济绩效为核心的政治晋升竞争中胜出，成为地方政府官员的理性选择。特别对于工业用地来说，更是成为地方政府"土地引资"的载体。正是源于这种"土地引资"的强烈冲动，导致了地方政府和具有较大市场规模、较强经济实力、一定定价话语权的企业产生合谋的可能性。即便2009年8月，针对工业用地供应中存在的突出问题，国土资源部和监察部联合印发了《关于进一步落实工业用地出让制度的通知》（国土资发〔2009〕101号），要求下属各级土地主管部门合理选择工业用地招标、拍卖、挂牌出让方式，严格限定协议出让的范围，规范工业用地协议出让；但是，就目前各级地方政府对工业用地的出让行为而言，强烈的"土地财政"和"土地引资"意愿倒逼部分地方政府通过财政返还等手段以"零地价"协议招商。虽然，对于工业用地而言，招拍挂也是一种市场化出让手段，但是这种市场化机制解决不了我国工业用地市场的资源配置问题，避免不了寻租行为，症结就在于我国工业用地市场只有需求方（企业）是完全竞争的，而供给方（地方政府）则处于垄断地位。

那么，我们就应改变思路。本书介绍的企业区位选择与开发区双边匹配的市场设计也可转化为厂商选址与地方政府工业用地出让双边匹配的市场设计，因为市县政府是我国工业用地出让的批租人。通过这种将企业区位选择与我国工业用地出让双边匹配的市场设计，可以防止策略性行为造成的效率损失，在不改变我国工业用地产权制度的情况下，集约节约利用土地，高效配置土地资源。所以，与其坐视地方政府进行与目标企业合谋后的协议出让；不如搭建匹配平台，让双边匹配的市场机制在工业用地出让领域代替招拍挂机制，一方面迎合地方政府引资发展区域经济的诉求，另一方面健全我国工业用地市场出让机制，使工业用地市场真正阳光化、市场化、规范化。

7.2.4　开发设计"企业-区位"双边匹配的计算机原型系统

建议国家发改委和工业和信息化部联合研制开发一套基于地理空间的"企业-区位"双边匹配算法和基于大数据的计算机原型系统,由国务院牵头成立全国统一的集中撮合匹配中心,为助力我国产业区际有序转移、协同发展提供新的思路与平台。计算机原型系统设计的总体架构是基于互联网和大数据的计算机原型系统,是一个操作界面友好的且企业和政府部门均可注册登录的云服务平台(图 7-1),系统的形成建立在云存储、分布式数据库和分布式运算的基础上,通过 Mysql、Asp.net、Javascript、ArcGIS Server、Python 等语言实现。企业注册登录后可以清晰地查询 Park Map(我国开发区分布图),选择自己心仪的拟入驻开发区,并列出偏好序清单;政府部门(如开发区管委会)注册登录后也可以清晰地查询 Cluster Map(我国产业集群地图),并右键打开查看自己感兴趣的企业经济属性,系统还会自动推荐同一集群内其他具有经济相关性和地理联系的企业,帮助政府筛选并列出拟招商的企业偏好序清单。数据是在初始数据库的基础上通过程序设计自动从互联网抓取。两类偏好序清单生成后,系统可以运行双边匹配算法并输出最优化匹配结果(图 7-1)。

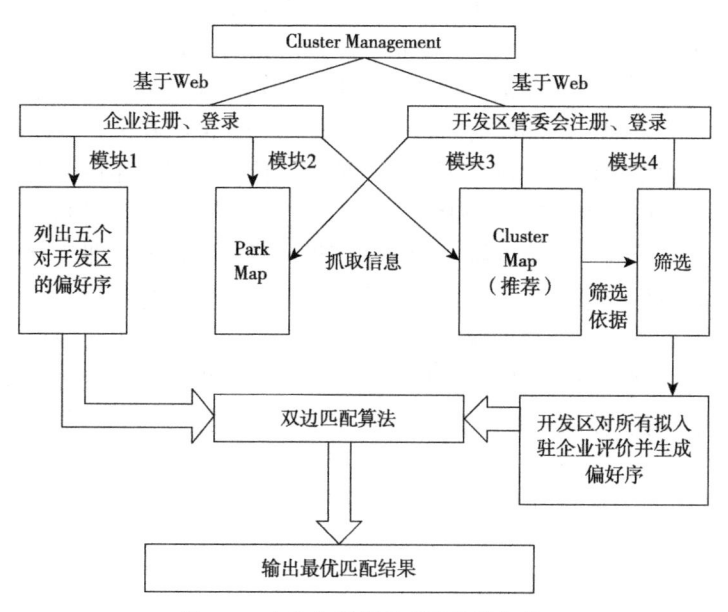

图 7-1　产业集群管理系统总体架构

7.2.5 将区位市场设计引入新时代城乡规划[①]

引用 Hopkins 的相关理论，当社会经济系统具有"4I"特征时，我们需要规划。"4I"包括 Interdependent（时空相互依赖）、Indivisibility（不可预见性）、Irreversibility（不可逆性）、Imperfect Foresight（预测的不完美性）。由于时间上的不完美预测、空间上的不完全信息，市场主体无法自动预期未来或找到最优空间格局。同时，由于市场垄断、负外部性的存在，并出于公共品供需匹配、规模经济和公平正义的考虑，我们需要通过规划而不是市场直接配置区位和土地资源。当规划师具备判断、集体选择、预测未来、情景分析和实施的能力时，可以比市场更好地配置空间资源。所有区位相关的问题都是复杂系统求解，所有的区位问题都是双边选择的匹配问题。我们应发展匹配式规划并建立媒婆型政府，构建鼓励供需双方进行最优匹配的机制。

2012 年诺贝尔经济学奖获得者 Alvin E. Roth 指出，经济学家不仅分析市场，而且设计市场。通过人为地设计某种交易规则和市场机制，可以将参与市场的一方与另一方匹配起来。相应地，规划师不仅分析市场，也可设计市场。把博弈论和市场设计的方法引入到空间经济区位论和规划领域以建立空间资源的有效匹配机制。随着我国发展进入城乡规划的新时代，新特征和新需求相应出现，包括以"互联网+"为代表的生产力变革，公有制下共享的新产权模式，新的政府形态以及呼唤公平正义和扩大选择权的新价值。在此背景下，我们需要借助四位一体的经济工程学方法（经济学理论、计算、历史观察和实验）来建立更好的供需匹配机制，由此优化空间资源的配置。以工业用地市场为例，我国工业用地的市场化程度不高，工业用地市场价格并不能完全体现其价值，同时存在寻租、信息不对称等问题，导致我国大量工业区和城市新区未能出现产业集群及相应的经济活动。为解决该问题，建立一个全国统一的工业用地市场交易平台，即政府想要出让工业用地以及企业想要拿到工业用地都需到统一的平台上进行登记注册。应该把空间市场设计的思路引入到规划领域，通过跨学科的合作探讨出新的规划范式，更好地协调市场机制与政府机制，让供需双方在一定的规范下进行自由选择，并通过算法帮助它们找到最好的匹配结果。

[①] 本部分根据北京大学政府管理学院沈体雁教授在中国城市科学研究会新型城镇化与城乡规划研究专业委员会 2018 学术年会上的主题报告内容整理而成。

参 考 文 献

毕宝德. 2016. 土地经济学. 北京：中国人民大学出版社.
曹春方，周大伟，吴澄澄，等. 2015. 市场分割与异地子公司分布. 管理世界，（9）：92-188.
陈立定. 2007. 新加坡工业用地政策对我国工业用地年租制的启示. 浙江树人大学学报，（4）：54-57.
陈述彭. 2001. 地学信息图谱探索研究. 北京：商务印书馆.
陈为公. 2010. 土地科学导论. 北京：经济科学出版社.
陈伟，彭建超，吴群. 2014. 中国省域工业用地利用效率时空差异及影响因素研究. 资源科学，36（10）：2046-2056.
陈希. 2010. 双边匹配决策方法研究. 沈阳：东北大学.
陈希，樊治平. 2010. 基于公理设计的风险投资商与风险企业双边匹配. 系统工程，（6）：9-16.
楚建群，许超诣，刘云中. 2014. 论城市工业用地"低价"出让的动机和收益. 经济纵横，（5）：59-63.
德维洛克 M，格雷夫 R，辛普森 H，等. 2008. 企业区位选择、地区优惠政策和聚集效应. 经济师，（3）：26-28.
邓红平，罗俊. 2016. 不完全信息下公共租赁住房匹配机制——基于偏好表达策略的实验研究. 经济研究，（10）：168-182.
邓明. 2014. 中国地区间市场分割的策略互动研究. 中国工业经济，（2）：18-30.
迪克西特 A，斯克丝 S. 2009. 策略博弈. 蒲勇健，姚东旻，等译. 2版. 北京：中国人民大学出版社.
丁成日. 2008. 城市经济与城市政策. 北京：商务印书馆.
杜宁让. 2014. 欠发达地区地方政府招商引资效果困境研究——基于 X 区碳加工项目的案例. 甘肃社会科学，（3）：147-150.
樊杰，王宏远，陶岸君，等. 2009. 工业企业区位与城镇体系布局的空间耦合分析——洛阳市大型工业企业区位选择因素的案例剖析. 地理学报，64（2）：131-141.
范剑勇. 2006. 产业集聚与地区间劳动生产率差异. 经济研究，（11）：72-81.
郭贯成，熊强. 2014. 城市工业用地效率区域差异及影响因素研究. 中国土地科学，28(4)：45-52.
何芳. 2004. 城市土地经济与利用. 上海：同济大学出版社.
何刚. 2006. 近代视角下的田园城市理论研究. 城市规划学刊，（2）：71-74.
胡安俊，孙久文. 2014. 中国制造业转移的机制、次序与空间模式. 经济学（季刊），13（4）：

1533-1556.
胡佛 E M. 1990. 区域经济学导论. 王翼龙, 译. 北京: 商务印书馆.
黄大全, 洪丽璇, 梁进社. 2009. 福建省工业用地效率分析与集约利用评价. 地理学报, (4): 479-486.
黄新飞, 陈珊珊, 李腾. 2014. 价格差异、市场分割与边界效应——基于长三角 15 个城市的实证研究. 经济研究, (12): 18-32.
黄迎春, 杨伯钢, 张飞舟. 2017. 世界城市土地利用特点及其对北京的启示. 国际城市规划, (6): 13-19.
黄羽. 2013. 我国工业用地出让若干问题研究. 南京: 南京师范大学.
黄志基, 贺灿飞. 2017. 中国城市工业用地扩张与利用效率研究. 北京: 经济科学出版社.
霍普金斯 L. 2009. 都市发展: 制定计划的逻辑. 赖世刚, 译. 北京: 商务印书馆.
贾宏俊, 黄贤金, 于术桐, 等. 2010. 中国工业用地集约利用的发展及对策. 中国土地科学, 24 (9): 52-56.
蒋省三, 刘守英, 李青. 2007. 土地制度改革与国民经济成长. 管理世界, 22 (9): 1-9.
蒋一军, 罗明. 2001. 城镇化进程中的土地整理. 农业工程学报, (4): 156-159.
蒋忠中, 盛莹, 樊治平, 等. 2008. 属性权重信息不完全的双边匹配多目标决策模型的研究. 运筹与管理, 17 (4): 138-142.
焦海涛. 2010. 基于数据包络分析与模糊理论的农业综合开发龙头项目选择研究. 西安社会科学, 28 (6): 60-63.
金晓斌, 周寅康, 常春, 等. 2011. 基于市场化程度的工业用地出让价格评价研究——以江苏省为例. 资源科学, 33 (2): 302-307.
乐琦. 2016. 不确定心理行为下的双边匹配. 系统工程, (5): 55-59.
乐琦, 樊治平. 2012a. 具有不确定偏好序信息的双边匹配决策问题研究. 运筹与管理, 21 (1): 57-63.
乐琦, 樊治平. 2012b. 一种具有序值信息的双边匹配决策方法. 系统工程学报, 27 (2): 185-192.
李宝良, 郭其友. 2012. 稳定配置与市场设计: 合作博弈理论的扩展与应用——2012 年度诺贝尔经济学奖得主夏普利和罗思主要经济理论贡献述评. 外国经济与管理, (11): 1-10.
李建荣. 2012. F-字典偏好与稳定匹配. 南方经济, (5): 54-60.
李坤明. 2010. 基于双边匹配理论的中国高考录取机制研究. 广州: 华南理工大学.
李铭洋, 樊治平, 乐琦. 2013. 考虑稳定匹配条件的一对多双边匹配决策方法. 系统工程学报, 29 (4): 454-463.
李明哲, 金俊, 石端银. 2010. 图论及其算法. 北京: 机械工业出版社.
李伟. 2010. 论政府在招商引资中的职能定位. 求实, (3): 30-32.
李晓慧. 2010. 基于优先级的双边匹配方法在 B2B 电子商务中的应用研究. 西安: 西安电子科技大学.
李小建. 2007. 经济地理学. 北京: 高等教育出版社.
李学文, 卢新海. 2012. 经济增长背景下的土地财政与土地出让行为分析. 中国土地科学, (8): 42-47.
李运. 2011. 招商引资项目评估模型研究. 大连: 大连理工大学.

梁若冰, 韩文博. 2011. 区域竞争、土地出让与城市经济增长: 基于空间面板模型的经验分析. 财政研究, 28 (8): 48-51.

刘安国, 杨开忠, 谢燮. 2005. 新经济地理学与传统经济地理学之比较研究. 地球科学进展, (10): 1059-1066.

刘静. 2009. 创新对企业区位选择影响研究. 长春: 吉林大学.

刘军. 2014. 整体网分析: UCINET 软件实用指南. 上海: 格致出版社, 上海人民出版社.

刘路云, 郑伯红. 2015. 基于工业用地扩展的长沙城市空间演变与优化. 地域研究与开发, 35 (4): 54-59.

刘素荣, 霍江林. 2010 基于可拓学的开发区项目准入模型. 统计与信息论坛, 25 (8): 39-44.

刘修岩, 张学良. 2010. 集聚经济与企业区位选择——基于中国地级区域企业数据的实证研究. 财经研究, 36 (11): 83-92.

刘艳中, 陈勇. 2014. 土地利用总体规划. 武汉: 中国地质大学出版社.

卢为民. 2014. 工业园区转型升级中的土地利用政策创新. 南京: 东南大学出版社.

陆国飞. 2013. 工业用地限制转让的法律思考——兼论工业用地法律制度体系. 中国不动产法研究, 8: 178-189.

陆红生, 韩桐魁. 2002. 关于土地科学学科建设若干问题的探讨. 中国土地科学, 16 (4): 10-13

罗斯 A E. 2015. 共享经济: 市场设计及其应用. 傅帅雄, 译. 北京: 机械工业出版社.

罗永泰, 赵艳华. 2010. 城市土地资产运营与管理. 北京: 高等教育出版社.

吕萍, 徐跃红, 沈佳庆. 2008. 工业用地空间集散特征及其内在动因研究——以北京市为例. 地域研究与开发, 27 (5): 76-80.

马克思. 1949. 哲学的贫困. 延安: 解放社.

聂海峰. 2007. 高考录取机制的博弈分析. 经济学, 6 (3): 899-916.

诺思 D C. 1994. 经济史中的结构与变迁. 陈郁, 罗华平, 译. 上海: 上海人民出版社.

潘洪义, 门明新, 许皞, 等. 2007. 基于 RS 与 GIS 唐山市工业用地空间扩展模式研究. 中国土地科学, 21 (1): 48-52.

潘雄锋. 2005. 产业集群发展中的政府行为研究. 中南民族大学学报 (人文社会科学版), (5): 137-139.

配第 W. 2017. 赋税论. 晏智杰, 邱霞, 原磊, 译. 北京: 华夏出版社.

彭山桂, 汪应宏, 陈晨, 等. 2015. 地方政府工业用地低价出让行为经济合理性分析——基于广东省地级市层面的实证研究. 自然资源学报, (7): 1078-1091.

彭小兵, 蒲勇健. 2005. 国企债转股: 博弈模型及机制设计. 重庆: 重庆出版社.

蒲勇健. 2013a. 基于物联网协调的电动汽车有序快速充电的一种市场设计模式与预约充电的优化算法. 第八届 (2013) 中国管理学年会——管理与决策科学分会场论文集 (选编): 1-13.

蒲勇健. 2013b. 简明博弈论教程. 北京: 中国人民大学出版社.

祁新华, 朱宇, 张抚秀, 等. 2010. 企业区位特征、影响因素及其城镇化效应——基于中国东南沿海地区的实证研究. 地理科学, 30 (2): 220-228.

齐子翔, 于瀚辰. 2015. 区位选择、双边匹配与化解产能过剩的机制设计. 改革, (9): 101-111.

秦蒙, 刘修岩, 李松林. 2016. 中国的"城市蔓延之谜"——来自政府行为视角的空间面板数据分析. 经济学动态, (7): 21-33.

曲波. 2011. 中国城市化和市场化进程中的土地计划管理研究. 北京: 经济管理出版社.
任寿根. 2003. 品牌化城市经营研究: 基于行为区位理论框架. 管理世界, (5): 52-59.
任晓红. 2010. 交通基础设施、要素流动与制造业区位. 重庆: 重庆大学.
邵晓梅, 刘庆, 张衍毓. 2006. 土地集约利用的研究进展及展望. 地理科学进展, (2): 85-95.
沈体雁. 2007. 北京市产业结构的现状、问题、对策研究. 北京市第一次全国经济普查领导小组办公室.《北京市第一次全国经济普查课题研究报告汇编》, 110-113.
沈体雁, 郭洁. 2013. 以人为本、集聚创新: 中国特色新型城镇化研究. 城市发展研究, (12): 147-150.
沈体雁, 罗丽娥, 李迅, 等. 2007. 基于 LRM 的北京城市未来增长模拟研究, 北京大学学报(自然科学版), 43(6): 776-783.
世界银行. 2009. 2009 年世界发展报告: 重塑世界经济地理. 北京: 清华大学出版社.
斯密 A. 2013. 国富论. 陈星, 译. 北京: 北京联合出版公司.
斯塔尔 C. 2003. 城市企业区位理论.//埃德温·S. 米尔斯主编. 区域和城市经济学手册第二卷, 城市经济学. 郝寿义, 徐鑫, 孙兵, 等译. 北京: 经济科学出版社: 45-93.
宋涛. 2015. 我国土地储备运作模式面临的障碍及对策. 经济纵横, (8): 27-31.
宋飏, 庞瑞秋, 王士君. 2008. 经济地理学区位思想的演变与应用领域研究. 东北师大学报, 哲学社会科学版, (3): 44-49.
苏姗姗, 刘卓见. 2013. 工业园区招商引资项目评价选择初探. 中小企业管理与科技, (4): 162-163.
孙秀林, 周飞舟. 2013. 土地财政与分税制: 一个实证解释. 中国社会科学, (4): 40-205.
唐双娥, 郑太福. 2011. 法学视角下我国土地分类之完善. 湖南师范大学社会科学学报, (6): 69-72.
陶然, 陆曦, 苏福兵, 等. 2009. 地区竞争格局演变下的中国转轨: 财政激励和发展模式反思. 经济研究, 44(7): 21-33.
田卫东. 2010. 区域优势产业集群发展中政府作用的评价研究. 天津: 天津大学.
万江. 2016. 工业用地出让价格管制研究. 当代法学, (1): 121-129.
汪应宏. 2008. 土地经济学. 徐州: 中国矿业大学出版社.
王博. 2016. 我国建设用地总量控制和市场配置研究. 南京: 南京农业大学.
王传宝. 2009. 全球价值链视角下地方产业集群升级机理研究. 武汉: 华中科技大学.
王法辉. 2009. 基于 GIS 的数量方法与应用. 北京: 商务印书馆.
王家庭, 曹清峰, 田时嫣. 2012. 产业集聚、政府作用与工业地价: 基于 35 个大中城市的经验研究. 中国土地科学, 26(9): 12-20.
王晓东, 张昊. 2012. 中国国内市场分割的非政府因素探析——流通的渠道、组织与统一市场构建. 财贸经济, (11): 85-92.
王彦博, 古恒宇, 周麟, 等. 2018b. 2007—2016 年我国工业用地出让的空间格局及其演变. 地域研究与开发, 37(3): 148-154.
王彦博, 沈体雁. 2018. 工业用地与商住用地价格结构性偏离现象研究. 价格理论与实践, (2): 59-62.
王彦博, 于瀚辰, 沈体雁. 2018a. 可调整个体优先级的双边匹配算法. 计算机工程与应用, 54

(11): 198-235.
王迎秋, 李海涛. 2007. 天津滨海新区招商引资项目遴选评价研究. 生态经济, (10): 182-184.
王又佳, 金秋野. 2012. 克己之城——《光辉城市》中的批评立场, 兼论勒·柯布西耶的城市理念. 建筑学报, (11): 93-95.
王岳龙. 2015. 基于土地招拍挂制度的房价与地价关系研究. 上海: 复旦大学出版社.
韦伯 A. 1997. 工业区位论. 李钢剑, 陈志人, 张英保, 译. 北京: 商务印书馆.
魏光兴, 蒲勇健. 2007. 公平偏好下的报酬契约设计及运用. 成都: 四川人民出版社.
魏后凯, 刘楷, 周民良, 等. 1997. 中国地区发展——经济增长、制度变迁与地区差异. 北京: 经济管理出版社.
魏立佳. 2013. 从微观理论到社会实践——市场设计的最新进展综述. 世界经济文汇, 56 (3): 89-104.
魏守华, 陈扬科, 陆思桦. 2016. 城市蔓延、多中心集聚与生产率. 中国工业经济, (8): 58-75.
文玫. 2004. 中国工业在区域上的重新定位和聚集. 经济研究, (2): 84-94.
吴群, 李永乐. 2010. 财政分权、地方政府竞争与土地财政. 财贸经济, (7): 51-59.
吴旭芬, 孙军. 2000. 开发区土地集约利用的问题探讨. 中国土地科学, 14 (2): 17-21.
谢花林, 王伟, 姚冠荣, 等. 2015. 中国主要经济区城市工业用地效率的时空差异和收敛性分析. 地理学报, 70 (8): 1327-1338.
谢晓波, 黄炯. 2005. 长三角地方政府招商引资过度竞争行为研究. 技术经济, (8): 70-72.
谢彦博. 2012. 广梅园招商引资项目准入风险评估体系构建研究. 广州: 华南理工大学.
薛白. 2011. 财政分权、政府竞争与土地价格结构性偏离. 财经科学, 54 (3): 49-57.
杨遴杰, 饶富杰. 2012. 政府在工业用地配置中角色失效原因分析. 中国土地科学, 26 (8): 36-41.
杨其静, 彭艳琼. 2015. 晋升竞争与工业用地出让——基于2007-2011年中国城市面板数据的分析. 经济理论与经济管理, 35 (9): 5-17.
杨其静, 郑楠. 2013. 地方领导晋升竞争是标尺赛、锦标赛还是资格赛. 世界经济, (12): 130-156.
杨其静, 卓品, 杨继东. 2014. 工业用地出让与引资质量底线竞争——基于2007-2011年中国地级市面板数据的经验研究. 管理世界, 29 (11): 24-34.
杨庆媛. 2001. 中国城镇土地市场发展问题研究. 重庆: 西南农业大学.
叶昌东, 赵晓铭. 2015. 行业尺度下广州市工业用地空间结构及其形成机制. 现代城市研究, 30 (10): 83-88.
殷佳仕. 2011. 湖州经济技术开发区产业链招商实证研究. 杭州: 浙江工业大学.
于俭, 江思宝. 2003. 模糊综合评判在企业选址中的应用. 杭州电子工业学院学报, 23(1): 62-65.
袁弘. 2003. 我国城乡土地市场与地价体系研究. 北京: 中国农业大学.
张炳, 毕军, 袁增伟. 2004. 工业园区绿色招商指标评价体系研究. 生态经济, (12): 41-44.
张成. 2010. 双边匹配理论及其在我国大学应届毕业生劳动力市场的应用. 广州: 华南理工大学.
张成科, 植璟涵, 朱怀念. 2013. 合作博弈, 匹配理论与市场设计实践及其政策启示. 广东工业大学学报 (社会科学版), 13 (1): 13-18.
张德钢, 陆远权. 2017. 市场分割对能源效率的影响研究. 中国人口·资源与环境, 27 (1): 65-72.
张富刚, 郝晋珉, 姜广辉等. 2005. 中国城市土地利用集约度时空变异分析. 中国土地科学,

19（1）：23-29.
张谷，李娴. 1993. 城镇土地的"三级市场"结构. 经济科学，(4)：59-61.
张莉，王贤彬，徐现祥. 2011. 财政激励、晋升激励与地方官员的土地出让行为. 中国工业经济，27（4）：35-43.
张米尔，王德鲁. 2003. 产业转型中项目机会研究的匹配矩阵方法. 数量经济技术经济研究，20（9）：138-142.
张学良. 2007. 探索性空间数据分析模型研究. 当代经济管理，29（2）：26-29.
张晏. 2006. 供地的又一场革命——工业用地招拍挂出让评述. 中国土地，(12)：10-13.
张艳，刘亮. 2007. 经济集聚与经济增长——基于中国城市数据的实证分析. 世界经济文汇，(1)：48-56.
张兆同. 2010. 企业区位选择与区域招商引资政策安排——基于苏南企业区位选择影响因素的调查. 经济体制改革，(1)：81-85.
张振华，汪定伟. 2005. 电子中介中的交易匹配研究. 控制与决策，20（8）：917-920.
张振华，汪定伟. 2006. 电子中介在旧房市场中的交易模型研究. 系统仿真学报，18(2)：492-495.
赵爱栋，马贤磊，曲福田. 2016. 市场化改革能提高中国工业用地利用效率吗?. 中国人口·资源与环境，(3)：118-126.
赵璐，赵作权. 2014. 基于特征椭圆的中国经济空间分异研究. 地理科学，34（8）：979-986.
赵希男，温馨，贾建锋. 2008. 组织中人岗匹配的测算模型及应用. 工业工程与管理，13（2）：112-117.
赵耀华，蒲勇健. 2010. 博弈论与经济模型. 北京：中国人民大学出版社.
赵作权. 2014. 空间格局统计与空间经济分析. 北京：科学出版社.
中国土地矿产法律事务中心，中地指数CLI研究中心. 2014. 中国土地市场运行与改革2013. 北京：中国财政经济出版社.
中华人民共和国国家卫生和计划生育委员会. 2003. 国卫医发（2013）11号文. 《人体捐献器官获取与分配管理规定（试行）》.
中华人民共和国国务院. 2007. 中华人民共和国国务院令第491号. 《人体器官移植条例》.
中华人民共和国卫生部. 2013. 中国人体器官分配与共享基本原则和肝脏与肾脏移植核心政策. 实用器官移植电子杂志，1（2）：67-71.
钟培武. 2008. 产业转移与中部地区招商引资模式转换分析. 河南社会科学，16（6）：156-159.
周朝锋. 2012. 天津临港产业公司招商目标客户选择研究. 大连：大连海事大学.
周建明. 2009. 中国城市土地利用的理论与实践. 北京：中国建筑工业出版社.
周淑梅. 2010. 地方政府在招商引资中的合理性与局限性分析. 东北财经大学学报，(3)：64-68.
周新生. 2006. 产业链和产业链打造. 广东社会科学，(4)：30-36.
周玉翠，齐清文，冯灿飞. 2002. 近10年中国省际经济差异动态变化特征. 地理研究，21（6）：781-790.
Abdulkadiroğlu A, Che Y-K, Yasuda Y. 2015. Expanding "choice" in school choice. American Economic Journal：Microeconomics, 7（1）：1-42.
Abdulkadiroğlu A, Pathak P A, Roth A E. 2005a. The New York city high school match. American Economic Review, 95（2）：364-367.

Abdulkadiroğlu A, Pathak P A, Roth A E, et al. 2005b. The Boston public school match. American Economic Review: 368-371.

Abdulkadiroğlu A, Sonmez T. 2003. School choice: a mechanism design approach. American Economic Review, 93 (3): 729-747.

Akbarpour M, Li S, Oveis G S. 2014. Dynamic matching market design. Proceedings of the Fifteenth ACM Conference on Economics and Computation. New York: ACM, 355-355.

Alonso W. 1964. Location and Land Use. Cambridge: Harvard University Press.

Alperovich, G. 1982. Density gradient and the identification of CBD. Urban Studies, 19: 313-320.

Amorim S G D, Barthélemy J P, Ribeiro C C. 1992. Clustering and clique partitioning: simulated annealing and tabu search approaches. Journal of Classification, 9 (1): 17-41.

Anderson J E. 1985. The changing structure of a city: temporal changes in cubic spline urban density patterns. Journal of Regional Science, 25 (3): 413-425.

Anselin L. 1988. Spatial Econometrics: Methods and Models. Dordrecht: Kluwer Academic Publishers.

Azevedo E M, Leshno J D. 2012. A supply and demand framework for two-sided matching markets. Unpublished manuscript, Harvard University.

Baldwin R, Okubo T. 2006. Heterogeneous firms, agglomeration and economic geography: spatial selection and sorting. Journal of Economic Geography, (6): 323-346.

Beckmann M J. 1971. Von Thünen revisited: a neoclassical land use model. The Swedish Journal of Economics, 74 (1): 1-7.

Beckmann M J. 1999. Lectures on Location Theory. Berlin: Springer.

Bichler M. 2013. Market design-foundations and applications. Business Information Systems Workshops. Berlin: Springer: 1-2.

Blair C. 1988. The lattice structure of the set of stable matchings with multiple partners. Mathematics of Operations Research, 13 (4): 619-628.

Bondy J A. 1976. Graph Theory with Applications. Oxford: Elsevier Science Ltd.

Boon B H, Sierksma G. 2003. Team formation: matching quality supply and quality demand. European Journal of Operational Research, 148 (2): 277-292.

Budish E. 2012. Matching "versus" mechanism design. ACM SIGecom Exchanges, 11 (2): 4-15.

Budish E, Cantillon E. 2012. The multi-unit assignment problem: theory and evidence from course allocation at Harvard. American Economic Review, 102 (5): 2237-2271.

Buurman J, Rietveld P, Scholten H. 2001. The land market: a spatial economic perspective. Stillwell J, Scholten H. Land Use Simulation for Europe. Berlin: Springer: 65-82.

Byun J, Jang S. 2015. Effective destination advertising: matching effect between advertising language and destination type. Tourism Management, 50 (5): 31-40.

Casetti, E. 1993. Spatial analysis: perspectives and prospects. Urban Geography, 14 (6): 526-537.

Castillo M, Dianat A. 2016. Truncation strategies in two-sided matching markets: theory and experiment. Games and Economic Behavior, 98 (4): 180-196.

Che Y-K, Gale I. 2006. Market versus non-market assignment of initial ownership. MPRA Paper

6095.

Che Y-K, Tercieux O. 2015. Efficiency and stability in large matching markets. Cowles Foundation Discussion Paper No.2013.

Chen J W, Song K J. 2013. Two-sided matching in the loan market. International Journal of Industrial Organization, 31（2）: 145-152.

Christopher H. Wheeler. 2003. Evidence on agglomeration economies, diseconomies, and Growth. Journal of Applied Econometrics, 18（1）: 79-104.

Chung K S. 2000. On the existence of stable roommate matchings. Games and economic behavior, 33（2）: 206-230.

Demange G, Gale D. 1985. The strategy structure of two-sided matching markets. Econometrica, 53（4）: 873-888.

Deng X Z, Huang J K, Rozelle S, et al. 2008. Growth, population and industrialization, and urban land expansion of China. Journal of Urban Economics, 63（1）: 96-115.

Dutta B, Massó J. 1997. Stability of matchings when individuals have preferences over colleagues. Journal of Economic Theory, 75（2）: 464-475.

Erdil A, Ergin H. 2017. Two-sided matching with indifferences. Journal of Economic Theory, 171（Supplement C）: 268-292.

Friedman D, Rust J. 1993. The Double Auction Market: Institutions, Theories, and Evidence. New York: Routledge.

Gale D, Shapley L S. 1962. College admissions and the stability of marriage. The American Mathematical Monthly, 69（1）: 9-15.

Gao Z Q, Antsaklis P J. 1989. On stable solutions of the one-and two-sided model matching problems. IEEE Transactions on Automatic Control, 34（9）: 978-982.

Geweke J, Gowrisankaran G, Town R J. 2003. Bayesian inference for hospital quality in a selection model. Econometrica, 71（4）: 1215-1238.

Gharote M, Patil R, Lodha S, et al. 2015. Assignment of trainees to software project requirements: A stable matching-based approach. Computers & Industrial Engineering, 87（9）: 228-237.

Gong J X. 2002. Clarifying the standard deviational ellipse. Geographical Analysis, 34（2）: 155-167.

Grübler A, O'Neill B, Riahi K, etc. 2007. Regional, national, and spatially explicit scenarios of demographic and economic change based on SRES. Technological Forecasting and Social Change, 74（7）: 980-1029.

Gusfield D, Irving R W. 1989. The Stable Marriage Problem: Structure and Algorithms. Cambridge: MIT press.

Hakimi S L. 1965. Optimum distribution of switching centers in a communication network and some related graph theoretic problems. Operations Research, 13: 462-475.

Heikkila E J, Shen T Y, Yang K Z. 2003. Fuzzy urban sets: theory and application to desakota regions in China. Environment and Planning B: Planning and Design, 30（2）: 239-254.

Hopkins L D. 2001. Urban Development: The Logic of Making Plans. Washington, D. C.:Island Press.

Hubacek K, Jeroen C J M. 2002. The role of land in economic theory. International Institute for Applied Systems Analysis Interim Report IR-02-037.

Irving R W. 1985. An efficient algorithm for the "stable roommates" problem. Journal of Algorithms, 6（4）：577-595.

Irving R W, Leather P. 1986. The complexity of counting stable marriages. SIAM Journal on Computing, 15（3）：655-667.

Irving R W, Leather P, Gusfield D. 1987. An efficient algorithm for the "optimal" stable marriage. Journal of the ACM, 34（3）：532-543.

Itai A, Yash K, Jacob D L. 2016. Unbalanced random matching markets: the stark effect of competition. Journal of Political Economy, 125（1）：69-98.

Kagel J H, Roth A E. 2016. The Handbook of Experimental Economics. Princeton: Princeton University Press.

Kelso A S, Crawford V P. 1982. Job matching, coalition formation, and gross substitutes. Econometrica, 50（6）：1483-1504.

Kittsteiner T, Ockenfels A. 2006. Market design: a selective review. Zeitschrift für Betriebswirtschaft, 5: 121-143.

Klumpp T. 2009. Two-sided matching with spatially differentiated agents. Journal of Mathematical Economics, 45（5）：376-390.

Knuth D E. 1997. Stable Marriage and Its Relation to Other Combinatorial Problems: An Introduction to the Mathematical Analysis of Algorithms. Providence: American Mathematical Society.

Kojima F, Pathak P A. 2009. Incentives and stability in large two-sided matching markets. The American Economic Review, 99（3）：608-627.

Kojima F, Pathak P A, Roth A E. 2013. Matching with couples: stability and incentives in large markets. The Quarterly Journal of Economics, 128（4）：1585-1632.

Korkmaz İ, Gökçen H, Çetinyokuş T. 2008. An analytic hierarchy process and two-sided matching based decision support system for military personnel assignment. Information Sciences, 178（14）：2915-2927.

Krug B, Hendrischke H. 2012. Market design in Chinese market places. Asia Pacific Journal of Management, 29（3）：525-546.

Krugman P. 1991. Increasing returns and economic geography. Journal of Political Economy, 99(3): 483-499.

Kuang W, Liu J, Dong J, et al. 2016. The rapid and massive urban and industrial land expansions in china between 1990 and 2010: a CLUD-based analysis of their trajectories, patterns, and drivers. Landscape and Urban Planning, 145（1）：21-33.

Ladd H F, Wheaton W. 1991. Causes and consequences of the changing urban form: introduction. Regional Science and Urban Economics, 21（2）：157-162.

LeSage J P. 1997. Bayesian estimation of spatial autoregressive models. International Regional Science Review, 20（1）：113-129.

LeSage J P, Parent O.2007. Bayesian model averaging for spatial econometric models. Geographical

Analysis, 39（3）: 241-267.

Lösch A. 1940. Die Räumliche Ordnung der Wirtschaft. Jena: Gustav Fisher.

Louw E, van der Krabben E, van Amsterdam H. 2012. The spatial productivity of industrial land. Regional Studies, 46（1）: 137-147.

Madigan D, York J, Allard D.1995. Bayes graphical models for discrete data. International Statistical Review, 63（2）: 215-232.

Marius B, Mathys N A. 2008. Sectoral agglomeration economies in a panel of European regions. Regional Science and Urban Economics, 38（4）: 348-362.

McVitie D G, Wilson L B. 1970. Stable marriage assignment for unequal sets. BIT Numerical Mathematics, 10（3）: 295-309.

Melitz M J. 2003. The impact of tradeonintra-industry real locations and aggregate industry productivity. Econometrica, 71（6）: 1695-1725.

Milgrom P. 2011. Critical issues in the practice of market design. Economic Inquiry, 49(2): 311-320.

Moldovanu B, Tietzel M. 1998. Goethe's second-price auction. Journal of Political Economy, 106（4）: 854-859.

Muth R. 1969. Cities and Housing. Chicago: University of Chicago.

Pais J, Pintér Á, Veszteg R. 2012. Decentralized matching markets: a laboratory experiment. Working Paper, ISEG - Lisbon School of Economics and Management, Department of Economics, Universidade de Lisboa.

Parr J B. 1987. The development of spatial structure and regional economic growth. Land Economics, 63（2）: 113-127.

Parzen E. 1962. On estimation of a probability density function and mode. The Annals of Mathematical Statistics, 33（3）: 1065-1076.

Robards P A. 2001. Applying two-sided matching processes to the United States navy enlisted assignment process. Naval Postgraduate School Monterey Ca.

Rosenblatt M. 1956. Remarks on some nonparametric estimates of a density function. The Annals of Mathematical Statistics, 27（3）: 832-837.

Roth A E. 1982. The economics of matching: stability and incentives. Mathematics of Operations Research, 7（4）: 617-628.

Roth A E. 1984. The evolution of the labor market for medical interns and residents: a case study in game theory. Journal of Political Economy, 92（6）: 991-1016.

Roth A E. 1985. Common and conflicting interests in two-sided matching markets. European Economic Review, 27（1）: 75-96.

Roth A E. 1986. On the allocation of residents to rural hospitals: a general property of two-sided matching markets. Econometrica, 54（2）: 425-427.

Roth A E. 1989. Two-sided matching with incomplete information about others' preferences. Games and Economic Behavior, 1（2）: 191-209.

Roth A E. 1990. New physicians: a natural experiment in market organization. Science, 250 (4987): 1524-1528.

Roth A E. 2002. The economist as engineer: game theory, experimentation, and computation as tools for design economics. Econometrica, 70 (4): 1341-1378.

Roth A E. 2008a. Deferred acceptance algorithms: history, theory, practice, and open questions. International Journal of Game Theory, 36 (3): 537-569.

Roth A E. 2008b. What have we learned from market design? The Economic Journal, 118 (527): 285-310.

Roth A E, Peranson E. 1999. The redesign of the matching market for American physicians: some engineering aspects of economic design. American Economic Review, 89 (4): 748-780.

Roth A E, Rothblum U G, Vande V J H. 1993. Stable matchings, optimal assignments, and linear programming. Mathematics of Operations Research, 18 (4): 803-828.

Roth A E, Sotomayor M. 1988. Interior points in the core of two-sided matching markets. Journal of Economic Theory, 45 (1): 85-101.

Roth A E, Sotomayor M A O. 1990. Two-sided matching: a study in game-theoretic modeling and analysis. Cambridge: Cambridge University Press.

Roth A E, Sönmez T, Ünver M U. 2004. Kidney Exchange. The Quarterly Journal of Economics, 119 (2): 457-488.

Roth A E, Sönmez T, Ünver M U. 2005. Pairwise kidney exchange. Journal of Economic Theory, 125 (2): 151-188.

Roth A E, Vate J H V. 1990. Random paths to stability in two-sided matching. Econometrica, 58(6): 1475-1480.

Seto K C, Kaufmann R K. 2003. Modeling the drivers of urban land use change in the pearl river delta, China: integrating remote sensing with socioeconomic data. Land Economics, 79 (1): 106-121.

Shapley L, Scarf H. 1974. On cores and indivisibility. Journal of Mathematical Economics, (1): 23-37.

Shapley L S, Shubik M. 1971. The assignment game I: the core. International Journal of Game Theory, 1 (1): 111-130.

Silveira R, Wright R. 2016. Venture capital: a model of search and bargaining. Review of Economic Dynamics, 19 (1): 232-246.

Silverman B W. 1984. Spline smoothing: the equivalent variable kernel method. The Annals of Statistics, 12 (3): 898-916.

Sönmez T, Ünver M U. 2011. Matching, allocation, and exchange of discrete resources. Benhabib A, Bisin A, Jackson M. Handbook of Social Economics. Amsterdam: North-Holland, 1: 781-852.

Tobler W R. 1970. A computer movie simulating urban growth in the Detroit Region. Economic Geography, 46 (1): 234-240.

Tu F, Yu X F, Ruan J Q. 2014. Industrial land use efficiency under government intervention: evidence from Hangzhou, China. Habitat International, 43 (3): 1-10.

Tybjee T T, Bunro A V. 1984. A model of venture capitalist investment activity. Management Science, 30 (9): 1051-1066.

Von Thünen J H. 1966. Von Thünen's Isolated State. Oxford: Pergamon Press.

Wang R. 2009. The structure of Chinese urban land prices: estimates from benchmark land price data. The Journal of Real Estate Finance and Economics, 39 (1): 24-38.

Wilson R. 2002. Architecture of power markets. Econometrica, 70 (4): 1299-1340.

Wong A. 2012. Measuring trade barriers: an application to China's domestic trade. Job Market Paper, University of Chicago.

Wu Y Z, Zhang X L, Skitmore M, et al. 2014. Industrial land price and its impact on urban growth: a Chinese case study. Land Use Policy, 36 (1): 199-209.

Xu X K, Wang C, Zeng Y, et al. 2015. Matching service providers and customers in two-sided dynamic markets. IFAC-PapersOnLine, 48 (3): 2208-2213.

附录 A

表A-1 工业用地省间出让强度指数矩阵

地区	广东	贵州	宁夏	内蒙古	北京	上海	湖南	陕西	甘肃	福建	云南	安徽	西藏	青海	浙江	新疆	黑龙江	天津	山东	重庆	河北	湖北	四川	江西	河南	江苏	广西	海南	吉林	山西	辽宁
广东	0.0	5.2	0.0	0.6	53.0	9.6	3.9	0.8	1.7	2.5	3.1	2.2	0.0	0.0	7.6	2.9	6.9	1.4	15.4	16.0	5.5	5.4	0.0	0.0	0.0	12.2	9.4	3.3	9.9	3.6	0.0
贵州	8.6	0.0	0.0	0.0	3.5	3.8	4.1	0.0	0.0	0.0	1.0	0.0	0.0	0.0	0.0	0.0	0.0	0.0	5.6	0.0	0.0	0.0	6.2	2.2	0.0	0.0	2.0	1.3	0.0	2.0	0.0
宁夏	1.1	0.0	0.0	0.8	4.7	5.2	2.3	7.9	7.3	0.0	0.0	0.0	0.0	0.0	0.0	0.0	0.0	0.0	9.5	0.0	0.0	0.0	0.0	0.0	0.0	7.5	0.0	0.0	0.0	0.0	0.0
内蒙古	19.3	0.0	7.7	0.0	59.6	2.5	0.0	8.2	3.4	6.7	1.3	0.0	0.0	0.0	0.0	8.7	5.7	1.2	12.6	5.5	4.8	7.3	1.8	0.0	0.0	0.0	0.0	0.0	0.0	16.8	11.5
北京	21.0	0.0	0.0	1.2	0.0	3.2	0.0	0.0	1.5	0.0	0.0	0.0	0.0	0.0	0.0	0.0	0.0	0.0	7.8	19.4	4.5	2.5	0.0	5.8	3.3	0.0	0.0	0.0	0.0	0.0	0.0
上海	3.3	0.0	0.0	0.0	0.0	0.0	2.5	0.0	0.0	0.0	1.6	0.0	0.0	0.0	3.6	0.0	0.0	0.8	8.4	0.0	1.6	0.0	0.0	0.0	0.9	7.5	0.0	0.0	0.0	0.0	14.0
湖南	54.2	3.2	0.0	0.0	49.5	34.5	0.0	0.0	0.0	7.3	0.0	2.0	0.0	4.7	8.4	0.0	0.0	0.0	0.0	0.0	0.0	12.8	7.2	0.0	10.0	0.0	0.0	0.0	0.0	0.0	0.0
陕西	4.5	0.0	2.6	3.3	9.0	6.8	11.6	0.0	0.0	2.6	0.0	0.0	0.0	0.9	4.3	0.0	0.0	0.0	7.8	0.0	0.0	0.0	2.7	1.0	1.7	1.3	0.0	0.0	2.1	0.0	0.0
甘肃	2.0	3.5	28.1	0.0	17.1	5.9	2.9	4.7	0.0	0.0	0.0	0.0	0.0	0.0	1.7	4.6	2.0	0.0	8.5	4.7	0.0	1.8	24.4	0.0	5.3	1.5	0.0	0.0	0.0	0.0	0.0
福建	20.1	0.0	0.0	0.0	14.2	8.4	0.0	0.0	1.2	0.0	0.0	0.0	0.0	0.0	0.0	0.0	0.0	0.0	6.8	0.0	0.0	0.0	8.6	1.2	0.0	0.0	1.3	0.0	0.0	0.0	3.1
云南	4.8	2.0	0.0	0.0	1.4	1.1	0.0	0.8	0.0	1.8	0.0	0.0	0.0	0.0	0.8	0.0	0.0	3.8	7.7	0.0	5.6	2.7	0.0	1.9	0.0	0.0	0.0	0.0	0.0	0.0	0.0
安徽	42.1	0.0	0.0	0.0	18.6	103.0	0.0	0.0	0.0	0.0	0.0	0.0	0.0	5.4	24.7	0.0	6.0	0.0	7.7	3.2	0.0	9.7	0.0	1.9	16.9	54.0	1.6	1.4	6.0	1.8	2.3
西藏	0.0	0.0	0.0	0.0	0.0	0.0	0.0	0.0	0.0	0.0	0.0	0.0	0.0	0.0	0.0	0.0	0.0	0.0	0.0	0.0	0.0	0.0	0.0	0.0	0.0	0.0	0.0	0.0	0.0	0.0	0.0

续表

地区	广东	贵州	宁夏	内蒙古	北京	上海	湖南	陕西	甘肃	福建	云南	安徽	西藏	青海	浙江	新疆	黑龙江	天津	山东	重庆	河北	湖北	四川	江西	河南	江苏	广西	海南	吉林	山西	辽宁
青海	6.9	0.0	0.0	0.0	1.6	0.0	0.0	2.6	0.0	0.0	0.0	0.0	28.8	0.0	3.2	0.0	0.0	1.2	0.0	0.0	0.0	0.0	0.0	0.0	0.4	0.0	0.0	0.0	0.0	0.0	0.0
浙江	4.6	0.0	0.0	0.0	0.0	83.9	6.3	0.0	1.7	0.7	0.7	0.0	1.4	0.0	0.0	4.5	20.7	0.0	15.7	7.7	12.7	0.0	1.5	5.4	1.6	5.0	5.6	0.0	0.3	2.2	2.7
新疆	35.2	0.0	0.0	0.0	22.2	6.4	0.0	14.4	3.0	2.0	0.0	1.9	0.7	1.6	5.7	0.0	0.0	0.0	15.5	0.0	1.3	0.0	22.7	8.1	15.3	26.7	0.0	0.0	0.0	2.8	0.8
黑龙江	4.5	0.0	0.0	3.2	17.9	5.9	0.0	0.0	0.0	0.0	0.0	0.0	0.0	0.0	3.4	0.0	0.0	6.4	9.2	0.0	8.6	0.0	3.1	2.6	0.0	3.1	0.0	0.0	0.3	0.0	43.8
天津	31.9	0.0	0.0	0.0	22.3	21.2	10.4	1.7	0.0	0.0	1.8	0.0	0.0	0.0	3.1	4.1	0.0	0.0	4.3	0.0	36.7	0.0	0.0	0.0	2.1	10.8	0.0	0.0	3.4	0.0	1.3
山东	26.7	0.0	0.0	12.1	86.3	17.4	0.0	1.0	0.0	0.0	0.0	8.2	4.3	2.8	9.6	1.8	7.9	6.1	0.0	0.0	10.6	15.9	3.6	9.5	9.7	23.0	4.2	0.0	13.7	0.0	7.4
重庆	9.7	0.0	0.0	0.0	23.8	2.8	0.0	2.0	2.3	0.0	0.0	1.9	0.0	0.0	5.5	0.0	0.0	0.0	1.7	0.0	29.3	1.8	2.8	1.3	0.5	4.1	0.0	0.0	0.0	3.6	0.0
河北	26.4	2.5	0.7	0.0	307.1	10.4	0.0	22.1	4.2	0.0	0.0	0.0	0.7	0.0	1.7	8.1	10.2	30.1	40.3	1.0	0.0	0.0	8.6	0.0	0.0	4.2	0.0	0.0	0.0	3.1	0.0
湖北	76.8	0.0	0.0	0.0	27.1	69.8	0.0	7.0	0.0	1.1	1.0	23.6	0.0	0.0	15.8	0.0	67.6	2.0	6.4	4.7	17.3	0.0	8.0	0.0	10.3	6.1	12.8	0.0	0.0	0.0	0.0
四川	19.8	0.0	0.0	0.0	14.7	7.6	3.8	5.6	0.0	5.0	8.1	7.7	0.0	0.0	13.0	3.9	5.1	1.3	30.8	34.9	4.6	37.0	0.0	0.0	0.0	7.0	0.0	0.0	18.0	0.0	4.1
江西	102.8	0.0	0.0	0.0	9.3	18.3	20.8	0.0	6.4	9.9	3.6	8.2	0.0	0.0	11.1	0.0	0.0	2.0	7.9	0.0	0.0	9.7	7.5	0.0	0.9	3.0	4.2	0.0	0.0	0.0	5.3
河南	72.2	1.6	0.0	0.0	26.8	65.5	19.3	9.5	1.7	2.3	14.2	1.2	0.0	0.0	16.0	0.0	2.7	6.3	31.5	1.3	13.1	2.8	6.7	1.3	0.0	2.8	1.4	0.0	2.3	10.3	5.3
江苏	28.9	1.4	0.0	2.6	9.2	195.0	0.0	0.0	3.4	7.9	2.8	12.2	0.0	0.0	19.2	7.8	0.0	0.0	5.9	6.9	16.2	0.0	4.0	7.7	1.1	0.0	6.5	0.0	7.9	0.0	17.4
广西	33.8	4.0	0.0	0.0	7.8	4.5	4.9	0.0	3.1	0.0	0.0	0.0	0.0	0.0	0.0	0.0	0.0	1.1	1.1	0.0	0.0	2.4	0.5	0.0	2.0	3.4	0.0	0.0	0.0	0.0	1.6
海南	3.5	0.0	0.0	0.0	0.0	0.0	0.0	0.0	0.0	0.0	0.0	0.0	0.0	0.0	0.8	1.0	0.0	1.6	1.6	0.0	0.0	6.1	40.2	0.0	0.0	14.5	2.2	0.0	0.0	0.0	0.0
吉林	3.6	0.0	0.0	0.0	12.2	8.4	0.0	3.6	0.0	0.0	15.6	2.1	1.1	0.0	3.3	0.0	23.5	2.0	2.6	0.0	2.5	0.0	0.0	0.0	4.7	0.0	0.0	0.0	0.0	0.0	18.1
山西	1.1	0.0	0.0	4.2	36.6	2.8	0.0	0.0	0.0	0.0	0.0	0.0	0.0	0.0	0.0	0.0	0.0	8.4	11.1	0.0	0.0	0.0	6.8	0.0	0.0	0.0	0.0	0.0	0.0	0.0	0.0
辽宁	7.2	5.0	0.0	3.7	21.8	34.5	0.0	0.0	1.8	2.5	0.0	0.0	0.0	0.0	4.9	3.8	19.0	0.0	19.7	3.6	6.1	0.0	6.8	0.0	0.0	7.2	3.2	0.0	26.3	4.2	0.0

注：第X行数据代表了该行省区市出让工业用地给各个列省区市所属企业的强度指数

表A-2 居住用地省域外向出让情况统计

地区	出让总宗数/宗	出让总面积/公顷	外向出让宗数/宗	外向出让面积/公顷	综合外向度
江苏	11 131	45 862.13	385	2 903.36	1 057.26
浙江	7 735	26 077.65	303	1 695.98	716.86
安徽	7 431	30 208.77	216	1 758.27	616.27
河北	12 526	35 725.91	247	1 059.35	511.53
河南	12 334	37 097.84	245	916.15	473.77
四川	9 401	27 770.06	232	936.85	466.21
内蒙古	7 389	25 013.01	203	904.53	428.51
贵州	5 161	15 712.28	174	774.53	367.11
江西	5 906	19 687.83	131	692.39	301.17
山东	20 970	78 465.20	114	647.70	271.73
辽宁	9 312	43 902.85	108	565.53	247.14
湖北	10 977	29 280.22	104	547.37	238.59
福建	2 996	11 718.20	86	626.59	232.14
黑龙江	7 210	18 276.31	140	333.45	216.06
湖南	9 957	30 381.01	120	376.81	212.64
山西	4 690	11 094.71	122	309.21	194.22
上海	890	6 270.20	59	459.22	164.60
陕西	4 678	13 324.79	73	355.32	161.05
吉林	5 718	15 648.98	67	280.04	136.98
广西	5 527	13 890.11	76	237.40	134.32
广东	9 907	36 949.40	61	294.56	134.05
天津	1 690	10 699.55	67	264.46	133.11
云南	7 487	19 034.76	98	152.49	122.25
北京	771	5 572.82	42	349.92	121.23
重庆	4 698	21 424.03	49	252.18	111.16
海南	1 325	6 907.31	44	280.57	111.11
宁夏	1 392	6 766.03	40	251.37	100.27
新疆	4 842	14 054.80	53	181.64	98.12
甘肃	2 933	7 341.58	40	112.28	67.02
青海	745	2 196.07	18	78.02	37.48

注：表中未统计西藏数据

表A-3 商服用地省域外向出让情况统计

地区	出让总宗数/宗	出让总面积/公顷	外向出让宗数/宗	外向出让面积/公顷	综合外向度
江苏	8 369	24 759.12	161	930.32	387.02
浙江	6 574	13 304.73	188	778.48	382.56
安徽	5 880	16 323.68	133	822.01	330.65
河北	6 056	11 501.27	114	424.76	220.05
四川	5 299	16 171.62	79	430.22	184.36
江西	3 282	9 572.60	80	351.78	167.76
上海	809	3 183.78	76	368.38	167.32
内蒙古	6 851	14 266.53	141	178.39	158.60
河南	4 789	10 837.55	88	196.18	131.39
福建	2 145	6 532.64	53	287.50	123.44
山东	12 042	32 349.38	60	183.31	104.87
北京	1 637	3 267.15	56	149.29	91.44
海南	764	3 617.04	25	281.01	83.82
湖南	4 206	10 766.77	50	140.01	83.67
辽宁	4 573	11 671.06	56	117.07	80.97
黑龙江	3 240	5 428.61	51	99.80	71.34
陕西	2 689	5 977.50	31	161.04	70.66
甘肃	2 438	6 371.40	36	113.52	63.93
贵州	2 906	7 151.10	38	107.44	63.90
山西	3 318	5 518.88	46	82.55	61.62
吉林	3 134	4 054.28	53	66.65	59.43
广东	3 724	10 062.81	29	117.56	58.39
广西	2 287	5 384.41	20	169.73	58.26
云南	5 342	10 984.66	35	87.97	55.49
新疆	5 648	9 261.31	32	88.20	53.13
湖北	4 937	11 858.24	43	58.39	50.11
天津	1 291	3 308.72	28	88.61	49.81
宁夏	1 399	4 223.17	22	111.69	49.57
青海	879	1 461.54	18	22.91	20.31
重庆	1 634	4 625.11	7	28.53	14.13

注：表中未统计西藏数据

表A-4　工业用地省域外向出让情况统计

地区	出让总宗数/宗	出让总面积/公顷	外向出让宗数/宗	外向出让面积/公顷	综合外向度
河北	13 895	58 646.89	166	1 492.88	497.81
湖北	15 820	65 744.41	118	1 230.76	381.09
江苏	26 392	72 298.30	168	846.95	377.21
安徽	19 175	59 848.40	124	896.87	333.48
河南	11 824	58 127.39	126	828.79	323.15
山东	29 432	112 048.05	111	755.17	289.52
新疆	6 275	45 864.37	64	1 058.03	260.22
四川	11 088	48 190.31	78	830.11	254.46
江西	11 146	50 369.89	95	572.02	233.11
湖南	7 575	31 109.89	64	803.73	226.80
浙江	27 576	54 477.38	72	576.43	203.72
内蒙古	6 014	46 024.75	61	665.93	201.55
广东	11 687	51 253.28	67	586.48	198.23
辽宁	11 926	53 576.58	66	581.32	195.87
天津	3 913	20 656.38	47	584.47	165.74
吉林	6 604	22 093.80	55	422.71	152.48
甘肃	3 248	22 046.62	37	553.20	143.07
黑龙江	4 335	19 189.34	68	207.15	118.69
重庆	3 640	21 646.19	29	451.37	114.41
山西	4 307	21 682.01	41	224.77	96.00
北京	1 215	6 481.17	22	279.09	78.36
广西	4 832	24 156.26	31	177.98	74.28
陕西	3 996	22 338.07	26	185.98	69.54
福建	11 101	37 749.69	21	143.30	54.86
青海	850	5 981.13	10	276.44	52.58
宁夏	2 503	18 736.28	24	94.72	47.68
上海	2 708	8 928.89	24	90.28	46.55
贵州	3 709	17 659.81	23	74.69	41.45
云南	3 647	15 622.63	18	59.75	32.80
海南	440	2 265.28	4	14.02	7.49

注：表中未统计西藏数据

附录 B：Shapley 和 Roth 教授简介

北京时间 10 月 15 日晚 7 点，瑞典皇家科学院决定把 2012 年的诺贝尔经济学奖颁发给哈佛大学教授埃尔文·E. 罗斯（Alvin E. Roth）及加州大学洛杉矶分校罗伊德·S. 沙普利（Lloyd S. Shapley），以鼓励他们在稳定配置理论及市场设计实践上所做出的贡献（for the theory of stable allocations and the practice of market design）。根据瑞典皇家科学院的计划，罗斯与沙普利两位经济学家将分享 800 万瑞典克朗（合 120 万美元）的奖金。

罗伊德·S. 沙普利，生于 1923 年 6 月 2 日，美国著名数学家和经济学家，是美国加州大学洛杉矶分校数学和经济系教授。在数理经济学与博弈论领域有卓越贡献。在 20 世纪 40 年代的冯·诺依曼（von Neuman）和摩根斯坦（Morgenstern）之后，沙普利被认为是博弈论领域最出色的学者。沙普利于 1943 年入学哈佛，同年作为一名中士加入美国陆军航空队，前往成都支援中国抗战，他因破解苏联气象密码获得铜质勋章。战争结束后，他返回哈佛校园，取得了数学学士学位。在美国兰德公司工作一年后，他回到校园，在普林斯顿大学取得了博士学位。在毕业后，他于 1954 年回到兰德公司工作，直到 1981 年，他成为加州大学洛杉矶分校的教授。除了沙普利价值，他的贡献还有随机对策理论、Bondareva-Shapley 规则、Shapley-Shubik 权力指数、Gale-Shapley 运算法则、潜在博弈论概念、Aumann-Shapley 定价理论、Harsanyi-Shapley 解决理论、Shapley-Folkman 定理。除此以外，他早期与 R. N. Snow 和 Samuel Karlin 在矩阵对策上的研究如此彻底，以至于此后该理论几乎未有补充。他在功用理论发展中发挥了关键作用，他为冯·诺依曼-摩根斯坦稳定集（von Neumann-Morgenstern stability set）存在问题的解决奠定了基础。他在非核心博弈理论及长期竞争理论上与 Robert Aumann 的工作均对经济学理论产生了巨大影响。罗伊德·S. 沙普利的主要著作包括：《n 人博弈的价值》（1953）、《随机博弈》（1953）、《评估委员会制度中权力分配的一种方法》（1954）、《高校招生与婚姻稳定性》（1962）、《简单博弈论》（1962）、《市场博弈论》（1969）等。此外，沙普利还是《美丽心灵——纳什传》提到的少年天才。

埃尔文·E. 罗斯生于 1951 年 12 月 19 日，美国经济学家，目前担任哈佛大学商学院乔治·冈德经济学与工商管理学教授。1971年毕业于哥伦比亚大学，主修运筹学，其后又在斯坦福大学获得了硕士和博士学位。离开斯坦福大学之后，罗斯在伊利诺伊大学任教直到1982年。此后他在匹兹堡大学担任安德鲁-梅隆经济学教授直到1998年，之后他加入哈佛大学并在此工作至今。罗斯是美国杰出年轻教授奖——斯隆研究奖的获得者，古根海姆基金会会士，美国艺术和科学院院士。他还是美国国家经济研究局和美国计量经济学学会成员。罗斯在博弈论、市场设计与实验经济学取得了卓越贡献。主要著作包括：《谈判的博弈论模型》（1985）、《经济学中的实验室实验：六种观点》（1987，2008年翻译为中文版）、《实验经济学手册》（1995）、《鲍勃·威尔逊传统中的经济学》（2001）等。